JN090549

「チーム学校」を実現するスクールソーシャルワーク

理論と実践をつなぐ
メゾ・アプローチの展開

大塚美和子・西野 緑・峯本耕治
［編著］

明石書店

はじめに

本書は、2008年から2020年までの12年間にわたり開催してきたスクールソーシャルワーク事例研究会の発表事例や講演内容を中心にまとめたものです。研究会が発足した2008年は、文部科学省が「スクールソーシャルワーカー活用事業」を全国で展開することを決定し、各自治体の教育委員会が活動を展開し始めた「スクールソーシャルワーク元年」と言われる記念すべき年でした。しかし、2005年から大阪府でスクールソーシャルワーカー（以下、SSWr）として活動を始めていた筆者は、スクールソーシャルワーク（以下、SSW）の専門性が明確に示されていない中で、手探り状態で進められていたSSWの実践の状況に大きな危機感を感じていました。当時は、社会福祉士や精神保健福祉士の有資格者が少ないうえに、たとえソーシャルワークのバックグラウンドがあったとしても他領域の個別相談援助の経験しかないSSWrが大半を占めていたからです。

そこで、SSWrの専門性を確立していくためには、まず自分たちの実践事例から学びを深めなければならないと考え、「事例研究」という形で研究会を重ねました。特に研究会で重視にしたのがSSWrの活動の柱となるアセスメントです。アセスメントに揺らぎがあると効果的なプランニングや支援が行えません。的確なアセスメントを行うためには、学校や児童分野に関する制度政策の知識はもちろんのこと、実践の根拠となる理論を学ばなければならないことに気づかされました。ここ数年は、ソーシャルワークの理論を学び直し、事例の理解を深める作業を繰り返し行ってきました。また、研究会では、会員以外の学校の教職員や児童分野の専門職等を対象に公開講座を年1回開催し、本書のテーマである「チーム学校」に焦点を当てたシンポジウムを企画し、学校の教職員、SSWr、その他の関係機関の協働の在り方についての議論を深めてきました。

このような研究会の目的と経緯を踏まえ企画した本書には、以下のような3

つの特徴があります。

1つ目の特徴は、SSWrによる「メゾ・アプローチ」を柱に「チーム学校」を整理し直した点です。本書では、「チーム学校」を「教職員、SSWr、スクールカウンセラー(SCr)、スクールロイヤー(SL)等の多職種による校内支援チーム」と定義づけています。メゾ・アプローチは、学校組織を対象に行うケース会議やコアチーム会議を指し、ミクロ・アプローチだけでは実現しえないチーム支援体制の構築を可能にします。つまり、メゾ・アプローチは、「チーム学校」を作り出すための具体的なアクションだと言えます。メゾ・アプローチの重要性は指摘されつつも、SSWの分野でメゾ・アプローチに焦点を当てた文献はほとんど見当たりません。本書では、第1章で「チーム学校」、第2章でメゾ・アプローチの本質と概要を押さえたうえで、第3章と第4章で具体的な事例の紹介と解説を行い、メゾ・アプローチやチームアプローチについて具体的にイメージできるように工夫しました。

2つ目の特徴は、豊富な事例とその根拠となる理論、法制度をセットにして記述し、実践と理論、法制度を双方向に行き来し、理解が深まるように工夫した点です(第3章は事例と法制度、第4章は事例と理論の組合せで解説)。両者をセットにすることで、理論や法制度から事例を読み解き、また、事例を分析する中で理論や法制度の意義や活用に気づきます。理論や法制度に基づく実践の重要性はよく指摘される点ですが、実際はSSWrの多くが教育現場のニーズへの対応で日々精一杯なのが現状ではないでしょうか。そこで、本書では、実践事例とその根拠をセットにして紹介し、SSWrの日常の実践に活かしてもらえるように工夫しました。担当事例をアセスメントしプランニングする際に、SSWr自身が理論と法制度を十分に活かした説明ができるように、本書を活用していただけたらと考えています。

3つ目の特徴は、重層的複合的な問題を抱えた困難事例に対して、SSWrがチームの力を最大限に活かしてアプローチした実践内容を紹介している点です。本書で紹介したいじめ、不登校、発達障害、虐待、学級崩壊などの事例は、いずれもSSWrや教職員が日常的に支援に悩み対応に苦慮しているような事例ばかりです。そのような困難事例であっても、SSWrと教職員、関係者がチームとなって子どもや保護者のリソースや強みを活かした支援を展開すれば、子どもの問題が改善することを本書の各事例から読み取ることができます。特に、他の文献ではあまり紹介されていないミクロからメゾレベルの連動を意識したアプローチ、「保護者とのケース会議」「子どもとのケース会議」を用いた実践を数多く紹介しており、いわゆる従来の「ケース会議」とは異なる支援方法についても理解していただける内容となっています。また、メゾからマクロレベルの連動を意識した学校と教育委員会のシステム作りについても紹介しており、包括的な支援の具体例とその有効性を実感していただける内容となっています。

本書は、SSWr経験者がさらにステップアップを目指すための内容となっています。特に、第2章のメゾ・アプローチの理解を深めることで、自身の実践をよりレベルアップする方策が発見できるのではないかと考えています。また、経験があまりないSSWrや学生の方々には、第1章の教育現場の現状と「チーム学校」を理解したうえで本書全体を読み進めてもらえるとSSWを取り巻く全体像の理解が深まると思われます。第3章と第4章については、SSWrの学習会や大学の授業等での事例検討、また、教職員研修でのチームアプローチを示す事例としても活用していただけるのではないかと考えています。

教育現場の仕事の魅力は、教職員、SSWr、保護者、関係者がチームで子どもの成長を支援できる点です。子どもの成長した姿は私たちに勇気と希望を与えてくれます。しかし、現実は、仕事の大変さゆえに疲弊しドロップアウトしそうになることもあります。そのような理想と現実の狭間で、本書が明日からの実践に少しでも役立つことができれば幸いです。

2020年8月

大塚 美和子

「チーム学校」を実現するスクールソーシャルワーク◉目次

第1章
なぜ今、「チーム学校」なのか

1節

「チーム学校」の背景

1 「チーム学校」とその背景

2015年12月に中央教育審議会から出された文部科学省への答申、「チームとしての学校の在り方と今後の改善策」には、「チームとしての学校」、いわゆる「チーム学校」を実現するための視点や改善策が示されている。「チーム学校」とは、SSWrやSCrなどの専門家と教員が1つのチームとなり、連携、協働することであり、「専門性に基づくチーム体制の構築」「学校のマネジメント機能の強化」「教職員一人一人が力を発揮できる環境の整備」の3つの視点から学校のマネジメントモデルの転換を図っていくことが求められている。

「チーム学校」が議論されるようになった背景には、学校が直面している以下の3つの課題がある。

1つ目は、学校教育を担う教員の資質向上の課題である。教育現場では、現在、アクティブ・ラーニングの視点を踏まえた指導方法の見直しなどの授業改善と「カリキュラム・マネジメント」を通した組織運営の改善が求められている。また、2016年の障害者差別解消法施行により、合理的配慮という視点が重要視され、個別支援を中心とした通級指導や特別支援教育などの専門性を要する支援が必要になってきている。

2つ目は、教員の多忙化と労働環境の問題である。日本の教員は、諸外国と比較して、学習指導や生徒指導等の総合的な指導を幅広く担うことが求められてきた。しかし、昨今、新学習指導要領への対応や多様化した保護者や子どものニーズへの対応にも追われ、長時間労働や教員のメンタルヘルスの問題が大きな社会問題となっている。そこで、学校管理職が教職員の勤務時間管理、タイム・マネジメントを適切に行い、教職員一人一人を子どもの教育活動に専念できる学校の体制作りが必要になっている。

3つ目は、いじめ、不登校、問題行動、虐待等の教育課題の多様化、深刻化に対して、学校だけでは問題解決が難しく、校内外の専門職とチームを組む必要性が出てきたことである。2000年の児童虐待防止法施行、2013年のいじめ防止対策推進法施行など、子どもの人権侵害に対する法的整備は進んできたものの、学校や行政を含む一般社会が十分な認識ができておらず、痛ましい事件は後を絶たないのが現状である。子どもを取り巻く現状の深刻さから、学校では教員個々人が努力するのではなく、チームで迅速に問題に対応することが求められるようになってきている。

2 「チーム学校」の課題

現在、「チーム学校」については賛否両論の意見や様々な慎重論が述べられている。その1つが、専門スタッフの参画で本当に教員の多忙化が緩和できるのかという点である。例えば、溝部ら（2018）が「チーム学校」の答申を受けて行った教員対象の質問紙調査では、専門スタッフによる助言を教員自身も学ぶことで教員の心理的負担が軽減できること、子ども自身も様々な職種から助言を受けることができる等、「チーム学校」を評価する意見があった。一方、専門スタッフが参画したとしても協議のための時間がかかり教員が多忙化すること、コーディネーター教員が配置されないかぎり教員の負担は増大することなどから、「チーム学校」が効果を上げるためには、教員と専門スタッフの協働体制を明確化し両者の仕事を分業化する必要があるという意見もあった。

また、「チーム学校」によって、逆に学校組織が脆弱なものになるのではないかという観点もある。樋口（2017）は、学校のマネジメントを強化するという発想だけでは、校長の指揮監督の下で教員の業務がバラバラに分業化され、管理職からの上意下達による「多職種協働」が促進される可能性があることを懸念している。また、同時に、校長のリーダーシップのもと組織管理をしていくピラミッド型のシステムでは、従来の学校文化ならではの教師集団の同僚性に基づく協働性が活かされないとも指摘している。

山野（2016）は、チームが機能するためには、できていないところをチームの中で助けてもらうというチームではなく、根底から新しい仕組みを作らなければならないと、学校の意識改革を求めている。より機能的で効果がある「チーム学校」を実現するには、教職員とSSWr、SCr等の多職種の協働の在り方や学校組織のマネジメントの方法などが重要な鍵となっており、本書では具体的な事例をもとにした校内マネジメントモデルを示していきたい。

3 「チーム学校」とスクールソーシャルワーカー

SSW活用事業は、2008年に国の事業としてスタートした事業であるが、その後子どもの貧困やいじめ問題対策などでの活用が明言され、2016年に閣議決定された「ニッポン一億総活躍プラン」では、SSWをすべての中学校区に配置することを目標とした計画が定められている。また、2017年には学校教育法施行規則が改正され、その中で「SSWrは小中学校における児童の福祉に関する支援に従事する」と規定され、「チーム学校」における専門職としてのSSWrの役割が活発に議論されるようになっている。

今のタイミングだからこそ、改めて「チーム学校」のチームとはどのようなメンバーによるどのような体制を指すのかを明確化しておくことは重要である。本来、SSWrの役割は、ライフモデルの視点や理論をベースに、児童生徒の生活環境についてミクロ・メゾ・マクロの包括的なマネジメントを行う専門家として機能しなければならないはずである。しかし、「チーム学校」のチームの捉え方によっては、SSWr自身の校内外の立ち位置や専門家としての役割が大きく異なってくる可能性がある。例えば、「SSWrは家庭支援の専門家」という認識のもと、市町村の家庭支援専門機関とSSWrのチームをベースに、学校外を拠点にしたチーム編成やネットワーク化に力を入れている地域が存在する。あるいは、「子どもの学力保障は教員、心理的な問題はSCr、虐待などの家庭背景の問題はSSWr」と校内で縦割りのチーム編成を行い、分業化に力を入れている地域もある。

上記の例の問題点は、学校内チーム、つまり教職員と専門職の協働チームの強みを活かせていないところである。地域ではなく学校内にSSWrが存在する意味は、教職員とSSWrが協働で子どもと家庭への支援をコーディネートできる点であり、そこに大きな意義と支援の可能性がある。前述の答申においても、専門スタッフの参画は業務の切り分けや代替を進めるものではなく、教員と専門スタッフがコラボレーションし、より良い成果を生み出すためのものであることを説明している。

西野（2014）は、「チーム」を、①3人以上の小集団、②メンバー間の協働、③共通・共有された目的を持つものとし、学校内のチーム体制と支援プロセスを合わせて「チーム・アプローチ」と定義している。そこで、本書では、「チーム学校」を「教職員、SSWr、スクールカウンセラー（SCr）、スクールロイヤー（SL）等の多職種による校内支援チーム」と定義づけて説明していくことにする。

（大塚美和子）

2節

子どもをめぐる家庭や学校の状況

1 学校から見えてくる子どもの状況

(1) 子どもの行動上の問題の多様化・複雑化

2018年度の「児童生徒の問題行動・不登校等生徒指導上の諸課題に関する調査結果」によると、小学校、中学校、高等学校における暴力行為の発生件数は約7万3000件で、小学校では在籍児童数が減少しているにもかかわらず増加が続いており、生徒間暴力が多い。また、不登校児童生徒数は6年連続で増加し、約6割の不登校児童生徒が90日以上欠席している。いじめは法律やガイドラインができ、学校における認知件数は増加しているものの、対応がこじれ、いじめから不登校に至る事案もある。

(2) 背景にある環境や関係性の課題

このような子どもたちの状況に対して、発達の課題が指摘されることも少なくない。「新しい時代の特別支援教育の在り方に関する有識者会議」(2019)によると、特別支援教育対象者は特別支援学校約7万2000人(0.7%増)、小中学校の特別支援学級約23万6000人(2.4%増)、通常学級(通級指導を含む)約10万9000人(1.1%増)で増加傾向にあり、発達障害の可能性のある子どもの在籍率は6.5%程度である。このような子どもたちも、担任や学級が替わったり、家族の状況や関係性が変わったりすると見違えるように落ち着くことも多い。単に子ども自身の課題や発達の課題だけではなく、子どもの環境や関係性に目を向ける必要がある。

2018年度の児童相談所による児童虐待相談対応件数（速報値）は15万9850件で、過去最多を更新した。虐待および、親の精神疾患、親の離婚やそれにつながる争い、度重なる転居や同居家族の変化等の「虐待的養育環境★註」（西野2018）にある子どもは、愛着（アタッチメント）の課題から自己不信と他者不信を抱え、様々なためし行動をとることが少なくない。また、過保護、過干渉、過剰期待、過支配等親子関係の課題を抱える子どもも少なからず存在し、自尊感情の低下を促すことが少なくない。

このような子どもたちのためし行動に対して、学校で適切に対応できず、頭ごなしに怒ったり、友だちとのトラブルが頻発したりすると、子どもは担任や友だちとの関係がこじれ、教室での居場所を失い、問題行動は悪化する。さらに、子どもの状況を家庭へ連絡することにより、子どもがさらに親から怒られることになり、子どもは学校でも家庭でも居場所を失う。

【註】
「家族状況の問題、混乱した家族内の人間関係で育つことなど、親が子どもに愛情を注ぐゆとりがなくなり、家庭が家庭として機能せず、子どもとして当たり前の生活が充分に保障されていない環境」を「虐待的養育環境」と定義する。

2 保護者のゆとりのなさと不安化・孤立化

(1) 保護者のゆとりのなさ

保護者が「私は愛情不足です」「愛情不足と言われました」等と訴えることが多々あるが、子どものことを気にかけ、一生懸命関わろうとし、愛情にあふれているように見えることも少なくない。ただ、子どもの話をよく聴き、ニーズをよく捉え、適切に関わっているかというと課題もあり、愛情はあるが愛情を注ぐゆとりがないと感じることがある。保護者自身が未解決な課題を抱えている場合もある。実家の親との関係が良くなかったり、夫との力関係で抑圧されていたり、ママ友との関係に悩んだり、自分自身のことに手一杯で子どものSOSに気が付かず、一番話を聴いてほしい時や関わってほしい時に関われず、結果、子どもがさびしい気持ちになり、注目を得ようと試し行動をする場合も少なくない。朝早くから夜遅くまで、ダブルワークやトリプルワークの保護者もあり、子どもを学校へ送り出せなかったり、学校からの連絡がなかなか取れなかったりする保護者も少なからず存在する。

(2) 保護者から学校へのSOS

近年、なかなか連絡がつかない保護者も存在する一方、連絡帳に何ページも心配事を書いてきたり、気になることがあると長時間電話をかけてきたりする保護者もいる。新年度の始業式の翌日、ある小学校の担任は、面談を希望する保護者からの連絡帳を8冊も受けた。いずれも子どもの行動上の問題の相談である。この担任は驚いたが、日々子どもと最もよく関わっている保護者の話を早い段階で聞いたことにより、子ども理解や保護者理解が深まり、適切な対応ができたと振り返る。

保護者は、横並び意識や競争原理が根底にある中で過度な情報に不安になる。しかし、ひとり親、単身赴任や帰宅の遅い夫、関係が悪い実家、希薄な近所づきあい等話を聞いてくれたり頼ったりできる人がいない保護者も少なくない。さらに、連絡網の廃止や学校行事の精選等で保護者同士のつながりも薄くなってきている。情報過多と競争原理による保護者の「不安感」とそれを共有したり相談したりする人がいない「孤立感」を実感する。

3 疲弊する学校 —— 学校の構造的な課題

授業中の立ち歩きや教室からの飛び出し、私語のまん延、あるいは課題や提出物を提出しなかったり、欠席や遅刻が増えても罪悪感が見られなかったりする等のことは、日々の教育活動をスムーズに行っていくための前提が成り立たなくなっていることを意味している。このような本来の教育以前に力をかけなければならない状況には、「学校秩序の危機」（伊藤 2007）とも呼ばれる学校の構造的な変化も関係している。学校秩序をゆるがす構造的な変化として、社会における学校の地位の低下および保護者の教育要求の増加と多様化が考えられる。

(1) 教員の多忙化と教員役割の多様化

これらの背景には、1990年代から始まる「教育政策の変化」による「学校の変化」と「教師の変化」が考えられる。教育政策の変化による教育のサービス化や「総合学習」や「特別支援教育」等の新しい教育課題は、教師に求められる役割が際限なく拡がった。専門性を発揮する領域が不明確になっている教師役割の多様化に加え、従来のものを維持しながらさらに新しい役割を担うことになり、教師の多忙化に拍車をかけた。

2020年度から小学校にはプログラミング教育が取り入れられ、5～6年生は英語（外国語）が教科となる。「働き方改革」が叫ばれ、早く帰宅するように言われても、お金も人も増えない中で新しいことが導入され、早く帰宅すれば業務をこなせないのが実情である。

(2) 急激な世代交代

この十数年で、教職員の世代構成が大きく変化した。十数年前の団塊の世代の退職と近年の団塊ジュニアのための大量採用時代の教職員の退職による若手教師の急増は、ミドルリーダーが少ない学校の変化を生じさせた。学校運営に関わる機会が十分保障されてこなかった年代の教師や担任経験の少ない教職員が管理職になる状況の中で、自らに課せられた業務をこなすのに手一杯で、学校を引っ張る余裕がなく、リーダーシップと組織的な対応を適切に取れず、若手教員への指導や保護者対応に苦慮している学校も少なくない。

(3) 同僚性の崩壊と私事化

学校の変化は、従来の共同的な同僚性（教師集団の協力関係の鍵となる教師集団の横の構造）の崩壊という「教師の変化」をもたらした。教師の世界にも浸透したprivatization（私事化）の流れによる「私生活化」や「個人主義化」は、教師の共同文化を崩すと同時に、教師の孤立化や無力化をもたらし、困難な教育問題を乗り越えるための力量を弱める危険性を秘めていると指摘する声が従来からあった。現実に、十数年前から採用され始めた若手教員が中堅教員になってはいるものの、産休・育休や育児短時間勤務等で担任を持てない中堅教員が少なからず存在し、校内人事は困難を極めていると言っても過言ではない。

（西野緑）

3節

なぜスクールソーシャルワークが必要なのか

1 わが国におけるスクールソーシャルワークの変遷

(1) スクールソーシャルワーク導入初期の実践

わが国でSSWを明確に前面に打ち出した活動は、1986年の埼玉県所沢市における山下の取り組みである（山下 2003)。当時、全国に吹き荒れる校内暴力へのひとつの打開策として、第三者的立場にあり専門的教育を受けたソーシャルワーカー、つまりSSWrを雇用するという経緯があった。実質的には行動上の問題を抱えた子どもと不登校の子どもを主に、子どもたちが慣れ親しんだ場＝家庭をサポート活動のベースとするため、家庭訪問が中心であった。SSWrは学期ごとに校長および担任と面談して状況を報告し、当事者から得られた情報は本人の了解のもとに開示された。山下の活動は子どもの側に立った、わが国最初のSSWrのモデル的な取り組みとして意義がある。しかし、ミクロレベルの活動を主としており、学校をベースとした活動ではなかったため、教職員を巻き込んだ校内体制の構築等のメゾレベルの活動には至らなかったと考えられる。

(2) 大阪府のスクールソーシャルワーク実践

2000年は、17歳の少年による犯罪が相次いで起こり、「17歳問題」として全国的に取り上げられ、前後して学校現場でも「キレる」子どもたちの問題行動に苦慮していた。その背景には、家庭・地域の教育力の低下、規範意識に欠ける社会の風潮など、様々な要因が複雑に絡み合って生起しており、これまでのような学校だけの対応では解決が困難な状況となっていた。2000年代になると、SSWrを配置した地域がいくつかあった。

初めて都道府県が制度的に配置したのは、2005年の大阪府である。大阪府の2004年度の小学校の暴力行為は2年前の2.3倍、虐待相談件数は前年度の1.6倍に増加し、厳しい状況であった。2004年と2005年の2つの事件をきっかけに、①小学校での生徒指導上の課題の未然防止・早期対応、②専門職を交えたチーム対応のための小学校の校内体制構築を目的とし、SSWrが配置された。

それに先駆け、2001年に大阪府教育委員会（以下、府教委）は、児童生徒の問題行動の分析と学校支援策の検討を始め、2002年に「子どもサポートチーム」を立ち上げ、臨床心理士や弁護士等の専門家や学生サポーターを要請のあった学校へ派遣した。子どもサポートチームによる支援の成果として、①課題の共有化、②子ども理解の促進、③小学校に対する支援の有効性の検証があげられたが、支援対象となる児童生徒の多くが、その背景に家庭環境に何らかの課題を抱えており、学校において子どもが元気を取り戻しても、課題の解決に至らなかった例も少なくなかった。

子どもの様々な状況に適切な対応や支援を行うには、背景や原因の見立て（アセスメント）とそれに応じた具体的な手立て（プランニング）が不可欠であり、アセスメントとプランニングをチームで協議する場（校内ケース会議）とチームで支援する校内体制の構築が重要である。また、子どもや保護者への支援を図るためには、従来の生徒指導だけでは限界があり、福祉的なアプローチが必要であり、困難ケースに対しては、関係機関との連携のノウハウも含め、直接・間接的に福祉的視点の支援ができる人材を必要としていた。SSWrは、それぞれ府内7学区の配置市の配置校において週2～3回勤務し、校内ケース会議の日常的な開催による校内のチーム体制を確立し、教職員のコンサルテーション、保護者の面接、子どもの相談、地域の関係機関との連携などを行っていた（大阪府2006；山野・峯本 2007）。

SSWrがひとりで小学校へ入っていくのは、様々な困難があったと思われる。しかし、SSWrが学校をベースとして活動することにより、①校内をアウトリーチし、日常的に子どもの様子を見たり、保護者とも早い段階から関わったり、未然防止が可能になったこと、②SSWrが校内スタッフとして、ケース会議等で教職員を巻き込むことで、校内体制の構築に寄与できること、③SSWrが校内組織に位置づくことで、子どものアドボカシーをより適切な時期に的確に実践できること等の意義があったと考える（西野 2009）。

2 スクールソーシャルワークに関する国の動き

(1) スクールソーシャルワーカー活用事業

2001年以降、各地で少年による凶悪事件が発生し、学校現場においても授業妨害や対教師暴力が増加していた。文部科学省は先駆的に関係諸機関と連携し児童生徒の非行や暴力事件に成果をあげている自治体の「少年サポートチーム」をモデルとして、2002年度より「問題行動に対する地域における行動連携推進事業」（以下、行動連携事業）、2003年度より不登校児童生徒への積極的な対応として「スクーリング・サポート・ネットワーク整備事業」（以下、SSN事業）を立ち上げた。2007年度には「行動連携事業」と「SSN事業」が統合され「問題を抱える子ども等の自立支援事業」として、自治体からの直接応募方式により実施されることとなり、自立支援事業の中でSSWrの配置が進められる自治体もあった。2007年12月、財務省よりSSWr活用に向けたモデル事業予算についての内示を受けた文部科学省は、2008年度より「スクールソーシャルワーク活用事業」を実施することとなった。2008年が「SSW元年」と言われる所以である。

(2) スクールソーシャルワーカーの法制度への位置づけ

日本の子どもの「相対的貧困」率は、2012年では16.3％（子どもの6人に1人が貧困）と高く、大きく報道されたことから社会問題化した。貧困は低所得であるだけではなく、離婚、DVや虐待、精神疾患等いくつもの不利や困難と関連し、蓄積していく。国の動きとしては、2013年に「子どもの貧困対策の推進に関する法律」、2014年に「子どもの貧困対策に関する大綱」（以下、大綱）が閣議決定され、学校を中心とした施策、学校プラットフォームが打ち出された。大綱の目的は、すべての子どもたちが夢と希望を持って成長していける社会の実現であり、教育支援として、SSWrの配置が明文化された。

2015年、中央教育審議会は「チームとしての学校の在り方と今後の改善方策について（答申）」を出した。その中で、専門性に基づくチーム体制の構築では「教員が、学校や子供たちの実態を踏まえ、学習指導や生徒指導等に取り組むことができるようにするため、指導体制の充実を行う。加えて、心理や福祉等の専門スタッフについて、学校の職員として法令に位置付け、職務内容等を明確化すること等により、質の確保と配置の充実を進める」と記されている（文部科学省 2015）。これを受けて、2017年3月31日「学校教育法施行規則の一部を改正する省令の施行等について（通知）」（28文科初第1747号）では、SSWrとSCrとが職員として位置づけられた。

2013年に成立した「いじめ防止対策推進法」では、学校に「いじめの防止等に関する措置を実効的に行うため、複数の教職員、心理、福祉等の専門家その他の関係者により構成される組織を置くこと」と、チーム対応を促す文言が記された。2017年3月「いじめ防止基本方針」改訂版と「重大事態の調査に対するガイドライン」では、福祉や心理の専門家という言葉ではなく、SSWrやSCrの参画が明記されている。

以上のように、SSWrが職員として法的に位置づけられ、法律に校内組織に参画することが明記される等、国の動きの後押しもあり、SSWrは全国に拡がっていった。

3 学校という場がソーシャルワークにふさわしい理由

2節で述べたように、学校には多種多様な課題がある。しかし、学校には以下のような利点も考えられる。①学校は一定年齢の子どもを網羅的に把握でき、②教職員は、日常的に長時間子どもに接していることから、子どもの状況や変化に気づきやすく、③子どもを通して、家庭の状況や変化もキャッチしやすく、④子どもの教育という観点から家庭や保護者にも働きかけやすい。また、⑤担任だけではなく、異なる知識や能力や経験を持った教職員や専門職（SSWr、SCr）がチームで役割分担しながら支援でき、⑥子どものひとつの居場所になれる。さらに、⑦学校は地域に長く根づいた施設であるため、家庭と長期的な関わりを持ち、様々なサービス制度のハブとなって、子どもや家族をつなぐ接点となれる可能性がある。

学校は子どもと教師、家族、地域の様々な人や資源と関わりがあり、それらが複雑に接触（インターフェース）する場であり、ソーシャルワークを実践するにふさわしい場であると言える。アメリカで人と環境とそれらの間に起こる関係性に同時に焦点を当てるソーシャルワーク固有の「二重の機能」を実践することにおいて、スクールソーシャルワークが他の分野に先んじた理由は、学校という場がエコロジカルな単位そのものだったからである（Germain＝小島 1992：134)。

SSWrは人間の尊厳と変化の可能性への信頼を価値とし、子どもや環境のストレングスやリソース、学校の利点に注目しつつ、子どもの環境全体を包括的に捉え、教職員とチームで子どもの生活を支援する。現在の子どもの抱える多種多様で複雑な問題をアセスメントし、学校内あるいは学校の枠を越えて、家庭や関係機関との連携を進める存在として、今こそSSWrの存在意義があると考える。

（西野緑）

4節

「チーム学校」に活かすスクールソーシャルワークの視点と方法

1 「子どもの最善の利益」(The best interests of the child)

1989年に子どもの権利条約が成立し、1994年にわが国が批准し、四半世紀経った。子どもの権利条約がこれまでの日本の考え方と決定的に違うのは、子ども自身が自己にかかわる様々な問題を自分で考え、意見を述べ、判断し、場合によっては権利主体として自ら権利を行使することを認めている点であり、その意味では条約は我々に発想の転換を迫っているのである(許斐 1991)。

子どもの権利条約の第3条は、「子どもの最善の利益」を謳っており、子どもの最善の利益が「子どもにかかわるすべての活動」に反映されるべき原則へと適応範囲が拡大され、「第一義的な考慮事項 (a primary consideration)」となった。子どもの最善の利益とはどのような内容で、誰がいかなる基準でどのような手続きで確保するのか等については、具体的な判断を示しておらず、子どもの最善の利益という名のもとで、子どもの権利の実現が阻まれる可能性も高い。手続として子どもの意見表明権を保障していくことが必要になる。ゴールドシュタイン(1973＝1990：5)らは、「すべての子どもにとって、ひとりのおとなとの間の愛情と刺激の関係の不断の継続が必要である」と「子どもの養育付託」のガイドラインに示し、「子の最善の利益」とは、「子の成長・発達を保障するための最も害が少ない活用可能な選択肢」であると述べている。

現実に、何が「子どもの最善の利益」かについては、判断に悩む場面に遭遇することも少なくないが、可能なかぎり子どもの本音を聴ける者が子どもの思いを聴き、リスクと安全性を伝えつつ選択肢を提示し、子ども自身の自己決定を支援する必要がある。SSWrにとって、子どもの権利擁護、すなわち子どものアドボカシーは、最も重要な役割である。

2 エンパワメント（empowerment）――子どもをどう捉えるか

児童福祉の子どもの権利保障の歩みは、「育てられる」「与えられる」「守られる」等受動的権利保障の歩みであったが、能動的権利は子どもが子どもである前に、人間として主張し行使する自由を得ることによって効力を持つ権利である。子どもの権利条約は従来の受動的権利をより強化しただけではなく、人権保障の必要性を強く確認し、能動的権利を明確に謳っている点で画期的であった。

しかし、現実には、おとなは子どもを守るべき存在として捉えている場合が少なくない。子ども自身も日常的なおとなとの関わりの中で、生まれながら自分には力があることや自分の思いや意見を主張してもよいとは考えにくく、子どもの権利保障はまわりのおとなの考え方に左右されてきた。これまで弱者の立場に追いやられ力を持たされなかった人たちの本来持つ力や個性を十分発揮させ、自己決定力を持てるように働きかけることをエンパワメントという。

2014年、国際ソーシャルワーカー連盟（IFSW）および国際ソーシャルワーク学校連盟（IASSW）の総会で採択された「ソーシャルワーク専門職のグローバル定義」（新定義）では、「ソーシャルワークは、社会変革と社会開発、社会的結束、および人々のエンパワメントと解放を促進する、実践に基づいた専門職であり学問である」とある。エンパワメントは旧定義でも記されていた。エンパワメントは、個人の問題解決と社会正義の実現（社会変革）という二重の焦点を持ち、人々をエンパワーすると同時に、不正義な社会構造に対して働きかけようとすることである。援助者は、組織や社会制度に働きかけつつ、当事者が自ら問題を認識し、主体的に行動するよう支援することであり、問題解決過程では当事者のパートナーとしての役割を果たすことが求められる。

SSWrは、子どもの力を信じ、子どもが本来持っている力を引き出すように働きかけるだけではなく、学校や家庭や地域を、子どもをエンパワメントできるような土壌に変えていく必要がある。

3 学校の主体性――「学校は何ができるか」という視点

学校においては、長期欠席で子どもと全く出会えない、虐待が改善されない、子どもの自殺企図等リスクの高い事案も少なくない。日々、子どもを目の前にし、子どもや家庭と深く関わっている教職員は、ともすれば無力感に苛まれ、限界を感じ、関係諸機関に何とかしてほしいと考えることが少なくない。もちろん、近年の子どもの問題の多様性・複雑性・困難性を考えると、学校だけで抱えることには限界があり、関係諸機関との連携が必要な場合もある。

しかし、学校としては、少なくとも子どもとつながり続けることだけは放棄すべきではない。たとえ、関係諸機関が子どもと出会えたり、子どもの話を聴いたりしていたとしても、学校も関係機関につないでもらう等子どもとつながる方法を考える必要がある。学校には担任以外にも多くの教職員が関わっており、SSWrやSCrを含めた「チーム学校」で、誰が子どもの話を聴けるのか、誰が子どもとつながれるかを考えることが大切である。保護者とのつながりもまた同様であると考える。

SSWrとしては、常に「学校は何ができるのか」という視点を忘れずに、「チーム学校」でできることを提案したり、一緒に考えたりしたい。

4 子どものアドボカシーを実現するSSW実践の方法

アドボカシーはソーシャルワーク専門職にとって重要な部分であり、ソーシャルワーク実践の核であり続けている。子どものアドボカシーは、子どもの願いや思いを理解し、一人ひとりの子どもの人権が尊重される環境を生み出す具体的な活動である（大塚 2017）。アドボカシーは、先に述べたエンパワメントの達成のための主要な具体的な活動の一部として洗練されていくことになる（小西 2007）。以下に、SSWr実践の具体的な方法について述べる。

(1) 教職員と対等な協力関係を作る

SSWr導入期には、対応の中心はあくまで教職員であると捉え、SSWrは側面的な援助を行う「サポーター」や「黒子」と見なすことも少なくなかった。しかし、「多種多様な人たちが関与する教育を捉える新しい同僚性、すなわち『チーム』の取り組みの可能性」（紅林 2007）を指摘する声や「専門職の自律性が確立されないかぎり、効果的な協働体制の形成はできないだろう」（福山 2009）という指摘があった。

SSWr導入から十年以上経ち、2015年には「チーム学校」答申、2017年にはSSWrとSCrは学校の職員として位置づけられた今、SSWrは教職員のサポーターや黒子に甘んじるのではなく、「専門性・対等性・自律性」（紅林 2007）を持った校内チームの一員であると自覚する必要がある。そして、専門性を磨き、日頃から教職員と「力量に基づく関係」（三毛 2003）を作り、教職員から信頼を得る必要がある。そうでなければ、子どもの最善の利益のために、子どもの思いを伝えたり、子どものために動いたりしても、教職員に納得してもらえない。

(2) 日常的な子ども理解と家庭理解の促進

SSWrが教職員に「何が起こっているのか」「なぜ、子どもはこのような行動をするのか」等について、背景となる要因や家庭の状況、子どもの思いを伝え、子どもへの対応について支援することで問題が改善される。また教職員が同じような課題を抱える子どもに遭遇した時に、子ども理解に添った対応が可能になる。

コア・チーム会議やケース会議の中でも、SSWrは教職員の中に子どもを否定的に捉えたり、子どもの問題だけに注目する発言があった場合は、子どもの行動の背景や子どもの思いを代弁したり、子どもや家庭のストレングスやリソースへの注目を促したりする中で、日常的に子ども理解や家庭理解を促すことが可能である。大きな問題に遭遇した時、声高に子どもの人権を叫ぶのではなく、日常的な場で小さなアドボカシーを積み重ねることで、学校に子どものアドボカシーの土壌を作ることが可能であると考える。

(3) 教職員のエンパワメント

様々な事案が生起する学校において、最前線で子どもや保護者と関わる担任はもちろんのこと、保護者から学校の対応を責められたりした場合には管理職も当事者となり、目の前の対応に追われ、学校全体が疲弊していく。

SSWrは俯瞰的客観的に「何が起こっているか」を把握し、最前線で子どもに関わっている担任や教職員の持っている力を信じ、その力を引き出すように関わる必要がある。子どもの最善の利益のためには、教職員のエンパワメントは不可欠である。その際、教職員のネガティブな捉え方を、「こういうふうにも考えられますよね」「先生が○○してくださったから、△△できたのですよね」等肯定的に言い換えるポジティブリフレミングは有効である。また、できないことではなく、できることを一緒に考えることは、無力感の払拭につながる。

教職員をエンパワメントすることで、教職員が子どもへの関わりや学校での居場所作り等の役割に、積極的に一役買うことが可能になる。

(4) 常に「子どもの最善の利益」に戻る

意見表明権は、子どもの思いを聴けない状況や子どもが自分の思いを伝えにくい時に、丁寧に子どもの思いに耳を傾けることである。不登校で子どもに会えない場合、いじめ事案で子どもの思いが聴けない場合、以下の事例のように子どもの人生の分岐点になるような場合は、特に子どもの思いを聴き、代弁することが重要である。

母親からの虐待で施設入所後、祖父母宅で落ち着いて生活していたところ、母親の再婚を機に児童相談所が母親の引き取りを認めた事案があった。そのことを知らされたとたん、小学校での子どもの問題行動が悪化し、「母親と一緒に住みたくない」と担任に打ち明けた。連携ケース会議で状況を共有し、児童相談所のワーカーが子どもの話を直接聴いたところ、「施設へ入ってもいいからお母さんとは一緒に住みたくない」とはっきり自分の意志を伝えた。

筆者は、この事例から「子どもの力」のすごさを思い知らされた。学校が子どもの言動から変化を察知し、子どもの思いを丁寧に聴いたこと、子どもの思いを聴いたかぎりは動いて、関係諸機関に働きかけたことが功を奏したと考える。SSWrは常に「子どもの最善の利益」に戻り、これらの一連の流れをマネジメントする必要がある。

(5) 率直な助言や介入

SSWrが実践する子どものアドボカシーで、最も重要で最も難しいのは、教職員の子どもへの関わり方が不適切な場合における率直な助言や介入である。

例えば、子ども同士のトラブルにおいて、担任が自分の被害を訴えてくる子どもにも、良くないところがあると考えている場合は、子どもの訴えをおざなりに聞いてしまったり、真摯に受けとめることができなくなったりすることもある。SSWrとして、担任の言動に違和感がある場合は、教職員の思いを受けとめつつ、率直に違和感を本人に伝えることが原則である。しかし、率直なコミュニケーションが難しい場合も少なくない。その場合は、コーディネーターや管理職に相談し、誰がどのように伝えると効果的であるか、戦略を練る必要がある。

SSWrは、人権意識をしっかり持ち、相手が納得できるような助言や介入の技術や方法を習得する必要がある。

（西野緑）

5節

スクールロイヤーと「チーム学校」

1 スクールロイヤー制度化の経緯

(1) 文部科学省によるスクールロイヤーの導入等

スクールソーシャルワーカー、スクールカウンセラーと並んで、今、学校におけるチーム支援体制の一員として期待されている専門職が、スクールロイヤーである。

文部科学省は2017年度よりスクールロイヤーの研究に予算を計上し、全国2か所においてスクールロイヤーの試験的導入を行い、さらに、2020年度より地方交付税等の活用により全国で300人のスクールローヤーの配置を行うとの発表を行った。2019年1月に千葉県野田市で発生した小学校4年生の女児の虐待死亡事件において、教育委員会が保護者からの激しい攻撃を受けて、女児が父親による虐待を訴えたいじめアンケートの写しを父親に渡してしまうという事態が発生したこと受けて、学校・教育委員会が弁護士に相談できるスクールロイヤーの必要性が強く認識されるようになり、上記の文部科学省の事業予算化にもつながったものと思われる。

(2) 大阪府のスクールロイヤー制度

ここにきて「スクールロイヤー」が急激に社会的注目を集めるようになった

ものであるが、大阪府では、すでに2013年からスクールロイヤー制度が始まっている。

大阪弁護士会・子どもの権利委員会所属の9名の弁護士が、スクールロイヤーとして府内の小中学校や教育委員会の相談を受けてきた。2018年度からは、高校・府立学校へのスクールロイヤー制度もスタートし、現在、小中高併せて合計11名の教育・福祉に関する専門性を有する弁護士がスクールロイヤーとして活動している。

大阪府における「学校と弁護士との連携」については、それなりの歴史がある。2002年に大阪府教育委員会が「子どもサポートグループ」を作り、弁護士と社会福祉士を、学校のケース会議に派遣する取組を開始した。専門職連携による学校のチーム支援体制の先駆けと言ってよいもので、弁護士、社会福祉士等の司法、福祉の専門家が、学校のサポート役として、学校現場に派遣されるようになったのは、この「子どもサポートグループ」の設置が最初であったと思われる。そして、この「子どもサポートグループ」が、その後2005年に始まった大阪府教育委員会のスクールソーシャルワーカー（SSW）配置事業につながり、さらに、それが2008年の文部科学省の全国的なSSW配置事業につながった。

2 スクールロイヤーへの社会的ニーズの高まりの背景・理由

スクールロイヤーの制度化も、このような学校サポートとしての専門職連携の流れの中で実現してきたものであるが、近時、スクールロイヤーへの社会的ニーズが急激に高まってきた最大の理由は、①保護者対応の一層の困難化と、②いじめ防止対策推進法及び文部科学省のいじめ防止基本方針等の制定である。

①保護者対応の困難化は10年以上前に指摘され始めた問題であるが、近年、保護者から学校・教師に対し激しい怒りや攻撃性が示される、過剰な要求が行われる、過度な依存傾向が示されるなど、保護者対応が困難な事例が増大してきている。それによって教師が疲弊し、うつ病等を発症して休職に追い込まれ

たり、学校と保護者の対立が原因で子どもの不登校につながったり、他の保護者や子どもも巻き込んでクラス運営に支障が生じ、学校業務全体に深刻な支障が生じるような事案も珍しくない。

保護者対応の困難化は、現在の学校教育が抱える最大の問題の1つとなっており、そのような状況の中で、困難化の予防やエスカレート防止、学校と保護者との適切な関係調整の視点から、紛争解決の専門家である弁護士のサポートを求めるニーズが高まってきているのである。

また、②いじめ防止対策推進法及び基本方針の制定により、これまで学校長の裁量に委ねられてきた、いじめ対応という生徒指導分野に初めて、法律によって具体的なルールが定められたものである。その結果、いじめ事案についての事実調査と認定、被害生徒・加害生徒等への支援・指導方法、保護者への対応方法、重大事案への対応方法等をめぐり、弁護士のサポートを必要とする事案が多数発生するようになっている（詳細は、第3章5節参照）。

3 スクールロイヤーによる学校支援の形態

スクールロイヤーの支援形態についても、スクールソーシャルワーカー、スクールカウンセラーと同様に、教育委員会からの派遣型、拠点型、学校配置型等の様々な可能性があるが、現在の大阪府のスクールロイヤー制度においては、教育委員会（教育庁）から委嘱を受けた大阪弁護士会所属の11名の弁護士が、大阪府教育庁から派遣される形で、学校・教員や教育委員会に対して様々な相談・支援活動を行っている。

具体的には、学校・教育委員会からの支援要請に基づく相談、地区別に開催される年数回の相談会、生徒指導研修会等における相談、重点市町村についての月1回の定期的な相談、緊急事案についての学校現場への緊急派遣、学校におけるケース会議への出席、教職員や子ども向けの研修の実施など、様々な形での相談・支援活動を展開してきた。

これまでのところ年平均100件以上の相談を受けている。一回的な相談・アドバイスによって終了することが多いが、困難ケース等について継続的に相談を受けることも珍しくない。

相談内容も、①困難な保護者対応事案、②いじめや暴力行為等の深刻な問題行動事案、③学校事故など学校の法的責任や保護者間の損害賠償責任が問題となる事案、④少年事件化し司法との連携が必要となった事案、⑤リスクの高い児童虐待事案、⑥体罰やハラスメント事案、⑦個人情報の開示請求等に関する事案、⑧親権や監護権をめぐる親・親族間の紛争に絡む事案、⑨子どもの自殺や自傷行為事案、⑩重大な少年事件など危機管理的対応が求められる事案など、多岐にわたっている。

その中で、近年、顕著な増加傾向が見られるのが、いじめ事案への対応において、保護者対応が困難化している事案についての相談である。

4 スクールロイヤーに求められる視点と役割

スクールロイヤーについての明確な定義はなく、その役割についても公的な定めは存在しない。現在、スクールロイヤーの養成等に取り組んでいる日本弁護士連合会においても、スクールロイヤーの役割をめぐっては様々な議論が行われている。

(1) 学校サポートを通じた子どもの最善の利益の実現

スクールロイヤーは、学校や教育委員会の代理人や代弁者ではなく、SSWやSCr等の専門家と共に「チーム学校」の一員として、学校・教師のサポートを通じて、最終的には、子どもの成長発達にとって重要な場所である学校教育の安定を図ること、それによって子どもの最善の利益を実現すること目的としている。

より具体的には、①体罰・いじめ・学校事故等を防止し、子どもの安心・安全を確保すること、②保護者等との関係で生じる問題について合理的な関係調整を図ること、③様々な学校教育課題に法的視点、危機管理の視点や適正手続の視点等を導入すること等を目的とした活動と言ってよいと思われる。

(2) 学校教育への法的・危機管理の視点等の導入

学齢期のすべての子ども（そして、その家族）が学校に在籍しているため、学校で生起する問題は多種多様であり、実際に、様々な学校活動・場面において、法的視点、適正手続や危機管理の視点、紛争解決や紛争調整の視点とスキルが求められており、学校の弁護士に対する相談ニーズは非常に高いといっても過言ではない。

そのため、スクールカウンセラーやスクールソーシャルワーカーの普及と同様に、文部科学省による事業予算化がきっかけとなって、全国的に広がっていく可能性が十分にあり、すでに様々な自治体でスクールロイヤー導入に向けた取り組みが始まっている。

5 スクールロイヤーとスクールソーシャルワーカー等との専門職連携によるチーム支援体制

スクールロイヤー、スクールソーシャルワーカー、スクールカウンセラー等のそれぞれが、その専門性を発揮して学校支援を行う必要があることは言うまでもないが、これら専門職による学校支援をより効果的なものとするためには、専門職連携によるチーム支援体制を作る必要がある。具体的には、次のようなチーム支援体制が考えられる。

(1) 学校ケース会議への出席による共同アセスメントとプランニング

スクールロイヤーとスクールソーシャルワーカー等が学校で開催されるケース会議等に同席して、1つの事案について、SSW視点、子どもの心理や発達の視点、法的・危機管理視点、紛争の合理的解決の視点から、共同してアセスメント、プランニングを行うことができればベストである。但し、現在の派遣・配置形態や回数等では、複数の専門職が学校におけるケース会議等に同席することは容易なことではない。

(2) 専門職相互の情報共有とコミュニケーション

ケース会議等への同席が難しいとしても、スクールソーシャルワーカー等とスクールロイヤーが、学校からの情報提供、ケース会議記録やアセスメントシート等の共有により、必要な情報を共有したうえで、互いに連絡を取り合うことにより、実質的に共同アセスメントと共同プランニングをなしえる体制作りを行うことは可能である。

(3) スクールソーシャルワーカー等とスクールロイヤーの連携

スクールソーシャルワーカー等が学校から相談を受けた際に、その問題・課題の内容によって、スクールロイヤー相談が必要であると判断された場合には、学校に対して、その旨のアドバイスを行い、また、実際に教育委員会等を通してスクールロイヤー相談へのつなぎをサポートするなどの支援も可能である。

逆に、スクールロイヤーが学校から相談を受けた際に、法的視点・危機管理視点からのアドバイスを行ったうえで、指導・支援ニーズのアセスメントについては、スクールソーシャルワーカー等に相談するようアドバイスする等の対応も可能である。

(4) 教育委員会のサポートチームによる学校支援

学校ごとのチーム支援体制とは別に、教育委員会にスクールソーシャルワーカー、スクールカウンセラー、スクールロイヤー等の専門職によって構成されるサポートチームを設置し、同サポートチームが定期的に開催するサポート会議に、学校がケースを持ち込むことにより、共同アセスメント、共同プランニングに基づくアドバイスを受けるという体制も効果的である。

また、教育委員会が、学校からの支援要請を受けて、複数の専門職からなるサポートチームを学校に派遣して、アセスメント、プランニングをサポートするというチーム支援体制も有用であると思われる。

いずれにしても、このような専門職連携によるチーム支援体制を有効に機能させるために、スクールソーシャルワーカー、スクールカウンセラー、スクールロイヤー等が相互に信頼関係を築き、互いの存在と役割・限界を十分に認識・理解したうえで、チームとして学校を支援する意識を共有することが重要である。

そのためには、教育委員会が3つの専門職が参加する合同連絡会や合同研修会等を開催し、相互の交流をはかり、また、連携にあたっての課題や問題点について共有し、協議する場を持つ必要がある。

（峯本耕治）

◉引用・参考文献

福山和女（2009）「ソーシャルワークにおける協働とその技法」『ソーシャルワーク研究』34(4)、4～16頁

Germain, C. B.（1992）*Ecological Social Work: Anthology of Carel B. Germain*（＝小島蓉子編訳（1992）『エコロジカルソーシャルワーク：カレル・ジャーメイン名論文集』学苑社）

Goldstein, J., Freud, A. & Solnit, A. J.（1973, 1979, 1983）*Beyond The Best Interests of the Child*. Macmillan Publishing Co., Inc.（＝島津伊知郎監修・解説、中沢たえ子訳（1990）『子の福祉を越えて：精神分析と良識による監護紛争の解決』岩崎学術出版社）

樋口修資（2017）「学校組織運営論からみる『チーム学校』の批判的考察と教員のワーク・ライフ・バランスの実現」『明星大学教育学部研究紀要』7、1～14頁

今津孝次郎（2000）「学校の協働文化：日本と欧米の比較」藤田英典・志水宏吉編『変動社会のなかの教育・知識・権力：問題としての教育改革・教師・学校文化』新曜社

伊藤茂樹（2007）「学校の秩序のゆらぎ」酒井朗編著『学校臨床社会学』放送大学教育振興会

閣議決定（2016）「ニッポン一億総活躍プラン」http://www.kantei.go.jp/jp/singi/ichiokusoukatsuyaku/pdf/plan1.pdf

小西加保留（2007）『ソーシャルワークにおけるアドボカシーH：IV/AIDS患者支援と環境アセスメントの視点から』ミネルヴァ書房

許斐有（1991）「児童福祉における『子どもの権利』再考：子どもの権利条約の視点から」『社会福祉研究』52、49～55頁

紅林信幸（2007）「協働の同僚性としての《チーム》：学校臨床社会学から」『教育学研究』74(2)、36～50頁

三毛美代子（2003）『生活再生にむけての支援と支援インフラ開発：グランデッド・セオリー・アプローチに基づく退院援助モデル化の試み』相川書房

溝部ちづ子・梶田英之・石井眞治ら（2018）「『チーム学校』に向けた今後の可能性と課題（Ⅱ）：教育現場の質問紙調査から一考察」『比治山大学・比治山短期大学部教職課程研究』4、32～46頁

文部科学省初等中等局長（2017）「学校教育法施行規則の一部を改正する省令の施行について（通知）」https://www.pref.iwate.jp/_res/projects/default_project/_page_/001/006/733/20170410-27.pdf

西野緑（2009）「配置校型スクールソーシャルワーカーの有効性と課題：虐待的養育環境にあ

る子どもに対するスクールソーシャルワーカーの援助プロセスを通して」『学校ソーシャルワーク研究』第4号、28～41頁
西野緑（2014）「子ども虐待に関するスクールソーシャルワーカーと教職員とのチーム・アプローチ：スクールソーシャルワーカーへの聞き取り調査から」『Human Welfare』6、21～34頁
西野緑（2018）『子ども虐待とスクールソーシャルワーク：チーム学校を基盤とする「育む環境」の創造』明石書店
大阪府教育委員会（2006）『SSW配置小学校における活動と地区での活用ガイド』
大崎広行（2008）「日本における学校ソーシャルワークの萌芽」日本学校ソーシャルワーク学会編『スクールソーシャルワーカー要請テキスト』中央法規出版
大塚美和子（2017）「スクールソーシャルワークの実践展開（3）子どものアドボカシー」『ソーシャルワーク研究』43（3）、54～61頁
大塚美和子（2019）「『チーム学校』におけるスクールソーシャルワークの専門性：教員を対象とした意識調査を通して」『神戸学院総合リハビリテーション研究』第14巻第2号、9～20頁
中央教育審議会（2015）「チームとしての学校の在り方（答申）」https://www.mext.go.jp/b_menu/shingi/chukyo/chukyo0/toushin/__icsFiles/afieldfile/2016/02/05/1365657_00.pdf
山野則子（2016）「スクールソーシャルワークから見た『チーム学校』」『教育と医学』64（6）、36～42頁
山野則子・峯本耕治編著（2007）『スクールソーシャルワークの可能性：学校と福祉の協働・大阪からの発信』ミネルヴァ書房
山下英三郎（2003）『スクールソーシャルワーク：学校における新たな子ども支援システム』学苑社
由布佐和子（1994）「privatizationと教員文化」久富善之『日本の教員文化』多賀出版

第2章
スクールソーシャルワークのメゾ・アプローチ

1節

なぜメゾ・アプローチが重要なのか

1 メゾ・アプローチとは

メゾ領域は、従来、制度や政策というマクロ領域と技術や方法論というミクロ領域をつなぐ位置づけで述べられることが多く、メゾレベルの実践の捉え方や定義は一律ではなかった。SSWの領域も同様で、メゾレベルを「関係機関とのネットワーキング」だと捉えている人も少なくない。しかし、関係機関とのネットワーキングがメゾ実践ならば、それは学校を拠点に活動するSSWrでなくても支援が可能である。SSWrは学校組織に影響を与える存在として機能するからこそ、他機関の専門職とは異なる存在意義があるのである。

文部科学省は、「児童生徒の教育相談の充実について」の通知の中で、SSWrガイドラインを示し、ミクロ、メゾ、マクロレベルの3層の職務内容を説明している。ミクロへのアプローチは、個人を対象としており、不登校、いじめや暴力行為等問題行動、貧困、虐待等の課題を抱える児童生徒と児童生徒が置かれた環境への働きがけである。その方法としては、利用者のところに出向いて支援につなげるアウトリーチや意見表明が困難な児童生徒に代わり権利を代弁擁護するアドボカシーなどが例としてあげられる。メゾへのアプローチは、学校組織を対象としたもので、学校内におけるチーム支援体制の構築、複数の視点で検討できるケース会議とケースのアセスメント（見立て）、課題解決のプランニング（手立て）への支援である。最後のマクロへのアプローチは、自治体の体制を対象とし、関係機関とのネットワークの構築、連携、調整を意味している。このように、SSWrの活動は、子どもの生活環境の調整を様々なレベルでマネジメントする点にその特徴がある。中でも、SSWrが学校で活動を展開できるかどうかの鍵を握るのがメゾレベルの実践である。本書では、メゾ・アプローチを「学校組織を対象として、ケース会議やコアチーム会議を通じて学校内におけるチーム支援体制の構築行うこと」と定義する。

2 ケース会議とコンサルテーションの違い

メゾ・アプローチの柱は、ケース会議とコアチーム会議である。メゾ・アプローチの詳細については、後の第2章3～4節で述べるため、ここではケース会議とコンサルテーションの違いについて簡単に紹介する。

ケース会議と同様に押さえておかなければならないのがコンサルテーションである。コンサルテーションは、専門家の立場で個別の子どもの問題から学校組織の問題まで幅広く助言を行う。一方、ケース会議は、子どもの状態の包括的なアセスメントを行い、解決に向けた目標設定と役割分担、プランニングを具体的に協議、決定する戦略的な会議であり、参加者と協働で作り上げていくものである。参加者の相互作用がより重要になるのはケース会議のほうである。筆者自身は、「3人寄れば文殊の知恵」ならぬ「3人寄ればケース会議」と表現して、可能なかぎりミニケース会議を実施することを勧めている。その理由として、ケース会議の方が参加者は主体的かつ具体的にケースに関わることが必要になるからである。一方、コンサルテーションは、教職員が対応の仕方がわからなくて困っている時や校内体制などへのアドバイスを行う際に大変有効である。コンサルテーションとケース会議の用途による使い分けが必要であるが、可能ならば学校組織により大きな影響を与えるケース会議を積極的に開催できるように教職員にアプローチすることが重要である。

3 なぜメゾ・アプローチが重要なのか

メゾ・アプローチが重要な理由の1つ目として、校内支援システムを構築できる点があげられる。メゾ・アプローチの両輪は、ケース会議とコアチーム会議である。学校が一般的に行ってきた校内支援会議は、その場かぎりの情報交換だけで終わるものが多く、それを次のプランに活かせていないのが現状である。一方、ケース会議とコアチーム会議は、子どもの問題の背景をアセスメントして理解し、チームで対応できるようなプランを練る戦略的な会議である。コアチーム会議でケースの整理と方向性が決まり、必要に応じて校内ケース会議や当事者である保護者や子どもとのケース会議を開催し、その内容がさらにコアチーム会議で見直しされ次のプランにつながるという好循環が校内に生まれる。SSWrをケース対応中心の派遣型だけで活用している地域では、こうした校内支援体制作りは進まない。また、校内組織にSSWrを位置づける意識がなく単に配置を行っている地域では、SSWrが個人で走り回ってケースを発見し支援するというミクロレベル中心の支援スタイルとなり、教職員との有機的なチーム支援は進まず、学校を単に地域の拠点にしているだけの実践になりがちである。学校や教育委員会にメゾ・アプローチの観点がなければ、ケース対応だけのSSWr派遣になってしまい、SSWrを効果的に活用しているとは言えない。SSWrが配置型で学校に定着し、ケース会議とコアチーム会議を両輪として機能させるところにメゾ・アプローチのポイントがある。

2つ目の理由としては、ケースのマネジメントを柔軟に実施でき、ケースの優先順位に基づく支援を展開できるため、問題の深刻化を防ぐことが可能になる点があげられる。個別の面談や家庭訪問などのミクロレベルの活動に終始していると、SSWrの立場で最も支援する必要のあるケースを見過ごしたり、支援のタイミングを逃したりすることがある。例えば、SSWr自身が校内組織に位置づかず家庭支援が必要な特定のケースばかりを対応していると、校内で大きないじめ問題が生じていてもそれを把握できず、支援のタイミングを逃し対応が後手に回ってしまうこともある。メゾ・アプローチでは、問題の早期発見ができる校内組織作りが可能であり、ミクロレベルの支援とは異なり、多くのケースのマネジメントに関わることができる。メゾレベルの支援で校内のケース管理ができれば、必要に応じてミクロ実践へ、あるいはマクロ実践へと支援を展開させ、最も支援が必要なケースや緊急度を見極めることが可能になり、SSWrとしての専門性を活かすことができる。

（大塚美和子）

2節

メゾ・アプローチを支える理論

1 メゾ・アプローチを支える理論の必要性

メゾ・アプローチの2本柱は、ケース会議とコアチーム会議である。SSWrは、ケース会議において事例についてのアセスメントやプランニングを伝える際に、法制度の知識や理論を活かし、根拠に基づく解説を行う必要がある。また、コアチーム会議の運営においては、学校組織を意識したアプローチが必要であり、そこにも実践の根拠となる理論が求められる。メゾ・アプローチを支える包括的な理論の1つとしてケースマネジメントがある。

ケースマネジメントとは、複雑で多様なニーズをもつ人々に様々なサービスを包括的に提供するアプローチである。これは、特定の直接的なサービスとは異なり、サービスをつなぎ縦割り組織を崩していく方法である。子どもの問題は、家庭、学校、地域の環境との交互作用の結果生じており、複雑で多様なニーズに対応し包括的なサービスを提供するケースマネジメントの考え方に合致していると言える。以下、ケースマネジメントの視点と方法について述べ、学校組織にどのように導入していくかについて述べることにする。

2 ケースマネジメントの視点

芝野（2002）は、図2-2-1に示すケースマネジメント・モデルを提唱している。並んでいる1枚1枚のカードは、誕生してから現在までのその人のライフヒストリーを示している。ここでは複数のカードをひとくくりにしたものをフェーズと呼ぶ。芝野は、ケースマネジメントを考える際に、時間軸と空間軸が必要だと述べている。このモデルでは、時間軸を「時間的・縦断的マネジメント」と表現し、長期的な視点でケースを追跡しマネジメントする。また、空間軸を「空間的・横断的マネジメント」とし、困難な時期のフェーズに注目し、子どものニーズと環境の交互作用をマネジメントする。例えば、4歳でDVによって親が離婚し、小1で学校に適応できずに荒れていたが、小4の頃には学

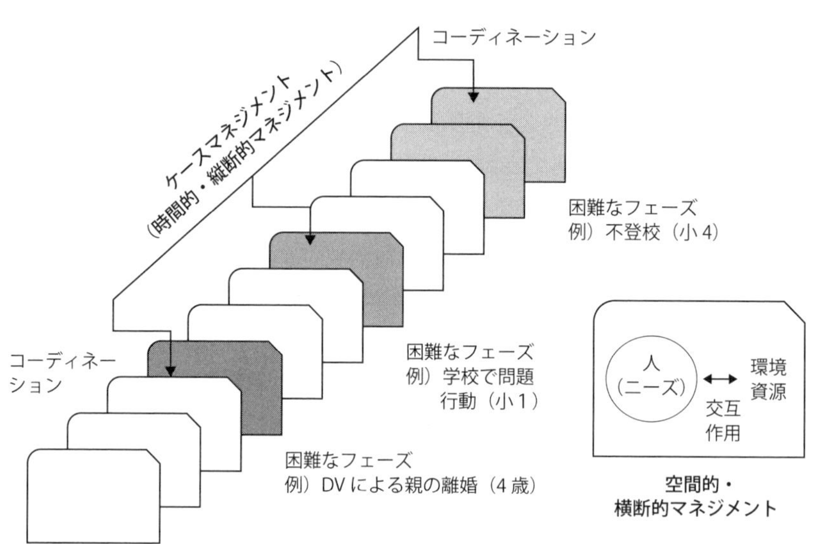

図2-2-1　芝野のケース・マネジメントモデル

出所：芝野（2002）をもとに著者作成

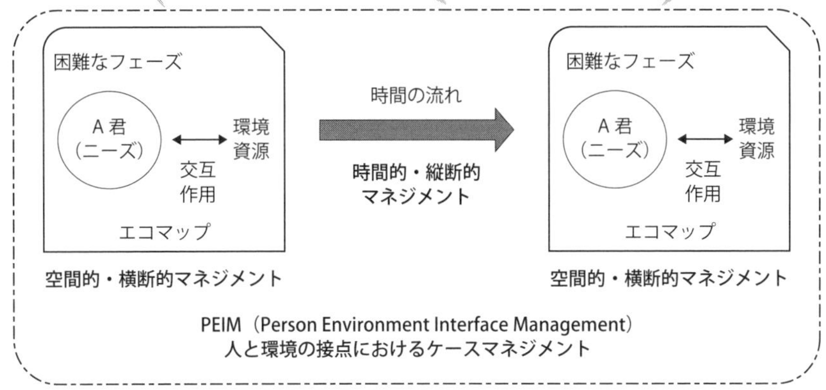

図 2-2-2　メゾ・アプローチを支える理論

出所：芝野（2002）をもとに著者作成

校に居場所がなくて不登校となり家庭でひきこもるようになったケースがあるとする。DVと親の離婚、学校への不適応、不登校などの困難なフェーズで、専門的な支援が必要であることがわかる。また、専門的な支援を受けることができないと、問題が後の困難を生み出し、深刻化することが推測される。

芝野は、長期にわたる時間的・縦断的マネジメントをする専門職をケース・マネジャーと呼び、児童分野では児童相談所の児童福祉司などを例としてあげている。一方、空間的・横断的マネジメントは、セルフ・コーディネーションが難しい場合に専門職がコーディネーターとなる。芝野は、SSWrは両方のマネジメントに関わることになると述べている。SSWrの配置のされ方によっても異なるが、1年ごとに担任が変わる教職員と比較して、より長期で関わるSSWrはケース・マネジャーと捉えることができる。

図2-2-2は、芝野のケースマネジメント・モデルをベースに、本書の第4章で紹介する各理論を含めたメゾ・アプローチを支える理論を整理した。芝野は、人と環境の接点におけるケースマネジメントをPEIM（Person Environment

Interface Management）という言葉で説明している。PEIMは、そもそもソーシャルワークそのものであり、ジャーメインが述べた人と環境の交互作用とそのインターフェイスへの介入のことである。ケースマネジメントの枠組みの中にPEIMの視点を盛り込むことには、最も必要とする時に最も必要な資源を確実につなげていくという目的がある。

前述の4歳でDVによって親が離婚したケースを例にあげる。最初のフェーズでアセスメントすべきは愛着とトラウマ理論を活用した空間軸と時間軸による分析である。DVと親の離婚という環境がケースに与えた影響を交互作用の視点で分析し、そのことが時間軸を経て次のフェーズにどのように影響したのかについて追跡する。次の小1のフェーズでは、荒れて学校生活に適応できない状況をシステム理論や行動理論などから分析してプランニングを考える。この時点で効果的な支援ができないと、次のフェーズの高学年でさらに問題が深刻化することになるため、問題を積み残さないようにマネジメントしていくことが重要である。このように、SSWrは、子どもと環境の交互作用に介入するインターフェイス・マネジメントと、支援のプロセス全体を包括的、系統的に捉え介入するケースマネジメントの両方の視点を持つ必要がある。

3 ケースマネジメントの方法

ケースマネジメントの展開プロセスは、情報収集（アウトリーチ）とケースの発見、アセスメントとプランニング、支援の実行とモニタリングであり、このプロセスを行き来しながら子どものアドボカシーを実現するチーム支援が進む（図2-2-3）。つまり、校内で支援が必要な子どもについて情報収集、早期発見を行い、それをもとにケースのアセスメントとプランニングを行う。そして、支援の実行後もモニタリングを行いながら必要に応じた柔軟な支援を継続する。この一連のケースマネジメントのプロセスの全部に関わり、コーディネートするのがコアチーム会議の役割である。

ケース会議は、問題のアセスメントとプランニングを行うケースマネジメン

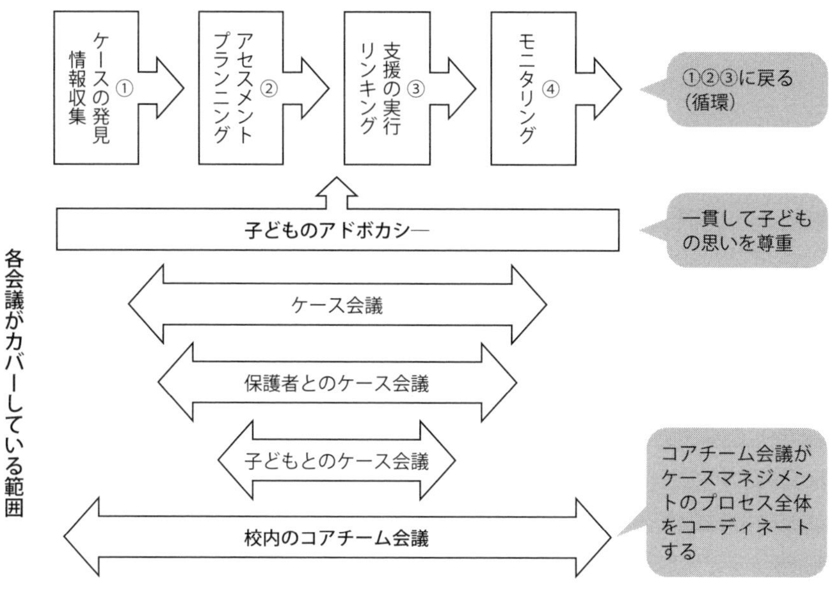

図 2-2-3　ケースマネジメントのプロセスと校内コアチーム会議

出所：著者作成

トの中核にある大事なプロセスである。ケース会議には、校内ケース会議、他機関とのケース会議、小中連携ケース会議などがあるが、特に重要なのが保護者や子どもという当事者とのケース会議である。これらのケース会議とコアチーム会議が連動することで、問題の本質を捉えたアセスメントとプランニングを行えるようになる。

学校におけるケースマネジメントは、学校内外の関係者が協働でチーム支援を行う点にその特徴がある。「チーム学校」によって教職員の多忙化に拍車がかかり、子どもに向き合う時間が少なくなるのではと懸念を示す研究者もいる。しかし、ケースマネジメントの考え方で校内支援体制を整備できれば、子どもの問題が深刻化するのを防ぐことが可能となり、教職員が専門とする学習指導などで子どもと向き合える時間が増えることになる。

（大塚美和子）

3節

メゾレベルの実践
――校内における「チーム学校」作り

1 学校レベルの課題

学校には第1章2節で見てきたような構造的な課題に加え、①担任・学年・生徒指導担当教諭・管理職等様々なレベルでの抱え込みがあり、②管理職の考え方や方向性に左右されることも多く、③子どものことを話し合う部署が複数ある校務分掌の課題もあり、④1年サイクルの人事異動による教職員の共通理解が維持しにくい等の課題がある。小学校では対応すべき事案が起きた場合、担任が管理職に相談し、管理職が対応策を決定し、とられる手立ては「まずは担任が」あるいは「学年が」担うものが少なくない。

2 生徒指導上の問題に関する校内会議の整備

子どもや保護者の思いを吸い上げ、教職員の抱え込みを防ぎ、チーム学校で支援する校内体制（図2-3-1）について、以下に説明する。

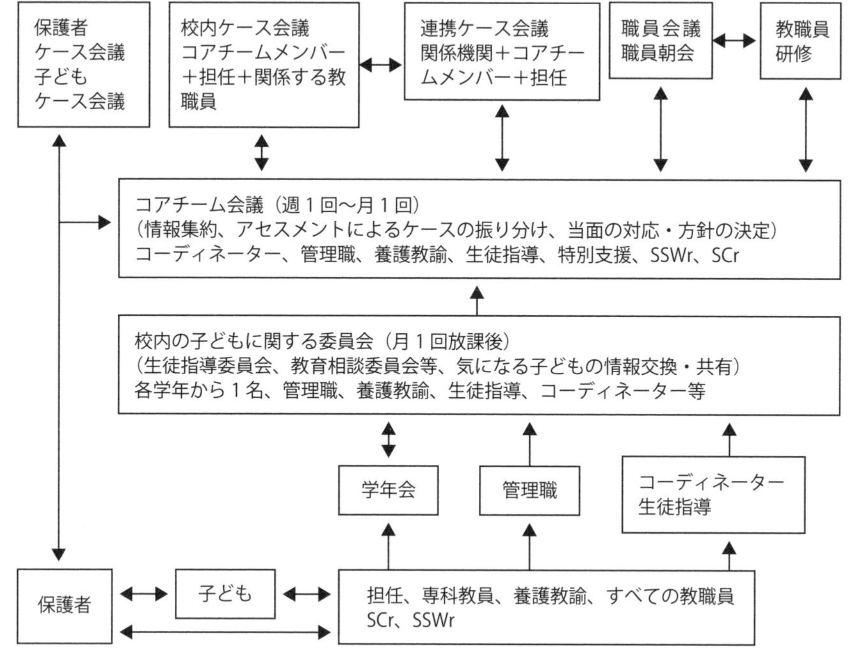

図 2-3-1　校内体制の図

出所：著者作成

(1) 校内の子どもに関する支援委員会

各学校には、「生活指導委員会」「教育相談委員会」「特別支援委員会」等の校内委員会がある。学年の情報を集約して各学年から1名教員が出席し、加えて生徒指導担当教諭や養護教諭、管理職等が出席する場合が多い。概ね、月1回開催されているところが多く、各学年から気になる子どもをあげ、担任や学年の思いを共有する。しかし、いくつもの委員会で、メンバーは異なるが同じ子どものことを話し合っている場合も多々あり、教職員の多忙化の原因ともなっていると感じる。事象別に委員会を分けるのではなく、子どものことのみ話し合う委員会をひとつにし、情報を共有することで、会議も精選され、漏れや重複がなくなると考える。

(2) コアチーム会議

校内の子どもに関する委員会で共有した、気になる子どもや配慮の必要な子どもの情報は、情報共有だけで終わるのではなく、管理職、生徒指導担当教諭、養護教諭、コーディネーター等のコアメンバーが集まる「コアチーム会議」にあげて、情報の集約、アセスメントによるケースの振り分け、当面の対応、方針の決定をする必要がある。SSWrやSCrは、校内の情報共有のための委員会よりも「コアチーム会議」に参加することが重要である。

コアチーム会議は、授業時間内に組み込み、毎週1回開催するのが理想的であるが、現実は週1回、月2回、月1回等学校の実情に合わせて行われ、授業時間内に組み込んでいる市町村もあれば、放課後実施している市町村もある。情報を集約しているコーディネーターが、気になる子どもや配慮の必要な子どもの1週間の報告をし、他の参加者がつかんでいる情報を出し合い、アセスメントによるケースの振り分けと当面の対応や今後の方向性の確認をする。担任への助言ですむケース、学年で動いてもらうケース等を振り分け、校内全体で支援が必要な場合は、ケース会議の開催等を決める。

コアチーム会議では、①子どもの学年や名前、②課題（学習課題、発達課題、不登校傾向、虐待、いじめ等）、③アセスメント、④支援体制（担任が配慮、サポートが必要、校内全体の支援が必要等）⑤関係機関やキーパーソン等を一覧表にしたものをベースに話し合うと効率的である（図2-3-2）。学校全体の支援が必要なケースは一覧表・記録に残し、校内ケース会議や関係機関が参加する連携ケース会議の開催等、継続的に支援を検討していく必要がある。

コアチーム会議は、①常に子どもの状態を把握できることでモニタリングの場になり、②複数の目で見守る意識の促進と風通しの良さ、③チームで共通の見立てをして方針を決定することで、学校が主体的になれる等の効果がある。課題としては、校内全体への周知であるが、職員朝会や職員会議等で、コーディネーターがタイムリーに報告することで、校内全体で共有できる。

(3) ケース会議

ケース会議は、子どもに関わる校内の教職員や関係者が一堂に集い、各々が

番号	年組	名前	課題								経過（文章）	見立て（文章）	手立て	キーパーソン	支援学級在籍	関係機関	緊急度
			学習課題	対人関係	発達課題	不登校	問題行動	いじめ	虐待・家庭	要対協							
1	1-1	A							○	○				SSWr		児相	A
2	2-3	B		○				○						養教			A
3	3-2	C			○		○							特支CO	○	教育C	B
4																	
5																	
6																	
7																	
8																	
9																	

図 2-3-2　コアチーム会議の子どもの一覧表

出所：著者作成

知っている子どもの思いやエピソード、家庭の状況、子どもと保護者・友だち・先生との関係性などを語り合うことによって、学校でバラバラに持っている情報が集約され、「何が起こっているのか」が共有でき、子どもや家庭理解につながる。チームで子どもと子どもを取り巻く環境を含めて背景・原因を見立てること（アセスメント）と、解決に向けた具体的な手立てと役割分担を考えること（プランニング）を効果的に行う場となる。

近年は、教職員に保護者を含めた「保護者ケース会議」や子どもと一緒に考える「子どもケース会議」を行っている学校もある（第2章4節参照）。また、学級が機能しない状況の場合は、子どもたちの人間関係マップを作成しながら学級の状況を見極め、手立てを考える「クラスケース会議」（大塚 2008）も効果的である。いずれにしても、校内ケース会議には、事前の準備が大切であり、誰について何を検討したいのか目的を明確にし、情報提供者である担任と事前に確認をし、ケース会議出席者の選定をする必要がある。

初回ケース会議の流れは、①会議にあたっての注意点（守秘）および目的、②情報の共有（アセスメントⅠ：担任から子どもの状況の説明と参加者からの情報提供）、③状況の把握と分析（アセスメントⅡ）、④目標（長期・短期）設定と役割分担（プランニング）、⑤次回校内ケース会議の日程と参加者の決定である。

2回目以降の校内ケース会議の流れは、①事例の確認（目標と検討内容の確認）、②取り組みの成果の検証（前回の校内ケース会議の役割分担にそって報告）、③担任や参加者から現在の状況の報告（見直しと新たな課題の確認）、④目標と役割分担の確認、⑤次回校内ケース会議の日程と参加者の決定である。

3 コーディネーター役の教職員の位置づけと条件

先に述べた校内体制を整備するには、校内の複数の調整者を一元化し、コーディネーター役を担う教職員に情報を集約することが大切である。中学校の生徒指導主事は、学校教育法施行規則に示されているが、小学校においては学校教育法施行規則による位置づけがなく、校務分掌の生活指導に含めて実施しているところが多い。教育相談は生徒指導の中に位置づけられているが、全国的な基準である学習指導要領で触れられていない。

コーディネーターは、個別事象で分けないで一元化することを前提とし、①気になる子どもや配慮の必要な子どもの情報の集約、②集約した子どもの一覧表の作成、③管理職への報告・連絡・相談、④SSWrとの協働（連絡や相談含）、⑤校内の子どもに関する委員会（生徒指導委員会等）への参加による情報収集、⑥コア・チーム会議のコーディネート、⑦校内ケース会議のコーディネート等が役割として考えられる。

コーディネーターは、①授業時間内の会議等への出席やSSWrとの打ち合わせ等が必要なため、物理的な時間が必要である。②校内の教職員や専門家から多くの情報が集まり、必要に応じて打ち合わせや校内ケース会議等を招集しても、反発が出ないような校内のポジションがあることも重要である。③子どもや保護者との適度な距離感あり、俯瞰的・客観的な視点が必要である。別室対応や問題行動への個別対応や保護者との面談等ミクロで関わることに終始すると、全体が見えなくなったり、客観的に見られなくなったりすることがある。ミクロ支援に偏らず、全体を采配する立場であると考える。④チーム学校に対する意識を持っていることが大切である。子どもや保護者への対応や教職員への助言も的確で力量のあるコーディネーターが、ひとりで対応や采配するのではなく、SSWrと教職員をつないだり、SSWrの力を発揮できるように仕掛けたりする力量が必要であると考える。

4 「チーム学校」作りにおけるSSWrのポジション確立

(1) SSWrとコーディネーター役の教職員の違い

「チーム学校」を作るためには、SSWr自身が学校組織にジョイニングし、校内でのポジションを確立する必要がある。最も大切なことは、コーディネーター役の教職員との協働である。

ケースマネジメントとコーディネーションとの違いについては、芝野(2002)が明確に述べている。コーディネーションとは、空間的（spatial）・横断的（cross sectional）マネジメント、ケースマネジメントとは、空間的・横断的マネジメントをゴールドダイヤモンドの考え方に従い将来へ向かってプログラミングする、時間的（temporal）・縦断的（logitudinal）マネジメントである。コーディネーターは、利用者が困難を経験しているその特定のフェーズにおいて空間的・横断的マネジメントをする。それに対して、ケース・マネージャーは、長期にわたる時間の流れの中で一貫してケースをモニターし、必要なときに必要とされる資源が提供されているか、そうした資源が子どもにいきわたり、満足がもたらされているかを確かめる。すなわち、第2章2節の例で考えると、コーディネーターは小1時での問題行動や小4での不登校に対して、対応や支援のコーディネートを行う。たとえある学年で子どもが落ち着いていたとしても、入学から転校や卒業に至るまで、時間的・縦断的マネジメントをする社会福祉専門職がケース・マネージャーであり、SSWrの役割である。

コーディネーターには、①SSWrと一緒に協働しようとするタイプ、②何でも自分ひとりで采配し、SSWrのすることを依頼してくるタイプ、③お互い自由にしましょう、と協働を避けるタイプ等がある。SSWrは、コーディネーターをよくアセスメントし、毎回コーディネーターと打ち合わせし、コーディネーターの思いをよく聞くことが大切であり、どんなタイプのコーディネーターとでも協働していく必要がある。

(2) SSWrの校内協働

コーディネーター役の教職員以外では、学校の責任者である管理職とのコミュニケーションを十分にとり、信頼関係を構築することが重要である。特に、コーディネーターとの協働が困難な場合、学校長からコーディネーターにSSWrの役割を話してもらったり、コーディネーターとつないでもらったりすることが大切である。

最前線で関わっている担任への声掛けは、教室訪問の後や放課後には小まめにする必要がある。養護教諭や専科教員や事務職員等は、俯瞰的客観的に見ていることが多く、新しい気づきがある。かつて、なかなかつながれないと思っていた保護者が、いつも電話を取る事務職員とつながっていることがわかり、一挙に支援が進んだことがある。筆者が最も声かけに気を配っているのは、介助員、ボランティア等のミクロで関わっている人、読書支援、用務員、守衛等である。彼らは、チーム学校のスタッフであるにもかかわらず、放課後のケース会議にはほとんど参加する機会がない。しかし、子どもや保護者との個別の関わりは大きく、子どもや家庭のことをよく知っている。新学期にこちらから熱心に声をかけていくうちに、向こうから様々な情報や気づきを教えてくれるようになる。

校内研修は、SSWrの役割や自分の思いをダイレクトに教職員に伝える絶好のチャンスであり、SSWrをアピールするまたとない機会である。経験の少ないSSWrは、スクールソーシャルワーカー・スーパーバイザー（以下、SSW・SV）の力を借りて、一緒に研修をするのも一案である。校内研修により、SSWrが校内の教職員に認知されたり、頼りになる存在として、教職員の見る目が変わるきっかけになったりすることは少なくない。

（西野緑）

4節

ミクロからメゾレベルへの連動 ──当事者とのケース会議で実現する「チーム学校」

1 当事者とのケース会議とは

教職員と保護者の連携については、SSWの領域をはじめ他の領域でも、教職員と保護者の信頼関係の重要性や教師と保護者の二者関係という枠組みを超えた支援体制の必要性が強調されている。特に、以前より石隈らが行ってきた学校心理学に基づくチーム援助についての研究では、保護者や子どもを含めたチーム支援や校内マネジメントモデルの方法が紹介されている（石隈 2003)。

本書では、保護者や子どもを含む当事者とのケース会議を実施し問題解決につながった事例を数多く紹介している。実は、「大阪府のSSW事業はケース会議中心で、当事者の意見が反映されていない」という指摘を受けることがあったが、筆者は2005年に事業がスタートした当時から当事者とのケース会議を現場で実施し、その効果を実感してきた1人である。「ケース会議」というメゾ・アプローチにこだわるのは、当事者の思いや意見を具体化するためには面談や家庭訪問などのミクロレベルの支援だけでは不十分であると考えるからである。SSWrが協働する相手は教職員個人ではなく学校という組織であり、組織に影響を与えるには「ケース会議」という明確で構造的な方法が有効だと考える。そこで、あえて面談とは区別して、「当事者とのケース会議」と表現している。

当事者とのケース会議には、①保護者とのケース会議が中心の場合、②保護者とのケース会議を経て親子とのケース会議に展開する場合、③子どもとのケース会議が中心となる場合の基本的に3パターンがあると思われる。1番目の保護者とのケース会議は、教職員や保護者が子どもの問題で困り感を感じたときに、SSWrを含めた三者以上のメンバーで実施する戦略的な会議である。2番目の親子とのケース会議は、保護者と学校だけでは測りかねる子どもの思いや意見を確認し、プランに反映させる会議である。子どもがケース会議に参加して意見を述べるか、あるいは保護者やその他の人が子どもの代弁をして意見を伝えるかは子どもの意思を確認しつつ行う。子どもの権利条約では、子どもを受動的な存在ではなく能動的に権利を行使できる存在として位置づけ、物事を決定するプロセスにおいても子どもとの対話を重視する。子どもの能動的な権利を守る意味でも、子どもを含めたケース会議を位置づけることは重要である。3番目の子どもと教職員とSSWrの三者が中心となるケース会議は、学校生活などのエピソードについて具体的に話し合いを行い、トークンなどの行動目標を一緒に検討する場として活用できるものである。担任教師と子どもの二者ではなく三者以上の会議にすることのメリットは、話し合われたプランを実行する責任が生まれることで問題解決が進むことと、一緒に問題に取り組んでいるというチームの一体感が生じることである。虐待などの家庭的な問題で保護者とのケース会議が容易に実施できない事例でも、子どもとのケース会議を積み重ねることで、子どもがエンパワーされ家庭の状況が改善したケースもある。

2 保護者とのケース会議のポイント

保護者と学校のケース会議の主なねらいは、両者による子ども理解の共通化とプランの具体化である。学校で通常行われる個人懇談や面談は情報交換だけで終わることが多いが、保護者とのケース会議では、学校と保護者が協働して子どもの支援を実施できるように、子どもの状態のアセスメントとプランニングをしっかり行う。その際にSSWrが両者の協働の促進役として関わり、両者のパートナーシップの構築ができるようにする。SSWrが保護者とのケース会議で意識していなければならない重要なポイントは以下の4点である。

1つ目は、事前準備として校内ケース会議や打ち合わせを行い、保護者が安心して会議にのぞめるように準備することである。特に配慮したいのは会議のメンバーや会議の方向性についてである。保護者が安心できる教職員などを会議のメンバーに加えることやケースによっては教育や福祉の専門機関の支援者が同席することが必要である。会議の内容も学校からの要望に終始するような会議にせず、学校での支援策を前面に出して保護者の負担感を減らすような提案の仕方をするなど、高くなりがちな教職員の目標設定をSSWrから適切なレベルにするようにアドバイスを行うことも大事である。

2つ目は、本番の保護者とのケース会議で子どもについての情報を学校と保護者から率直に出し合いアセスメントできるようにすることである。学校と保護者では子どもの実態理解が食い違っていることが多くあり、両者の壁になっていることがある。しかし、SSWrが間に介在し子どもの強みと課題を学校と家庭から出し合ってもらうようにすることで、子どもに対するアセスメントが深まっていくことを実感する。これは、第三者が存在することで、二者が対面して話し合うのとは異なる安心感が生まれるのだろうと思われる。子ども理解の共通のアセスメントのポイントは、SSWrが適切なタイミングで要約し、次のプランニングへの橋渡しを行うことである。

3つ目に、学校と保護者が取り組むプランが両者の協働が促進されるような形で具体化することである。よくありがちな学校の関わり方として、学校から保護者に「持ち物の確認を毎日子どもとしてください」「宿題ができたかチェックしあげてください」という一方的な依頼がある。そうではなく、次のような協働プランが望ましい。例えば、「毎朝、担任は子どもと宿題、持ち物のチェックをして連絡帳に花丸をつけます。お母さんはその花丸を見てしっかりほめてください」と学校が提案すれば、保護者は「それでは、宿題と持ち物を確認する時間を決めて家でも取り組んでみます。できたら連絡帳に私も記入してみます」と応じるなどの協働プランが進む。このように、具体的で実現可能な子どもの安心感につながるプランが協議されるように、SSWrが会議を進行していく。

4つ目は、両者の間で行われるコミュニケーションに注目し、両者の共通項があれば積極的にコメントし信頼関係の構築をサポートすることである。このように、学校と保護者のケース会議が実施されると、学校と保護者のチームとしての協働が進み、子どもの思いを受け止める学校と家庭の生活環境作りが進んでいくことになる。

3 子どもとのケース会議のポイント

子どもを含めたケース会議（子どもケース会議）を実施する際の留意点は以下の5点である。

1つ目は、保護者とのケース会議の時と同様に参加者を選別することである。子ども自身が日常生活の中で関わりがあり、安心して話ができる大人が同席することが望ましい。学校側の大人は、担任であることが圧倒的に多いが、信頼関係ができていないときは話ができる他の教職員を人選する。家庭側の大人についても、子どもが保護者の同席を望まない場合もあり確認が必要である。一般的には母親の同席のもと、担任など少数の大人が会議に入り、SSWrや校内教職員のコーディネーターなどが調整役として同席し、会議が和やかにスムーズに進むようにサポートする。

2つ目は、会議の目的の明確化である。子どもは大人に囲まれて怒られるのではないか、何か指摘されるのではないかと不安を感じることもあるので、この会議が子どもを具体的に応援する会議であることを最初に明言することが大事である。そのことを伝えたうえで、子ども自身が解決したいと思っていることを話してもらう。具体的に「友達から嫌がらせされるので困っている」「授業が全くわからなくて困っている」などの訴えがすぐに出る場合もあれば、担任から「以前、〜で困っていたよね」という誘い水を出してもらい、問題を具体化させることもある。特に筆者が発達課題をもつ子どもの場合に工夫しているのは、問題状況を図示して振り返る作業である。そのことで、言葉だけでは十分に腑に落ちなかった点も理解が深まることが多い。いずれにしても、子どもが困っている問題を会議の参加者みんなで意見を出し合い解決するための会議であることを明確にする。

3つ目は、大人が解決策を一方的に示すのではなく、子ども自身が問題解決できるように工夫することである。例えば、担任から「以前、～で困っていた時に自分で先生に言いにきたね。あれも1つの解決策ではないかな」などと子ども自身の力の部分に注目して話をもっていくと、自分で解決したエピソードを思い出して自分でプランを提案できるようになる。子どもは自分で問題解決できると思ったときに最も力を発揮するものである。

4つ目は、抽象的なプランではなく具体的なプランに落とし込むことである。例えば、「明日から頑張っていこうね」「先生とお母さんでしっかり見守るね」だけではプランとして具体性に欠ける。「友達から嫌なことをされて困ったことがあれば休み時間に担任の先生か養護教諭の先生に話をする」「授業中にわからないことがあればサインを決めておくので先生に合図を送る。問題が理解できたらお母さんにわかったことを伝える」など、行動レベルでわかりやすく解決策を整理することが大事である。また、具体的なプランを表などの目に見える形にしておくことも大切である。

5つ目は、会議によって子どもが自信を回復し、自己肯定感が高まるように工夫することである。自分が提案したプランがうまくいったとき、子ども自身が自分の力を再確認し、自信をつけていく。そのためにも、大人が高い目標設定をせず、子どもに寄り添ったプランから始め少しずつレベルアップしていく姿勢が大事である。

4 ミクロからメゾレベルの連動

教職員が本当に困っているのは、日常的にアクセスしにくい親と子への支援が必要なケース、例えば虐待や貧困問題を含む深刻な家庭背景がある保護者や問題意識が薄い保護者のケースである。そこで必要となるのが、メゾレベルの校内支援体制とミクロ・メゾレベルの当事者とのケース会議を連動させることである。つまり、以下の一連の流れを作ることが重要である。校内ケース会議やコアチーム会議で学校としての方向性を定期的に検討し（メゾレベルの実践）、当事者とのケース会議で保護者の困り感や子どものニーズを把握してそれに対する具体的な行動プランを設定し（ミクロ・メゾレベルの実践）、それを受けて校内ケース会議やコアチーム会議で学校としてできる支援をさらに具体化する（メゾレベルの実践）。このミクロとメゾの連動がケースの進展を生み、子どもの成長を促進するチームアプローチを可能にする。

（大塚美和子）

5節

メゾからマクロレベルへの連動
―― 市町村における「チーム学校」のシステム作り

1 市町村におけるSSWr配置と「チーム学校」の方針

(1) 市町村の政策としてのSSWrの配置形態

学校という場は1年ごとのサイクルを繰り返し、校内の「チーム学校」体制を構築しても、新年度になると人事異動で多くの教職員が交代する。「この校長先生だからチームができた」「このコーディネーターだから協働できた」等の人ありきではなく、市町村における「チーム学校」のシステム作りが不可欠である。可能なかぎり指導主事とSSW・SVとでSSWr配置の目的や「チーム学校」体制についてのヴィジョンを共有する必要がある。

文部科学省は、「チーム学校答申」(文部科学省 2015)において、SSWrの活用が重要であること及び国がSSWrの職務内容を法令上明確化すること、配置の拡充、国庫負担化の検討が提言されており、平成31年度までにSSWrを全ての公立中学校区(約1万校)に配置するという目標が掲げられている。

ある市(小学校36校、中学校18校)では、SSWrは中学校区あたり週20時間(2日半)を担当し、小中学校全54校には校内の情報を集約し、SSWrと協働するコーディネーター役の教職員を置いている(図2-5-1)。中学校区にSSWrを配

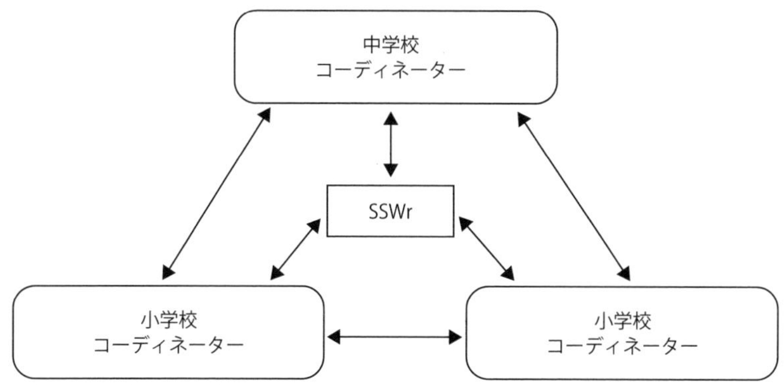

図 2-5-1　中学校区ごとの子どもサポート体制

出所：西野（2018：146）をもとに作成

置することにより小学校と中学校の連携のみならず、中学校区の保育園や幼稚園、地域の人材や関係機関等のネットワーク作りが可能になる。

(2) 市町村の政策としてのSSWr配置の目的

SSWrの役割は非常に多岐にわたるため、SSWrを位置づける際には、SSWr配置の目的を明確にする必要がある。ある市では、市の方針として「子ども虐待死ゼロ」を目指して、家庭児童相談課の職員が増員された際に、まずは学校で子ども虐待防止に取り組む必要があるという観点から、SSWrが週1回全中学校区配置になった。SSWrは要保護児童対策地域協議会（以下、要対協）の事務局である家庭児童相談課および児童相談所との連携を密にし、子ども虐待への予防・介入・支援から要保護・要支援登録児童のモニタリングまでを「チーム学校」で行えるよう、マネジメントを担っている。

不登校減少、いじめへの介入、暴力減少等SSWr配置の目的は、各市町村の特徴によって異なるが、市町村教育委員会の担当指導主事とSSWrを統括するSSW・SVとがSSWr配置の目的を共有し、どの学校でもSSWrやSCr等の専門家を含めたチーム学校体制が取れるような市町村レベルのシステム作りが重要であると考える。

2 チーム学校推進のための市町村教育委員会の取り組み

(1) SSWrとSCr来校日に合わせた校内会議の設定

中学校区に1人のSSWrを配置する場合、SSWrがひとつの中学校区を週5日間担当するのが理想ではあるが、予算や人材の問題で、現段階ではひとつの中学校区を週1日～3日程度担当している市町村が多いと思われる。

いくつかの市では、SSWrは中学校区のすべての小中学校の職員室に席があり、コアチーム会議（小学校）や生徒指導委員会（中学校）等にメンバーとして参加している。これらの教育委員会では、SCrやSSWrが来校する曜日を合わせ、これらの専門職が来校する曜日に学校がコアチーム会議や生徒指導委員会等を設定することで、SCrやSSWrを含めた「チーム学校」の支援が促進したと思われる。SSWrやSCrが学校に合わせるのではなく、学校がこれらの専門職に合わせて会議を設定するというのは、まさに発想の転換である。

(2) 市町村レベルでのコーディネーター役の教職員の交流

小中学校に、コーディネーター的な役割を担う教職員を位置づけている市町村教育委員会では、おおむね学期に1回、市町村のSSWrとコーディネーターが集う機会を設けているところが多い。SSW・SVによる研修や各学校の実践報告等を行い、中学校区のコーディネーター役の教職員同士が顔の見える関係になり、当たり前のように小小連携や小中連携ができるようになった市町村もある。

(3) 関係諸機関とSSWrや学校との連携の推進

学校が関係諸機関とのスムーズでタイムリーな連携を行うために、市町村教育委員会を通さず直接学校と関係諸機関とが連絡できるようにし、学校と関係諸機関とのコーディネーター役としてSSWrを位置づけ、関係諸機関の担当者とSSWrとの連携が促進した市町村もある。これらの市町村では、SSWを統括するSSW・SVが担当指導主事と一緒に市内の会議に参加し、関係諸機関と顔の見える関係になり、SSW連絡会に関係諸機関を招いて交流したり、SSW・SVが関係諸機関で研修したりしている。また、困難ケースでは、関係諸機関のSVとの情報共有や協議を行っている。

SSWrは校内のみならず、学校を越えて関係諸機関と連携できるノウハウを持っている。SSWrと関係諸機関とが連携できるような市町村の体制を作ることにより、学校からも外部機関とのコーディネーター役として認められるようになることが少なくない。

3 学校・教育委員会・要対協事務局、3つの連携

次頁の図2-5-2は、子ども虐待のマネジメントをSSWrが担っている市における、学校、市町村教育委員会、要対協の3つの連携を図に表したものである。

学校と要対協事務局とは、SSWrと要対協の相談員とが日常的に連絡や相談をし、学校協議や個別ケース検討会議の調整を行う。ただし、他機関や近隣からの通告に関する初期調査は、相談員から管理職へ直接問い合わせをし、通告は管理職が直接要対協事務局へ行う。学校と要対協とをつなぐ調整機能として、教育委員会の担当指導主事とSSW・SVが、小中学校の虐待ケースを集約し、実務者会議（月1回5時間）とケース進行管理会議（学期に1回3～4日間）に参加している。学校と要対協との協議が難航するときには、調整や連携ケース会議に参加する場合もある。

実務者会議では、市内の1か月の新規通告全ケースを関係機関で協議し、アセスメントと当面の対応、種別と重症度と主担機関を決定する。事前準備として、①実務者会議1週間前に、要対協事務局のSVと教育委員会のSSW・SVがプレ会議を行い、今月挙がる新規児童ケースを共有し、②SSW・SVから各学校のSSWrに新規ケースを伝える。③コアチーム会議や生徒指導委員会等で共有し、教室で子どもの観察や話をしたり、担任への聞き取りをしたり、情報収集を行う。④SSWrからSSW・SVに登校状況や問題行動等子どもの学校での様子や家庭の様子やエピソード等を伝える。⑤担当指導主事とSSW・SVと

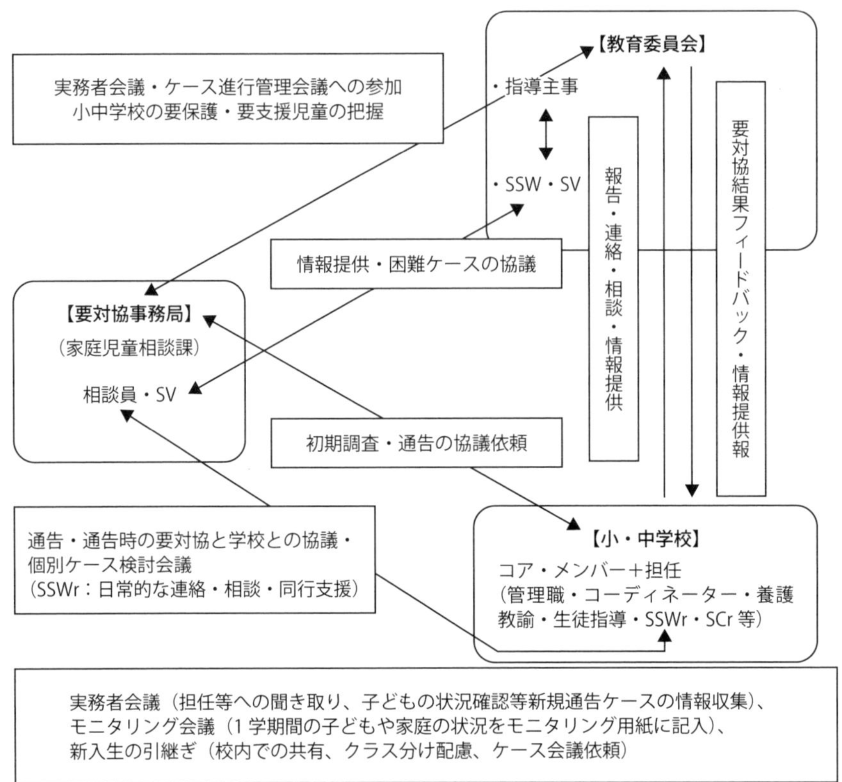

図 2-5-2　学校・教育委員会・要対協事務局、3 つの連携

出所：西野（2018）をもとに修正

が共有し、実務者会議で学校や子どもの状況を伝えることで、種別と重症度の判断材料となる。

ケース進行管理会議は、すべての要保護・要支援児童の見直し会議であり、全ケースを年3回、3日間から4日間の午後半日をかけて行われる（要支援児童は年1回)。日頃モニタリングをしている各学校が中心に、SSWrがコーディネートし、以下の手順で行う。①各学校で、SSWrとコーディネーターが校内モニタリング会議を調整し、管理職や養護教諭等のコアチームメンバーに担任が加わって、子どもや家庭の状況等を確認し合い、モニタリングシートに記入する。

②学校長と養護教諭の所見および気になるエピソードは、必ず文章で記述し、学校のみの見守りでよいのか、引き続き要保護・要支援児童として登録し、関係機関と連携して見守りを続けるのかを協議する。③教育委員会では、回収したモニタリング用紙の漏れや不備がないか、担当指導主事とSSW・SVがチェックする。④SSW・SVからSSWrに加筆修正が必要なものを連絡し、SSWrが学校と話し合って加筆修正する。⑤1週間前までに教育委員会から要対協事務局へ全登録児童のモニタリング用紙を提出する。

4 メゾからマクロレベルへの連動

SSWrは、ミクロからメゾ、マクロに至る広範な活動を展開している。それゆえ、ミクロ支援に終始するのではなく、コアチーム会議とケース会議を主軸にしたメゾ実践が大切である。さらに、ミクロからメゾレベルへの連動だけではなく、メゾからマクロレベルへの連動が重要である。

特に、要対協に登録されている要保護・要支援児童については、SSWrはチーム学校でミクロ支援を行いつつ、コアチーム会議や生徒指導委員会および校内ケース会議等のメゾ実践と要対協を中心とする関係諸機関との連携等のマクロ実践の連動を意識する必要がある。また、いじめケースは学校だけの対応では限界がある場合も少なくない。SSWrは、学校のいじめ対策委員会と市町村教育委員会のいじめ対策委員会とが連動できるように意識する必要がある。SSWrやSCrのスーパーバイザーやスクールロイヤー等の専門家を含めた緊急支援チームを立ち上げている市町村は学校の主体性を確保しながら、場合によっては学校への介入も必要である。SSWrはSSW・SVと連携し、学校でのミクロからメゾ実践と市町村レベルでのマクロ実践とを連動させることが大切である。

(西野緑)

◉引用・参考文献

石隈利紀・田村節子（2003）『石隈・田村式援助シートによるチーム援助入門：学校心理学・実践編』図書文化社
文部科学省（2017）「児童生徒の教育相談の充実について：学校の教育力を高める組織的な教育相談体制づくり（通知）」（平成29年2月3日）
西野緑（2009）「配置校型スクールソーシャルワーカーの有効性と課題：虐待的養育環境にある子どもに対するスクールソーシャルワーカーの援助プロセスを通して」『学校ソーシャルワーク研究』第4号、28〜41頁
西野緑（2012）「学校内の支援ケース会議」山下英三郎・内田宏明・牧野晶哲編著『新スクールソーシャルワーク論：子どもを中心にすえた理論と実践』学苑社
西野緑（2014）「子ども虐待に関するスクールソーシャルワーカーと教職員とのチーム・アプローチ―スクールソーシャルワーカーへの聞き取り調査から」『Human Welfare』6（1）、21〜34頁
西野緑（2018）『子ども虐待とスクールソーシャルワーク：チーム学校を基盤とする「育む環境」の創造』明石書店
大塚美和子（2008）『学級崩壊とスクールソーシャルワーク：親と教師への調査に基づく実践モデル』相川書房
大塚美和子（2017）「スクールソーシャルワークの実践展開（1）ケースの発見と情報収集」『ソーシャルワーク研究』43（1）、50〜56頁
大塚美和子（2017）「スクールソーシャルワークの実践展開（3）子どものアドボカシー」『ソーシャルワーク研究』43（3）、54〜61頁
芝野松次郎（2002）『社会福祉実践モデル開発の理論と実際：プロセティック・アプローチに基づく実践モデルのデザイン・アンド・ディベロプメント』有斐閣
芝野松次郎（2018）「スクールソーシャルワーク事例研究会公開講座資料」

第3章
事象別で考える事例分析

1節

不登校

I　不登校の概観と関連する法律・制度

1 「長期欠席児童生徒」と「不登校」の定義

文部科学省「児童生徒の問題行動・不登校等生徒指導上の諸課題に関する調査」において、「長期欠席児童生徒」とは、「年度間に連続又は断続して30日以上欠席した児童生徒のこと」と定義されている。また、同調査において「不登校」とは、「長期欠席児童生徒」のうち、その主たる理由が「何らかの心理的、情緒的、身体的、あるいは社会的要因・背景により、児童生徒が登校しないあるいはしたくともできない状況にあること（ただし、病気や経済的な理由によるものを除く。）」と定義されている。

このことからわかるように、「長期欠席児童生徒」のすべてが「不登校児童生徒」にあたるわけではない。同調査では「不登校」以外の理由に「病気」「経済的理由」「その他」の項目があり、各都道府県とも「長期欠席児童生徒」の理由で最も割合の高いのが「不登校」、低いのが「経済的理由」（全国でも2桁程度）であるのは変わりないが、「病気」「その他」のいずれが「不登校」の次に高い割合を示すのかについては、地域によってばらつきがある。

同調査の定義を学校現場にあてはめると、4月1日から数えて30日以上休まなければ「長期欠席児童生徒」にはならず、したがって、4月の入学式・始業式から数えて課業が30日になるまでは、すべての小・中・高等学校において「不登校児童生徒」はいないことになる。

2 「未然防止」「初期対応」の対象児童生徒とは

この「4月当初はどの学年にも不登校児童生徒はいない」ということが、「未然防止」「初期対応」の対象となる児童生徒のイメージを曖昧にしてきたように思える。

国立教育政策研究所によれば、不登校の取組は、図3-1-1のとおり「未然防止」「初期対応」「自立支援」の3段階で考えられる。通常、「未然防止」や「初期対応」の対象児童生徒は、「前年度不登校状態ではなかった者」（以下、Aとする）であり、Aの欠席日数が30日未満に収まることが取組の成果の1つとなる。

ところが、「前年度不登校状態にあった児童生徒（不登校児童生徒）」（以下、Bとする）も年度当初は欠席日数が0日に戻ることから、彼らの欠席日数が30

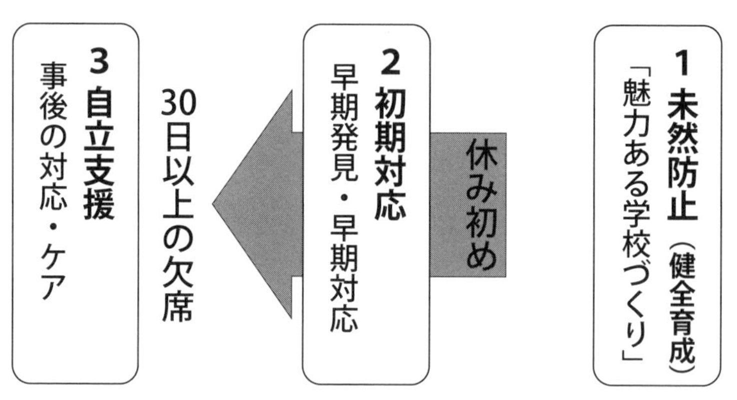

図 3-1-1　「不登校」に取り組む際の 3 つのステップとその流れ

出所：国立教育政策研究所『不登校・長期欠席を減らそうとしている教育委員会に役立つ施策に関するQ＆A』（平成 24 年 6 月）

日未満である期間の取組も、単年度でいえば、A同様に「未然防止」「初期対応」の取組の対象と捉えられる。実際にはAへの取組とBへの取組は明らかに異なるにもかかわらず、同じ取組が可能であるように見えるのだ。

例えば、中学生が100人いたとする。Aの割合はだいたい97人、Bは3人程度であろう。では、97人の生徒が3日間休んだ場合（いわゆる「初期対応」）と、前年度から不登校として関わってきた児童生徒（B）が3日間休んだ場合とで対応は同じであろうか。おそらく後者への対応は前者への対応よりも組織立って行われることが多いはずだ。このように「未然防止」「初期対応」という言葉が示す取組の期間は共有できても、実際は前年度どの程度休んでいたかによって対応はずいぶん異なるのである。

3 不登校児童生徒への働きかけは「自立支援」

文部科学省は平成28年の通知において、「不登校児童生徒への支援は、「学校に登校する」という結果のみを目標にするのではなく、児童生徒が自らの進路を主体的に捉えて、社会的に自立することを目指す必要があること」としている。これは、不登校児童生徒への取組は、数の減少を目指すことが第一義でないことを意味しているとよめる。

この通知からいえば、前年度不登校状態にあった児童生徒（B）は、「学校に登校するという結果のみにとらわれることのない」存在、つまり、「未然防止」や「初期対応」の対象ではなく、「社会的に自立することを目指す」ための支援、すなわち「自立支援」の対象となるはずだ。

4 SSWrの主な活動は「不登校児童生徒」への「自立支援」

なぜ、このことにこだわるかといえば、不登校に対するSSWrの活動は、誰を対象に何をねらいとして行われるべきかを明らかにしておきたいからである。

小学校に比べ不登校数が急増する中学校において、教員がSSWrに最も期待するのは、「前年度不登校状態にあった生徒」と「現在不登校状態にある生徒」への専門性を活かした支援であろう。それも欠席日数が30～40日（だいたい毎週1日欠席すると年間でこの程度の欠席日数となる）の生徒ではなく、欠席日数が90日以上の生徒やその保護者など、教員のアプローチだけでは「自立支援」が滞りがちなケースが相談対象となることが多い。

一方、小学校では、「不登校」が理由でない「長期欠席児童」、とりわけ理由が「その他」（「その他」の具体例：ア 保護者の教育に関する考え方、無理解・無関心、家族の介護、家事手伝いなどの家庭の事情から長期欠席している者）（※具体例のイとウは省略）の児童やその保護者への対応に、SSWrが大きな役割を担っているケースも多い。

SSWrがこのような小・中学校のケースに関わることは、当該児童生徒やその保護者への大きな支援となるはずである。しかし、SSWrの活動は、本来、不登校児童生徒数の減少を期待して行われるものではない。あくまでも「子どもの最善の利益」への働きかけであり、不登校でいえば、それはまさしく「自立支援」の取組の充実を指すものである。

5 SSW事業の成果指標

したがって、教育委員会がSSW事業の成果指標を「不登校児童生徒数の減少」に置くのは無理があると言わざるを得ない。SSWrの活動を適切に評価するとすれば、SSWrの関与によって「自立支援」が進んだケース内容を数多く示すしかない。もし、数値が必要ならば、SSWrの活動を「自立支援」の視点から類型化（例えば、教員との打ち合わせ、関係機関との調整やケース会議参加、家庭訪問や面談等）し、それらをすべて「自立支援」のための働きかけとしてカウントし示すことが現実的対応である。

学校の生徒指導体制にSSWrが位置づくことのねらいは、すべての児童生徒に対応するためではなく、SSWrの支援が必要な児童生徒を漏らさず逃がさないためである。SSWrの活動やまなざしは、対象児童生徒を絞らずとも、多くの児童生徒への支援にもつながることは言うまでもない。しかし、生徒指導上の諸課題に対するSSWrの支援の対象や成果指標が定まらなければ、本当の意味での専門性も担保、証明できないのではないかと危惧もしている。

（中野澄）

Ⅱ　支援方法

1　不登校を紐解くための情報収集

不登校とは、「学校に行かない・行けない」状態像のことをいう。その背景は限定的ではなく、複合的であるため、支援を開始する前に、まずはどのような問題が重なり合っているのかを紐解く必要がある。SSWrは「不登校」という現象がその人と環境との相互（交互）作用によって生じていると捉えるため、本人に係る情報のみならず、本人の周りに関する情報も収集し、それらを使って不登校の物語の紐解きを行う。

《情報収集のポイント：本人について》

性格や能力、学力、心理面、価値観、人との関わり方、発達的な課題の有無／本人にとって不登校はどんな意味を持つのか、（何を得て、何を回避できているのか等）／リソースは何か。

《情報収集のポイント：家庭や学校について》

いつから不登校になり、その前後、またはそれまでにどんな出来事があったのか／本人の周りにいる人が持つ価値観や、本人へのメッセージはどういったものがあるか／教師や家族が本人の不登校をどう捉えているのか。

情報収集には、本人を知る人が一堂に会することのできるケース会議を用いる。ケース会議は目標を共有し、支援を実行していくためのチーム作りにも欠かせない。不登校ケースは家庭と学校の連携が不可欠であるため、保護者と一緒に行うケース会議はさらに効果的である。

2 「心理面と関係性」を意識した支援

SSWrは得られた情報から物語をなぞらえ（アセスメント）ていく。そこから不登校の背景にある個々の問題を明らかにし、問題の解決・改善にチームで取り組む。不登校の支援は共通して「心理面と関係性への支援」、すなわち「エネルギーの回復と居場所作り」が基本とされている。無理に学校へ連れて行くなどは極力避け、できるだけ子どもが家でリラックスして過ごせるようにし、まずは家庭が安全基地になることを目指す。そして学校は、不登校の子どもが友人や教師との関係性の回復を図り、クラスの一員として存在価値を見出せるような取り組みを進める。

(1) 虐待や疾患、家庭問題（不和、貧困、家族の病気等）などが明らかになった場合

虐待や家庭内の問題で家庭が安全基地となり得ず、それが原因で不登校になっているケースもある。そういった場合は児童相談所や医療、福祉事務所等と連携を図り、家庭が本来の機能を取り戻せるよう働きかける。7日以上子どもの姿が現認できないケースについては、市町村や児童相談所へ周知する必要があることも考慮しておく。

関係機関と連携し、家庭の機能回復を支援する傍ら、学校が本人にとって安心安全な場となるような取り組みも必要である。学校復帰しやすいよう、部分的な登校・参加を促したり、学習へのサポートをしながら、子どもが安心できる人や場所を確保すること、そして本人のリソースを活かしたクラス活動など

の企画は効果的である。

(2) いじめや学校内の人間関係が要因にある場合

いじめが原因で不登校となった場合は直ちに「学校いじめ防止基本方針」に則った対応を開始しなければならない。クラスの人間関係やクラス内での居場所のなさが背景にある場合は、本人と友人の関係を調整したり、担任の対応の変化が必要となるときもある。居場所や役割が実感でき、自己効力感を高めていけるように本人のリソースを活かすことも大切だ。手先の器用な子にはクラスの掲示物の作成を依頼したり、運動が得意な子にはクラスでスポーツ大会を企画したり、何かの知識に長けている子には、その知識について先生役をしてもらったりなど、本人の得意なことや好きなことを活かすようにする。

(3) 発達障害や学習への困難さが背景にある場合

発達の凸凹や特性、また知的なハンディキャップなどが不登校の要因となった場合には、本人の特性に応じたサポートを検討し用意する。黒板の見え方や、確認のしやすさを考慮した座席配置や、視覚支援の手立て、個別の声かけ、補助教材の活用などを実施し、本人の学ぶ意欲や達成感を高める工夫を行う。支援をより効果的にしたり、将来の自立に向けたサポートを実施していくために、教育センターや医療機関、福祉施設等と連携することもある。

3 主体性を本人に取り戻す

SSWrは学校・家庭とチームになって、本人の「エネルギーの回復と居場所作り」を支援していく。プランを実行し、その結果どうだったかという情報の共有を行い、その情報をもとに再アセスメントし、次のプランにつなげていくという一連の流れをコーディネートする。しかし、この支援展開の中で忘れてはならないのは、本人が不登校という問題を「自分で乗り越えた」という実感を持てるようにすることである。そのため子どもが自己決定できる機会を設け、調整する役割もSSWrに求められる。

（寺本智美）

Ⅲ　事例：両親の離婚に苦しむ不登校傾向の双子の姉妹

1　相談内容

（1）事案の概要

小学4年生の冬頃からA、Bともに欠席が増えた。5年生のGW明けに母親が家出をし、両親は離婚する。7月頃から2人とも保健室で授業時間を過ごすようになる。2学期に入ると2人は登校を渋り始め、父が送ってくるようになった。1月には、A、Bとも校内に入れず欠席となる日もあった。父はデザイン会社を経営し多忙であったため、仕事が終わるまでの間、祖母宅に子どもたちを預けていた。父・祖母ともに学校との関係は良く、家庭のことも隠さず話をしてくれている。

父母は勤め先の元同僚で職場結婚をした。母は自身の親と折り合いが悪く結婚も反対されていた。家出の際は彼氏がいたようだが破局し、すぐにA、Bを隣市にある自宅に呼び寄せるようになり、「家出は父（夫）の浮気のせい」と娘たちに嘘を話している。父も祖母も母娘の面会を容認しており、学校はこの話から「母との面会が2人の状態を悪化させている」と焦りを募らせていた。

（2）家族構成

父（30代後半、会社経営）A（双子の姉）、B（双子の妹）／近隣に父方祖母、隣市に離婚した母

姉妹の乳児期から叔母が子育てのサポートをしていたが、4年生の春に結婚し東京へ転居となる。その後母が家事育児を一人で担うも立ち行かなくなり、精神疾患が悪化する。母はSNSで知り合った男性と駆け落ちをし、離婚となる。

父は離婚の理由を子どもたちには話していない。

（3）エコマップ（支援前）

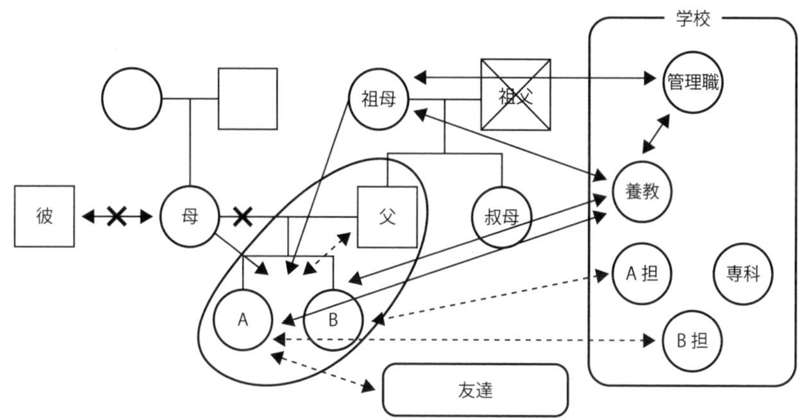

2 第1回ケース会議

（1）参加メンバー：A、Bそれぞれの担任、管理職、養護教諭、父、祖母、SSWr

（2）ねらい：登校渋りの原因を母との面会に限定せず、まずは2人の現状をあらゆる側面からアセスメントする。

（3）アセスメント：

《Aについて》	《Bについて》
明るくグループのリーダー的存在である。学力は問題なし。休み時間は友達と外遊びや教室で折り紙をして過ごしていた。真面目で何ごともじっくり取り組む、やると決めたらやる。折り紙、手芸、文章を書くことが得意。保健室ではBをリードしお手伝いをよくしている。	優しく周囲に配慮ができる。所属グループもある。学力は問題なし。ピアノ・イラスト・詩を書くことが得意。積極的ではないが決めたことや役割はこなす。最近は無気力でネガティブ、マスクを外さない。Bも保健室のお手伝いをしてくれる。

A、Bは友人関係もよく、学校生活に問題はなかった。家庭では母の家出と離婚が続き、その後再会した母からは父の浮気を告げられる。2人の心理的ダメージと父親への不信感は大きく、「登校渋り」はこのダメージとそこからくるエネルギー不足への対処行動ではないかと考えられた。

母についても言及があり、双子の出産・育児への不安と、孤独に苦しむ姿が浮き彫りになった。

会議中の父は、自分が子育てに参加できなかったこと、結果離婚に至ったことに負い目を感じ、今も娘たちへの接し方に当惑しているように見えた。

(4) プランニング：

①2人の不安や寂しさ、心理的ダメージを考え、教室復帰は長期目標とする。

②心のエネルギー蓄積のため、居場所（必要とされ、安心できる場）に保健室を活用する。

③リソースを活用し、さらなるエネルギーの蓄積を試みる。2人は実行力があるので、各々の好きなことをメインに1日のスケジュールを組み、自己決定と達成感を育む。

SSWrは、周囲との関係を「切らない、維持する、育む」ことも大切であると伝え、今後のプランニングに活かすよう提案した。

3 経　過

日時と事案の変化	学校の動きと校内体制の変化	SSWrの動きと変化	関係機関の動きと変化
5年生1月 ～1週間後 役割や目標があることで姉妹の登校が増加する。 家庭では父が会議のことを2人に話す。「一緒に頑張ろう」と励まし、家庭でのお手伝いプランを提案・開始する。	養護教諭がお手伝いの内容を具体的に話し依頼する。 保健室で担任とクラスの時間割を参考に1日のスケジュールを一緒に組む。	目標や役割付与の効果を確認し、担任とのスケジュール作戦を提案する。	

5年生2月 2人とも祖母や父に学校の話をよくするようになる。	専科の先生や管理職が教室サポートに入り、保健室で担任とA、Bが過ごせる時間を創出した。 Aが担任と交換日記を始め、6年に向けての気持ち、学習への不安を確認する。数日後Bも交換日記を始める。	教員に「書く」という2人のリソースの活用をアドバイスした。	
5年生3月	ケース会議で現状を確認する。2人とも、6年に向けて不安はあるが、部活には前向きである。安心できるクラスメイトの選出、学習の支援方法を協議する。		
6年生4月〜5月 給食時間を友達と過ごす。 Aは給食時間のみ教室参加が可能となる。Bの意思表出が増す。	両担任が持ち上がりとなる。2人とも保健室登校を続けたが両担任が友達と保健室で給食を食べる提案する。	学習への不安軽減のため、市教委に学生ボランティアの派遣を要請する。	Bは母との面会を拒否する。 父と祖母に、学習支援に学生ボランティアを活用できることを知らせる。
6年生6月〜7月 A、Bともにアートコンテストに参加し自信を得る。 Bがマスクを外す日が増す。Aは友達が誘うと教室に入れる日が増えた。Bも挑戦したいと話す。 同時期、父の仕事の状況が悪化する。	アートコンテストを学年で企画する。 学生ボランティアを紹介する。勉強への困り感と趣味が合うことで即利用開始となる。場所を保健室から教室近くの別室に変更する。	担任や学年から次々と積極的なプランが出されるようになったのを受け、その意味づけを行う。	学生ボランティアの話を父が2人にする。 2人とも父には生返事だったが、学校からの説明には「どんな人か会ってみたい」と話す。
6年生9月〜10月 2学期、A、Bも時間割を選んで別室から教室へ移動するようになる。 運動会にも参加する。	夏休み後半にケース会議を実施し、変化を確認する。 2人とも1学期の終わりに「パパの負担を考えている」「がんばらなくては！」と話していた。	見立てとして「家族の一員としての自分」を意識していることを伝える。	学校からの連絡やケース会議の話を、父は子どもたちに話すことを継続する。

4 その後の変化

(1) 事例と学校体制の変化

ケース会議を持つことで、学校は父の思いや母の苦悩に触れることができ、母娘の面会にはこだわらなくなった。養護教諭や担任、専科教諭、管理職が連携し、2人が安心できる場所と人との創出、前向きな気持ちの醸成に努めた。

学校の努力は今まで育児に参加したことのなかった父の変容も促し、父は主体的に娘たちと向き合う努力をした。子どもたちは家族と先生たちに支えられ、徐々に友人とのつながりを取り戻していった。

(2) エコマップ（支援後）

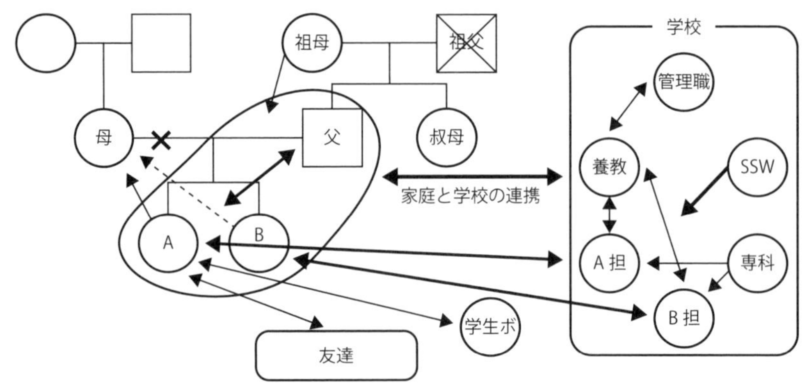

(3) 総合的アセスメント

本ケースの主訴は「不登校（登校渋り）」であるが、「多胎児」「親の離婚」「虐待」「経済的な問題」など他の問題も混在していた。本ケースの母は双子の出産・育児に不安やプレッシャーを抱え、ストレスから子どもに手をあげていた。子どもたちは叔母の喪失に加え、母の精神的な不安定さと暴言暴力に困惑し、突然の母の家出と両親の離婚に深く心を傷つけた。さらに説明のない家族の離散と、母が話した離婚の理由は、養育している父への不信感も募らせた。2人は混乱と無力感に苛まれ、家庭の中で居場所を感じられなくなっていった。無力感は学校で日常生活を送ることも困難にさせ、2人はただ支え合うしか術がなかった。SSWrが提案したケース会議は、定期的に父が（自分たちのために）学校に赴く姿を子どもたちに見せることになり、2人に安心感をもたらした。そしてそれは父娘のつながりを強化し、「父を支えたい」という気持ちの芽生えにつながった。

5 SSWrによるメゾ・アプローチのポイント

本ケースは派遣活動であったため、SSWrはまず学校を訪問し、ケースの詳細の聞き取りを行った。不登校ケースの支援には、学校と家庭のチームアプローチが欠かせない。そのためケースの聞き取りの際には両者の関係性にも注意を払い、同時に教職員の思いや願いの把握にも努めた。幸い学校と家庭の関係は良好であり、コミュニケーションもしっかりととれていたことからSSWrは2人の支援をチームで展開していくこと、そのためのケース会議をもつことを学校へ提案した。

SSWrは事前の聞き取りから、学校が2人の不登校の原因を母に見出していることを把握していた。そのため初回ケース会議が「(母や父への) 責任追及」の場にならないよう心がけ、できるだけ父や祖母に寄り添いながら、学校の家族への共感と理解が進むように進行した。以降も、会議の日に限らず学校を訪れたり、会議前後に父・祖母と話すなどそれぞれの思いの把握に努め、つなぎと調整役を担った。

6 チームアプローチの成果と課題

《成果》

・家庭と学校の両者が共通の目標をもって支援を効率的に行うことができた。

・学校の家庭を見る眼差しを変化させ、それが2人の安心感につながった。

・協働で支援に取り組むことは父のエンパワーとなり、父と娘たちの関係改善にもつながった。

《課題》

・チームアプローチは有効な手段であるが、個人情報を扱うために連携できるケースや機関に限界が生じる。

◉引用・参考文献

本田麻希子他（2011）「離婚が子どもと家族に及ぼす影響について：援助実践を視野に入れた文献研究」『東京大学大学院教育学研究科紀要』第51巻、269～286頁

国立教育政策研究所（2012）『不登校・長期欠席を減らそうとしている教育委員会に役立つ施策に関するQ＆A』

増田健太郎編著（2016）『学校の先生・SCrにも知ってほしい：不登校の子どもに何が必要か』慶應義塾大学出版会

滝川一廣（2017）『子どものための精神医学』医学書院

2節

子どもの貧困

I　子どもの貧困の概観と関連する法律・制度

1　日本の子どもの貧困と法制化

2009年9月、厚生労働省は、はじめて日本の子どもの貧困率★註を公表した。

子どもの貧困率15.7%、そして、子どもがいる現役世帯のうち、大人が2人以上の世帯12.7%、大人が1人の世帯（大半が母子世帯と推定される）50.8%であった。ここで、「貧困」とは、「相対的貧困」を指し、最低限の衣食住が確保されず生命の存続すら脅かされるような状態を指す「絶対的貧困」とは区別される。「相対的貧困」とは、OECDなど多くの先進諸国が用いている貧困の概念であり、人が社会の中で生活するためには、その社会の中でほとんどの人が享受している普通の習慣や行為を行うことができない状態と定義される（小林 2011）。上記の貧困率の数値は、日本社会にかなりの衝撃を与えることとなり、「子どもの貧困」は、国を挙げて解決すべき社会問題との認識が、有識者、社会活動家のみならず、一般市民にも広がり、法制化の動きが始まった。

2011年3月に東日本大震災を経験し、2012年には、子どもの貧困率16.3%、大人が1人の世帯では54.6%と、貧困率がさらに悪化したことから、2013年6月、与野党一致の議員立法により、「子どもの貧困対策推進法」が公布され、2014年1月に施行された。

第1条（目的）には、「子どもの現在及び将来がその生まれ育った環境によって左右されることのないよう、全ての子どもが心身ともに健やかに育成され、及びその教育の機会均等が保障され、子ども一人一人が夢や希望を持つことができるようにするため…」とある。これを受けて、2014年8月、「子どもの貧困対策大綱」が閣議決定され、貧困の世代間連鎖の解消と積極的な人材育成を目指し、「教育の支援」「生活の支援」「保護者に対する就労の支援」「経済的支援」が重点施策として推進されることになった。

【註】

子どもの貧困率…子どものいる全世帯の等価可処分所得（世帯の可処分所得を世帯人員の平方根で割って調整した所得）の中央値の半分以下の等価可処分所得額である世帯にいる子どもの割合。

2 子どもが貧困であるということ

では、「貧困」は、子どもの生活にどのような現象として現れるのか。

日本の子どもの貧困を早くから問題視していた研究者や社会活動家らによってまとめられた『子どもの貧困白書』によると、世帯の経済的困難は、「不十分な衣食住」「学習環境の不足」「低学力・低学歴」「低い自己評価」「不安感・信頼感」「孤立・排除」「虐待・ネグレクト」などをもたらしやすい（子どもの貧困白書編集委員会 2009）。加えて、筆者が関わった奈良市の調査では、「医療・ケアの不十分」「自由に使える金銭の欠如」「将来の希望を持てない」「社会・文化的経験の不足」なども浮かび上がった（奈良市 2017）。

子どもの貧困は、外見だけでは把握しにくい。家族で外食したり旅行したりといった経験がないこと、子どもが将来の希望を持てないことなど、従来、子どもの貧困に関わる事象とは認識されていなかった。

上靴、体操服、給食袋、雨傘、遠足の弁当などなど、…どの子どもも保護者に準備してもらえることが“当たり前”とは言いない現実がある。まずは、自らの“当たり前”を疑いながら、一人一人の子どもとその生活にじっくりと向き合うことが求められる。

3 ひとり親世帯の半数は貧困

子どもの貧困とは、言うまでもなく、育っている世帯が貧困ということである。とりわけ、日本の母子世帯の約半数は貧困状態にある。しかし、母子世帯の貧困率の高さは、なにも世界共通の特徴ではない。

ではなぜ、日本の母子世帯の貧困率が高いのか。筆者は、次のような要因が重なっていると捉えている（神原 2020)。①母子世帯の8割が離婚によるひとり親家族である。今日でも日本では、女性の多くが結婚や出産を機に退職し、その後、再就職しても夫の扶養家族である人が多く、離婚する時に正規職の仕事に就いている女性は3割程度にすぎない。しかも、離婚後に、正規職の仕事に就きたくとも、“子持ちの中年女性”を、正規職で雇用する企業は極めて少ない。その結果、母子世帯の母親の5割程度が非正規職で就労している。ちなみに、男性が同じ条件であれば、7割以上が正規職で雇用されるという差異については、雇用における性差別の存在としか説明がつかない。②日本では、正規職と非正規職との賃金差が大きく、しかも、最低賃金が先進諸国よりも相当に低いことにより、非正規職の就労収入が低く抑えられている。また、③ひとり親世帯への経済支援である児童扶養手当では、第1子は約4万2000円であるが、第2子は1万円、第3子は6000円と低く、子どもの人数が多いほど困窮度は増す。しかも、所得が上がれば、受給額はスライド式に下がる。さらに、④日本には、養育費取り立て制度が確立していないために、子どもの父親から養育費が支払われているのは24%程度にすぎない。

2018年の母子世帯の貧困率は51.4%と、なお5割を超えた水準にある（周 2019)。

母子世帯の貧困率を下げる最も実効性の高い施策は、母子世帯に対する経済的支援を充実させること、例えば、児童扶養手当の額をアップしたり、養育費の取り立てを確実にしたりすることである。

2019年9月に「子どもの貧困対策推進法」が改正され、「子どもの貧困対策大綱」も見直されたが、残念ながら、実効性の高い経済的支援策は見当たらない（内閣府 2019）。

（神原文子）

Ⅱ 支援方法

1 子ども・保護者への支援

貧困は、経済的な困窮に止まらず、子どもの生活全体に影響を与えかねない深刻な問題である。SSWはこうした複合的な困難を抱える子どもや保護者を支え、貧困問題の波及を食い止めるよう、重層的な援助を展開していく必要がある。

(1) 情報収集とリスクアセスメントにより貧困問題を可視化する

SSWrは、保護者に対して福祉サービス等の紹介を行い、外部機関へつなぐ役割を担う。しかしながら、貧困は他の問題に比べて可視化されにくく、経済的困窮が主訴として顕在化されない場合も多い。貧困は虐待や不登校との関連性が高く、学校現場ではそうした他の問題として浮上することがしばしばある。生活保護の対象でなくとも、保護者が精神的な問題を抱えて生活がままならなかったり、家計管理が困難で必要な生活費を賄えなかったりすることもある。SSWrは、子どもが呈する問題の背景に経済的困窮が潜んでいないか、様々な関係者からの情報を収集し、点在する問題をつなぎ合わせていく。そして、それがどの程度のリスクであるのか、スクリーニングと包括的なアセスメントを行うことが求められる。貧困のただ中にある保護者は、問題が複雑化すればするほど自ら支援を求めることが困難になるため、アウトリーチも必要である。

(2) 重層的なプランニングにより貧困問題の波及を食い止める

子どもの貧困経験は、学習のつまずきや友達関係からの孤立など学校経験に困難をもたらし、教育システムからの早期の離脱につながる（テス・リッジ 2010)。また、学力と社会関係資本の相関、社会参加からの排除、自尊感情や将来展望など自己形成の剝奪にまで派生し得ることが示唆されている。そのためSSWrは、学力保障のための学校での取り組み、学校や地域での子どもの居場所作り、子どもの自尊心を育むようなリソースを活かした支援など、学習面や心理・社会的側面を視野に入れた多様な手立てを検討していく必要がある。また、地域や外部機関のフォーマル・インフォーマルな社会資源を探索し、活用を可能にするネットワーキングも求められる。このように、ミクロ・メゾ・マクロレベルでの多様な支援を展開することにより、子どもが被る不利や困難の累積を食い止めることが重要である。

2 学校という場を活かした支援

2014年に策定された子どもの貧困対策に関する大綱では、基本的方針の1つに「学校を子供の貧困対策のプラットフォームと位置付けて総合的に対策を推進する」と提言された。そうした状況下で、SSWrはプラットフォームの調整役を担い、学校という場の特性を活かした支援を行っていくことが求められている。

(1) 貧困に立ち向かえる校内体制作り

学校は全ての子どもを長期間にわたり見守ることができるという長所を持つ一方で、学校文化や教師文化、教師の貧困観が影響して、貧困への対応が教師役割の守備範囲ではないと見なされたり、子どもの貧困が不可視化されたりするなど、子どもへの支援が不十分であったことが指摘されている（西田 2012、盛満 2011)。SSWrはそうした教職員に対して、どのような事象から貧困を察知できるのか、学校にできることは何なのかについて明示していく必要がある。

また、特定の教師が1人で抱え込まないよう校内支援体制を整備し、子どもをチームで支えていく仕組み作りが鍵となる。貧困問題は当然ながら子どもの生活面への影響が大きいため、生徒指導担当や支援コーディネーターとの連携も必要不可欠であろう。校内ケース会議や他機関連携ケース会議を実施し、支援の構造化を図ることも効果的である。そして、貧困問題は長期的支援が必要であるため、校内支援委員会で定期的に見守りを行うことも大切である。

(2) 学校と外部機関との架け橋になる

複合的な困難に直面しやすい貧困問題では、学校と外部機関との連携が必要不可欠である。しかし、専門性の相違や行政管轄の分断など多くの要因から、教育と福祉の協働は容易でないと言われている。学校でソーシャルワークを行うSSWrは、教育と福祉の接点に立つ専門職として、両者の間を調整することに適しており、学校と外部機関をつなぐ役割が期待されている。ここ10年ほどで、子どもの貧困に関する法律や施策が制定・改正され、外部機関の支援内容も変容してきている。SSWrはそれらの動向を熟知し、協働を促進するための架け橋となり、子どもを取り巻く地域全体での支援を展開していくことが求められている。

（高橋味央）

Ⅲ 事例：制度の狭間で家庭が危機的状況に陥った子どもと家族

1 相談内容

(1) 事案の概要

制度の狭間で複合的な困難を抱え、生活困窮に陥っている家族の事例。家計を支えていた母親の持病の悪化を契機に、医療費の増加や収入の大幅な減少が生じ、家計が困窮した。非正規雇用のため失業の恐れがある。父親は外国籍であり、在留資格が未更新であったため、公的扶助の利用も困難で、家族の生活が危機的状況にある。

(2) 家族構成

父親、母親、長男（中3）、長女（小6）、次女（小5）、次男（小3）の6人家族。母親は非正規で事務の仕事に従事している。持病があり通院していたが、最近急速な悪化が見られ、就労が困難な状況にある。父親は、以前は飲食店で働いていたが現在は就労しておらず、家族以外の人との関わりは薄い。子どもたちは遅刻が目立つようになり、学習面の遅れも見られる。

(3) エコマップ（支援前）

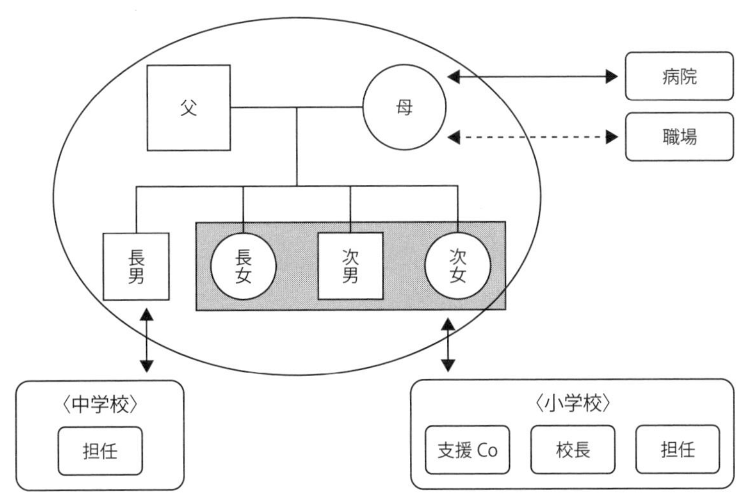

2 第1回ケース会議

(1) 参加メンバー：小学校［管理職・支援コーディネーター（以下、支援Co）・担任］、中学校［生徒指導］、家庭児童相談室（以下、家児室）、社会福祉

協議会（以下、社協）、福祉事務所、NPO

（2）ねらい：多機関・多職種で情報共有とリスクアセスメントを行い、家庭及び子どもたちへの重層的な支援の方向性と具体的手立てを検討する。

（3）アセスメント：

食料の不足に加え、光熱費の滞納によるライフライン停止の恐れがある。母親の持病が悪化しているが、治療費が捻出できずに必要な医療が受けられていない。さらに、父親の在留資格の更新が滞っているため公的な支援が利用できない。以上のように、家庭は深刻な経済的困窮に陥っており、制度の狭間で問題が拡幅し危機的状況にある。子どもたちはそのような家庭状況に不安を抱いており、登校面や学習面に影響が出始めている。父母に混乱も見られるため、アウトリーチと伴走を基本とした多職種連携による重層的支援が必要である。

（4）プランニング：

①家庭への支援：〈経済面〉社協のCSWが入国管理局に連絡し、父親の在留資格更新手続きの方法を確認。父母と面談を行い、手続きの流れと生活保護の申請について説明する。〈医療面〉SSWrが母親の通院に同行し、病院のMSWを含めた三者で医療費の分納手続きや今後の治療方針について確認する。〈養育面〉家児室は家族をフォローすることを検討。NPOが自立支援事業を行っているため、家庭訪問により父親と援助関係を構築し状況を把握。

②子どもへの支援：〈生活面〉担任や支援Coが日常的に子どもたちの話をよく聞き、家庭状況の変化や養育環境のリスクを察知する。随時家庭訪問を行い、登校を促す。子どもたちが楽しみにしている中学校の部活動や小学校の課外活動を継続できるよう、準備物の手配をする。〈学習面〉小学校では担任や支援Coが放課後に宿題をみる時間を設ける。中学校では進路保障に向けて学習支援や進路指導を個別に行う。

3 経　過

日時と事案の変化	学校の動きと校内体制の変化	SSWの動きと変化	関係機関の動きと変化
X年5月 母親の病状が悪化しており、医師からは就労不可の病状であると告げられる。	校内ケース会議を実施。母親の体調が悪く、子どもたちの生活に影響が出ているため、支援Coが登校の促しを重点的に行うことを決定。	母親の通院に同行、医療費の支払い方法や今後の治療についてMSWを含めた三者で話し合う。	社協→生活保護が申請できるまでの期間、当面の生活費と医療費を賄うため、緊急時の金銭給付制度の利用を手配。
X年6月 社協からの説明を受け、父母が入管へ。在留資格の更新が無事完了し、生活保護の申請・受給決定に至る。	校内ケース会議を実施。家庭状況の改善を共有、担任や支援Co、生徒指導による家庭訪問、放課後の個別学習の継続を確認。学習支援事業の利用も検討。	校内と他機関での支援状況を確認、情報集約の窓口となり、連携をコーディネートする。学習支援事業を行う機関へ連絡、利用の段取りを進める。	社協→在留資格の更新について入管に問い合わせ。手続き方法とその後の生活保護申請について父母に説明。
X年7月 父親が精神疾患を患っていたため、通院治療を開始。一方、母親は8月に短期間の入院が決定。	他機関連携ケース会議、校内ケース会議を実施。学習支援事業も活用しながら、夏休みに学校で個別学習を行うことを決定。	夏休みの支援の在り方を検討するため、他機関を学校に招集しケース会議を実施。	NPO→父親と面談、抑うつ症状の訴えがあったため、受診を勧奨、同行。 家児室→母親の入院時には、家庭訪問による養育環境のフォローを実施。
X年10月 長男が高校進学を決断したため、進学に向けた支援が始まる。	小中連携ケース会議を実施。中学校では進路指導担当が本人の相談に応じる。長女の中学校入学に向けた準備、引き継ぎも行う。学習支援事業の担当者とも連携し、個別サポートを実施。	生活保護の担当者と連携しながら、高校進学に必要な費用の準備、奨学金申請について本人や保護者に説明。	社協→家計や通院等に関して見守りを継続。母親からの相談の窓口になり、家庭の困り事を察知する役割を担う。 NPO→父親の通院の同行支援を継続。
X＋1年4月 長男が高校へ、長女は中学へ進学。	中学校でも長女の居場所ができるよう、部活動を進める。学習支援事業も継続する。	高校の教員と連携。新たなメンバーも含めて他機関連携ケース会議を実施。	社協→子どもたちの進学等に伴う出費があるため、母親からの家計の相談に応じる。

4 その後の変化

(1) 事例と学校体制の変化

在留資格更新手続きの完了と生活保護の受給を契機に困窮の危機的状況を脱し、父母ともに必要な医療を継続的に受けることができるようになった。子どもたちは遅刻することなく登校できるようになり、学習支援員との関係性も築かれ、楽しんで勉強をしている。小学校、中学校、高校ではそれぞれの生活面・学習面の手立てを実行するとともに、SSWを窓口として学校間で随時情報を共有している。

(2) エコマップ（支援後）

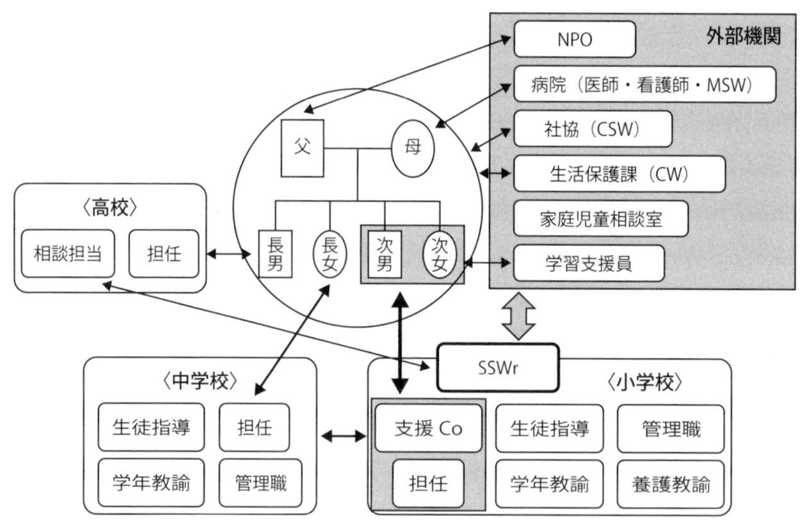

(3) 総合的アセスメント

外国籍、非正規雇用、病気など多くの困難と不利を抱えていた中で、母親の病状の悪化を契機に、制度の狭間で急速に生活困窮の状態に陥った。そうした家庭の状況は子どもたちの生活面・学習面・心理面に影響を与え、不利の連鎖が生まれようとしていた。それに対し、学校が子どもと家庭の困り感をキャッチし、SSWrにつなげたことで教育と福祉の協働による支援が展開されていった。他機関連携ケース会議や校内ケース会議を軸に重層的な支援が行われ、多様な社会資源を活用できたことで、子どもたちの生活環境が安定へと向かった。

5 SSWによるメゾ・アプローチのポイント

・子ども中心の支援が展開されるよう、他機関連携ケース会議と並行して校内ケース会議を定例化させ、学校でできる手立てと役割分担を行ってきた。結果、子どもたちの学校での居場所と学習機会の確保、進路の保障が可能となった。
・個別支援が必要となるため、校内支援体制を構築し、チームで支援できる仕組みを作った。
・学校と外部機関の支援に齟齬が生じないよう、支援CoとSSWrが常に情報共有を図った。

6 チームアプローチの成果と課題

・学校と複数の外部機関による支援のネットワークが構築されたことで多様な社会資源を活用することができた。
・多職種連携による包括的なアセスメントと危機介入が行われたことで、制度の狭間の問題が解消され、家庭の危機的状況が緩和された。
・今後は制度の狭間で窮地に陥る家庭が生まれないよう、学校、機関、地域の協働による支援システムを構築し、早期発見や予防を可能とする仕組み作りが必要である。

◉引用・参考文献

神原文子（2020）『子づれシングルの社会学：貧困、被差別、生きづらさ』晃洋書房

子どもの貧困白書編集委員会（2009）『子どもの貧困白書』明石書店

小林仁（2011）「『国民生活基礎調査』を読む：平成22年調査の概要とその政策的インプリケーション」参議院事務局『立法と調査』323、31～53頁

盛満弥生（2011）「学校における貧困の表れとその不可視化：生活保護世帯出身生徒の学校生活を事例に」『教育社会学研究』88、273～294頁

内閣府（2019）「子どもの貧困対策に関する大綱」2020年3月9日現在　https://www8.cao.go.jp/kodomonohinkon/pdf/r01-taikou.pdf

奈良市（2017）「奈良市子どもの生活に関するアンケート結果」2020年3月9日現在　https://www.city.nara.lg.jp/uploaded/attachment/23536.pdf

西田芳正（2012）『排除する社会・排除に抗する学校』大阪大学出版会

Tess Ridge（2002）*Childhood Poverty and Social Exclusion*：*From a Child's Perspective,* The Policy Press（＝中村好孝・松田洋介訳、渡辺雅男監訳（2010）『子どもの貧困と社会的排除』桜井書店）

周燕飛（2019）「子どものいる世帯の生活状況および保護者の就業に関する調査2018（第5回子育て全国調査）」『調査シリーズ』No.192、独立行政法人労働政策研究・研修機構

3節

子ども虐待とDV

I 子ども虐待とDVの概要と関連する法律・制度

1 子ども虐待とは

増加の一途をたどる子ども虐待対応件数は15万9850件（2018年度）であるが、児童虐待防止法では児童虐待とは保護者がその監護する児童（18歳に満たない者）に対する身体的虐待、性的虐待、ネグレクト（同居人による行為の放置や登校禁止を含む）、心理的虐待を指す（第2条定義）。目的は子どもの人権尊重、子どもの保護と自立支援（第1条）であり、親側から見たしつけではなく、子どもの人権という観点で捉える必要がある。

児童虐待防止法では、教職員への研修（第4条）、子どもや保護者に対する児童虐待防止の教育または啓発（第5条）、児童虐待を受けたと思われる児童の早期発見（第5条）と通告（第6条）、当該児童の安全確認（第8条）等学校の役割が明文化された。つまり、学校は予防から早期発見、通告、その後の安全確認までを担う義務がある。

子ども虐待とは、力関係で起こる暴力であり、基本原則は子どもの人権尊重である。つまり、親がしつけのつもりでも、子どもが「怖い」「つらい」等と感じていたら、不適切な関わりである。

2020年4月1日に、「親権者等の体罰の禁止」が施行された（児童福祉法の一部改正）。子どもをひとりの人として尊重する姿勢が問われている。

2 ドメスティック・バイオレンス（DV）とは

ドメスティック・バイオレンス（以下、DV）とは、親密な関係における（夫、恋人、元夫、元恋人等）一方が他方を支配する目的で行われる、あらゆる形態の暴力を指す。

DVを理解するための基礎知識の第一は、女性と男性の力関係、つまり性差別社会が存在するという認識である。現実に、配偶者間における暴力の被害者は女性である場合が多く、2018年に検挙した配偶者間（内縁を含む）における殺人、傷害、暴行事件のうち90.8％は女性が被害者となった事件である（2018 内閣府）。

基礎知識の第二は、DVのパイオニアであるLenore E. Walkerが『バタードウーマン』で示した「暴力のサイクル理論」（1979＝1997 斎藤）である。何百人ものDV被害者から聞き取りをし、暴力のサイクルは緊張が高まる第1相、爆発と虐待が起こる第2相、穏やかな愛情のある第3相の繰り返しであることを明らかにし、なぜ殴られる女性は暴力的な男性と別れようとしないかという問いの答えを発見した。近年は、様々に修正したサイクルパターンが使われている。レノア・ウォーカーは、「学習性無力感」を固定した性役割が生み出す有害な影響であると捉えている。

基礎知識の第三は、パワーとコントロールであり、暴力のサイクルを何年も回し続ける力である。決定権を独占し、仕事をさせない等経済的に頼らざるを得なくし、交友関係等を制限し、被害者を孤立させようとする。脅しや威嚇行動、性的搾取、馬鹿にする等を繰り返しマインドコントロールする（森田 2007）。

3 DV加害者が家族ダイナミクスに及ぼす影響

DV加害者のすべての行動パターンは、被害者のみならず、家族関係のすべてに重大な亀裂を生じさせかねない（Lundy Bancroftら2002＝2004 幾島）。子どもは暴力を目撃しているうちに、加害者と密接な関係を保てば自分の身が相対的に安全であることに気づく。母親と手を組むと自分に危険が及ぶことを察する。加害者のゆがんだ見方に同化することによって葛藤を緩和しようとするので、母子関係は大きく損なわれる。子どもから母親への家庭内暴力が起こる場合もある。また、加害者による特定の子どものえこひいき（同盟）とスケープゴートにより、きょうだい間で競争が起こるようになることもある。

4 虐待やDVが子どもに与える影響

子ども虐待やDV家庭の子どもが抱えているアタッチメントとトラウマの問題については、第4章のアタッチメント理論とトラウマ理論を参照していただきたい。

これらの影響により、子どもたちは対人関係の課題と自己概念の課題を抱えていることが少なくない。問題解決としての暴力の学びや虐待的人間関係の再現等により、暴言暴力や対人関係のトラブルが起きやすい。一転して、落ち着いた後は、「自分は悪い子」「生きていても仕方がない」等と言う。特に、DV家庭の子は自分の興味より家族のことを心配し、思春期の最も重要な課題である「アイデンティティ（自己同一性）」の喪失により、自分の自立を考えたり、夢にチャレンジしたりできない場合も少なくない。逆に、家庭外に居場所を求め、家出や非行にはしり、自らデートDVの被害者や加害者になることもある。

5 子ども虐待とDVを同時に考える必要性と課題

先に述べたように、子ども虐待とDVとは同時に起こることも少なくない。子どもへの直接的な暴力がなくても、DV家庭の子どもは心理的虐待として通告の対象である。DV被害者の多くは、子ども虐待を止められないことから、ネグレクトの可能性は高い。現実に、DV被害者はうつ等に陥る場合もあり、同時に家庭内暴力や性的虐待が起こることもある。

課題は、法律の違いから誰の意志を尊重するかという問題や縦割行政の問題である。2019年の野田市の虐待死事件を受けて、内閣府と厚労省は「配偶者暴力支援センターと児童相談所との連携強化について」（通知）を出した(2019年2月28日)。子ども虐待とDVを同時に考えるという視点を、学校にも啓発していく必要がある。

（西野緑）

Ⅱ 支援方法

1 学校における子ども虐待対応のプロセス

子ども虐待を発見した場合は、まずは学校が子どもに「どんなときに、どこを、どんなふうに、どのくらいの頻度」で起こるかを聴く。大勢で聴かないこと、何度も聴かないことが重要である。次に家庭をアセスメントし、保護者には「いつ、だれが、どこで」聴くかを校内で検討する。まずは心配メッセージで保護者の思いや困り感を受けとめたうえで、子どもが大切だから叩かないで欲しいこと、次あったら学校は役所に言わなければならないことを伝える。子どもが言ったとは言わないこと、子どもの前で親に話をしないことが重要である。通告先は、家庭児童相談課等の要保護児童対策地域協議会（以下、要対協）の事務局が担うことが多い。ただし、性的虐待の場合は、保護者に接触しないで、子どもを学校から返す前に、学校が児童相談所へ通告し、その日のうちに、子どもに事実確認面接をしてもらうのが望ましい。

学校における子ども虐待対応の流れは以下のとおりである。

① 早期発見：日頃から家庭とつながり、複数の目で見守る
② 校内での共有：アセスメントとプランニング
③ 子どもへの聴き取り：子どもの本音を聴けるおとな
④ 親への聴き取りと警告：要対協と協議の上、役割分担

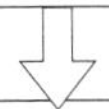

⑤ 通告：学校として組織的な通告「通告書」

⑥ モニタリング：学期に１回見直し（学校→要対協）

2 学校における子ども虐待・DVへの対応のポイント

学校は、保護者との関係を慮って通告をためらうことも少なくないが、基本的に首から上に痣やケガがある場合は通告が必要である。非加害者が子どもを守れるかをアセスメントすることが重要である。特に、DV被害者に対しては、エンパワメントにつきる。子どもに対しては、①理由のわからない欠席や遅刻早退、②問題行動、③学習、④友だちや先生との関係、⑤気になるエピソード等日頃の学校生活、⑥発達の課題と愛着の課題、⑦きょうだいとの関係、⑧母親や父親をどう思っているか、⑨要保護登録歴等をアセスメントする必要がある。

3 チーム学校における支援

第一に、安心して生活できる場の確保であり、学校を安心できる「居場所」にすることが不可欠である。学級で友だちとの仲間関係を作り、認められる場にする。第二に、安心が提供できるおとな「意味ある他者」との愛着形成が重要である。自分をわかってくれるおとなの存在は、おとな不信の払拭になる。第三に、ルールの設定であり、枠のある中で守られることにより落ち着くことは少なくない。第四に、行動観察と言語化である。どういう時にその感情が起こるのかを観察し、「気持ちの言葉」で自己表現することで、振り返りが可能になる。SSWrとの連携でSST等を行うこともできる。第五に、生活支援として、ネグレクトの子どもには学校でシャワーを使わせたり、洗濯を教えたりする場合もある。親に対してできることは、チーム学校として、親とつながり続けることである。学校が親とつながり続けることで、SSWrを介して関係諸機関につないだり、サービスを入れたり家庭支援が可能になる。

4 SSWrのできること

SSWrの役割の第一は、理不尽な思いをしている子どもの思いや代弁等のアドボカシー（権利擁護）である。第二に、早期発見から早期対応と支援、モニタリングに至るまでのケースマネジメントである。第三に、教職員のエンパワメントである。第四に、家庭への支援である。関係諸機関や支援人材の活用の提案や調整、保護者の面談、保護者を含めたケース会議の提案等できることは少なくない。

（西野緑）

Ⅲ　事例：DVや虐待のトラウマを持つ母子家庭への支援

1　相談内容

（1）事例の概要

本児Aは中学1年生女子。要対協登録児童である。X年7月頃にAが顔に痣を作り登校する。担任が事情を聴くと「課題を忘れたせいで、母から殴られた」という内容であった。放課後、母と担任が面談を行うが、母は「責められたくない」と言い、問題解決に向かわない。母やAへの今後の対応について、校内でケース会議を開いた。

（2）家族構成

世帯構成：A、母、母方祖母

A：自己主張が少なく、感情表現も乏しい。提出物の出し忘れや、手紙類をよくなくすなど持ち物の管理が苦手で、A自身も困っている。性格は真面目で部活動にも一生懸命参加している。クラスにも友人が複数名いる。学級新聞を作るのが得意で、毎週発行しており、クラスでも認められている。

母：幼少期に祖母から身体的虐待を受けていた。成人して家を出てすぐに実父と出会い、結婚。実父からは暴言・暴力のDVを受ける。Aの出生後すぐに祖母宅へ母子が転居したものの、祖母から母子に対して日常的に暴言・暴力がある。実父とは離婚せずにそのまま音信不通になる。長期休みにはAの好きなキャンプに毎年連れて行っている。また、子育てについては一生懸命に考え、Aの持ち物の管理についても困り感を持っている。Aの部活動を応援しており、試合等にも見学に来る。

祖母：70歳。生活能力はなく、身の回りのことは母がしている。学校との接点はない。

(3) エコマップ（支援前）

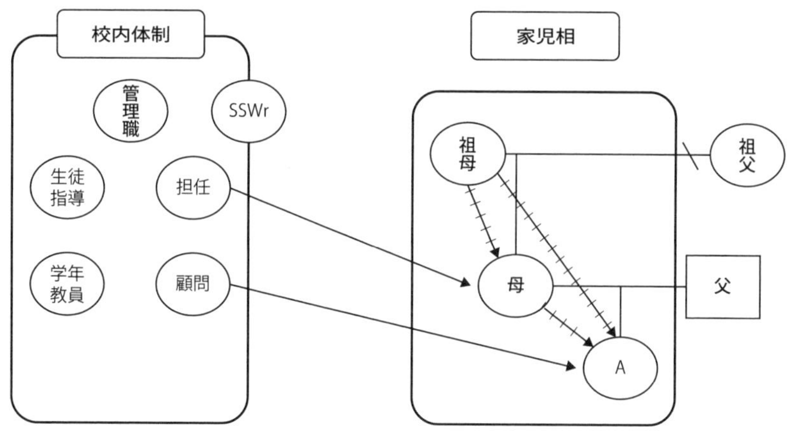

2 校内ケース会議

(1) 参加メンバー： 管理職、担任、学年教員、生徒指導、部活動顧問、養護教諭、SSWr

(2) ねらい： Aの家庭背景を情報共有し、母子への支援策を検討する。

(3) アセスメント：

母の生育歴から、本来安全な存在であるべき近親者から虐待やDVを受けて、安心した生活を送れていなかった。このような経験から母は誰に対しても信頼できず、自分にも無力さを感じているかもしれない。母とつながることが必要ではないか。また、家事や祖母の介護も母が一人で担っているため、負担になっているのではないか。Aの持ち物の管理については不注意の課題があると推測し、校内でも発達課題に合わせて支援をすることで、母子間の摩擦をなくすことができるのではないか。母はAに過剰期待していると仮定すると、Aは自分の気持ちを表現し、受容される機会が失われているのかもしれない。Aの気持ちや頑張りを認める場や他者が必要ではないか。

(4) プランニング：

参加メンバーを校内支援チームとして位置づけ、母子の支援を行っていく。

①Aの「意味ある他者」として、関係が良い部活動顧問を設定。週一回部活動後に面談を設定し、Aの頑張りと気持ちを評価する。②本人の個別支援について学年教員がA専用のファイルを利用して書類の整理を手伝う。また、課題には付箋をすることで視覚支援していく。③二学期に学級新聞を学年集会で取り上げ、学年全体でAを認める機会を作る。④定期的に母と関わる機会を設定。信頼関係を築き、母がAの部活動の試合の見学や毎年キャンプに連れていくなど、母が頑張っていることを称賛することで母をエンパワメントをしていく。⑤関係機関へのつなぎのために二学期にSSWrと担任で母交えてのケース会議を行う。

3 経　過

本児例の経過はX年〜X＋2年であるが、変化があったところをピックアップしている。

日時と事案の変化	学校の動きと校内体制の変化	SSWrの動きと変化	関係機関の動きと変化
X年9月 担任と母が面談を行う。母から祖母との関係について困り感が出てくる。	校内支援チームで情報共有。Aの支援のためにケース会議で決めたプランを実行する。	母とのケース会議を校内支援チームに提案する。 そのための、顔つなぎを検討する。	
X年10月 母と担任が面談後、SSWrと顔つなぎをする。	校内支援チームで次回母とのケース会議をすることを確認。メンバーを担任、学年、SSWrで行う。	母と担任が関係構築できていることを再確認する。 ケース会議の打ち合わせをメンバーと行う。	
X年11月 Aと部活動顧問の面談。母からの暴力はないが、	虐待のモニタリングを校内支援チームで行う。 現状を家児相に情報共有す	家庭状況をアセスメントのため、祖母の状況について家児相	

祖母から日常的に暴言を受けている。	る。	に問い合わせる。	
X＋1年11月 母とケース会議 母から祖母から別居したい話が出てくる。	校内支援チームで母とのケース会議の内容をシェア。 Aの頑張りや忘れ物支援の効果を共有。 関係機関との支援が必要であることを確認する。	ケース会議内で母が自立するために、貯金をしていることを語ったが自立後の祖母の生活を心配していたため、祖母の生活は関係機関がサポートできることを伝える。	家児相から、生活福祉課と地域包括支援センターに学校との連携ケース会議を依頼。
X＋2年1月 関係機関と連携ケース会議 生活福祉課や地域包括支援センターも参加する。	校内で再度母とのケース会議を設定し、関係機関とつなぐ。	関係機関と母子のアセスメントをシェア。母の自立に向けてのサポート体制を確認する。	地域包括支援センターは転居後の祖母の見守り。生活福祉課は母の生活基盤のサポートをすることになる。
X＋2年2月 母が生活福祉課に相談しにいく。	Aの気持ちについて部活動顧問から確認。	母と生活福祉課に同行。 その後の経過を校内支援チームと共有。	生活福祉課が転居後の生活サポートを母に伝える。

4 その後の変化

(1) 事例の変化、関係機関の介入

母子は校区内でX＋2年3月に転居した。Aの支援については、部活動顧問とAで頑張っていることを定期的に振り返ることができた。また、二学期後半に学年集会で学級新聞を取り上げ、Aを認める場を作った。Aの忘れ物は支援により改善している。祖母は転居後に地域包括支援センターが家庭訪問し、介護サービスを受けるようになった。母は関係機関からの支援について、今は必要ではないと判断したが、母と祖母が関係機関とつながったことで母の自立をサポートする環境が整った。

(2) エコマップ

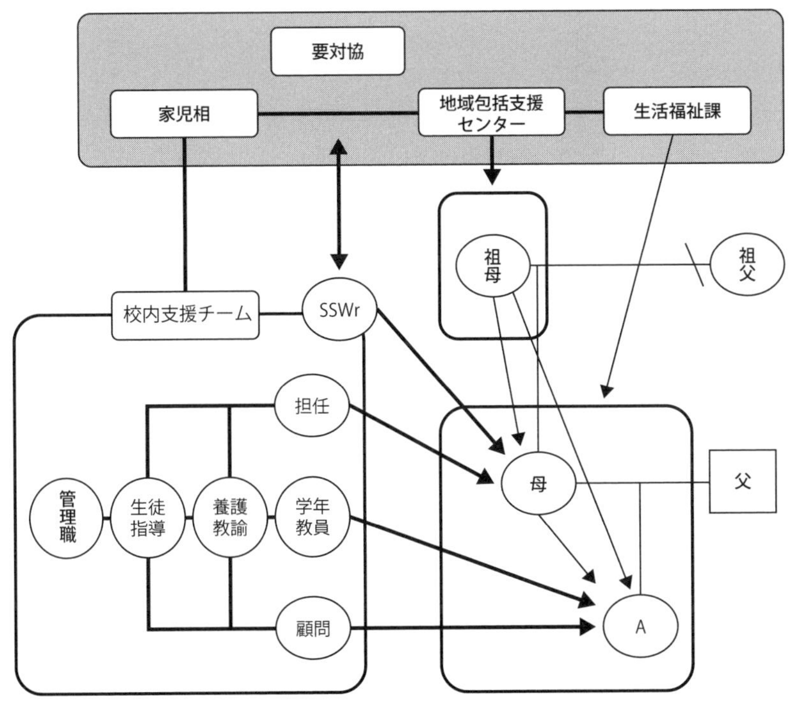

(3) 総合的アセスメント

学年全体でAのリソースを活用して支援をすることで、安心した学校生活を送れるように環境調整をした。Aの気持ちを受容する存在を、関係が良い部活動顧問にしたことでA自身が家庭の困り感を伝えることができた。母へのアプローチとしてはエンパワメントを行った。支援前の母は「学習性無力感」に陥っていたが、担任が主軸になって母と関係を構築することで、母は自己信頼を得て生活をコントロールできる力を得た。SSWrは、関係機関とのコーディネートをして、家庭支援ができる状態になった。

5 SSWによるメゾ・アプローチのポイント

・保護者とのケース会議は、SSWrと保護者が話をしている担任、Aのことをよく知っている部活の顧問をメンバーに入れた。

・保護者とのケース会議（ミクロ・メゾレベルの実践）で母のエンパワメントと現在の子育ての困り感をキャッチした。その困り感を校内ケース会議（メゾレベルの実践）で検討し、Aの支援を校内で行うことで、虐待の未然予防と母との関係構築を行うことができた。

6 チームアプローチの成果と課題

・保護者とのケース会議と校内ケース会議で母の子育てサポートとエンパワメントを行った。母が自立を決断した後、関係機関との連携ケース会議を活用して、自立後の母の金銭面を生活福祉課が生活保護受給に向けて面談し、独居になる祖母の生活を地域包括支援センターが家庭訪問する体制を整えることができた。

・DV被害者の支援は長期的になりやすいため、支援者自身が疲弊や焦りを感じてしまう。支援の方向性や状況の変化をチームと確認し、支援の意味づけをしていくことが課題である。

◉引用・参考文献

石井朝子（2009）『よくわかるDV被害者への理解と支援：対応の基本から法律制度まで現場で役立つガイドライン』明石書店

ジョーエレン・パターソン他（2013）『家族面接・家族療法のエッセンシャルスキル：初回面接から終結まで』星和書店

Lenore E. Walker（1979）*The Battered Woman*（＝斎藤学訳（1997）『バタードウーマン：虐待される妻たち』金剛出版）
Lundy Bancroft & Jay G. Silverman（2002）*The Batterer as Parent*（＝幾島幸子訳（2004）『DVにさらされる子どもたち：加害者としての親が家族機能に及ぼす影響』金剛出版）
森田ゆり（2007）『ドメスティック・バイオレンス：愛が暴力に変わるとき』小学館文庫
西野緑（2018）『子ども虐待とスクールソーシャルワーク：チーム学校を基盤とする「育む環境」の創造』明石書店
佐多不二男（2005）『教育を忘れた社会：意味ある他者理論からみる私の教育学』エイデル研究所

4節

発達障害

I　発達障害の概観と関連する法律・制度

1　発達障害とは

発達障害は、脳の機能に定型発達児との違いがあるため、多数派の育児ではうまくいかず成長に伴い、自身の持つ不得手な部分に気づき、生きにくさを感じ不適応反応を表現することがある。

しかし、発達障害は認知特性を本人や周囲が理解し、個々にあった支援で日常生活や学校、職場等での過ごし方を工夫すると（障害者雇用促進法や障害者差別解消法の施行後、合理的配慮提供義務が明文化）、本来の力が生かされる。

発達障害は、大きく3つの特性タイプで分類され、①精神遅滞（MR）、②広汎性発達障害といわれる、自閉症・自閉スペクトラム症（ASD）・レット症候群・小児期崩壊性障害・非定型自閉症、③特異的発達障害といわれる学習障害（LD）・注意欠如多動性障害（ADHD）・吃音等のコミュニケーション障害・協調運動障害が「発達障害」と総称された。1人にいくつかのタイプの重なりがあることも少なくない。障害名があっても個人差が大きい点が、個々の行動観察等での見立てが重要で多様な環境調整が必要なのが、「発達障害」の特徴といえる。

（1）自閉症スペクトラム障害（ASD）とは

DSM-5においてASDは、かつてICD-10やDSM-4で用いられていた広汎性発達障害とほぼ同じ群を指し、自閉症、アスペルガー症候群、特定不能の広汎性発達障害、小児期崩壊性障害等が含まれる。スペクトラムは「連続体」の意味で、①相互的な対人関係の障害②コミュニケーション障害③興味や行動のこだわりの3つの特徴がある。

（2）注意欠如多動性障害（ADHD）とは

発達年齢に見合わない多動性－衝動性、不注意、またはその両症状が、7歳までに出現することが多く、教師等の規制がかかる場面で目立つ。学童期は3～7％存在し、男性の有病率は青年期には低下するが、女性の有病率は年齢を重ねても変化しないとの報告があり、ADHDのHyper（衝動性）がなく不注意だけが目立つADDも見受けられる。

（3）学習障害（LD）とは

全体の知的発達は定型発達と変わりなく、①読む、②書く、③聞く、④話す、⑤推論する、⑥計算する等、6つの事柄のいずれかが困難状態を示す。確認方法にもよるが2～10％の出現率といわれ、読字困難については、男性が女性より多いと報告されている。

2 「発達障害者支援法」

（1）早期発見と支援を目的とした法律

発達障害者の早期発見、支援を目的にした法律で、定義や支援の基本理念、具体的な支援制度について定められ2005年施行された。2007年には「特別支援教育」が学校基本法に位置づけられ、全学校で障害のある児童生徒の充実した支援に向けて動き出した。

それまで発達障害者への支援を定めた法律や定義もないため、知的障害を伴わない発達障害者は、法制度の狭間で取り残され現実には教育現場や就労等、様々な場面で支援を受けられず困難を抱え、二次障害等の深刻な状況になっている人達もあった。そんな状況が長期にわたっていたが、この法律で、自閉症、アスペルガー症候群、ADHD、LD、トゥレット症候群、吃音などが「発達障害」と総称され、個人に応じた支援を行うことが国や自治体、そして国民の責務として定められた。

法の成立で「発達障害」という概念が啓発され、支援やケアが必要という認識が社会に広まるきっかけになった。障害者に関わる制度の根幹を定める「障害者基本法」や、それぞれの支援サービスのあり方を定める「障害者総合支援法」等も発達障害を対象に含むことを明確にする改正が行われ、発達障害者が自立した生活を送れるように法律の整備が進められた。

法で定められている内容や目的は、①発達障害の定義と理解の促進、②自立・社会参加のための生活全般にわたる支援の促進、③支援を担当する部局相互の緊密な連携の確保、関係機関との協力体制の整備の以上3点である。

さらに2016年に法改正され、①発達障害の定義、②支援を行うにあたっての基本理念、③早期発見と早期の発達支援、④ライフステージに応じた切れ目のない支援、⑤国や地方公共団体、国民の責務、⑥具体的な支援制度、⑦司法手続における配慮、⑧発達障害者支援センターの設置と運営等が定められ、理念と現実の支援体制両面で強化された。

第二条では、「発達障害」とは、自閉症、アスペルガー症候群その他の広汎性発達障害、学習障害、注意欠陥多動性障害、その他これに類する脳機能の障害であってその症状が通常低年齢において発現するものとして政令で定めるものと定義された。「その他」とされている障害・疾患については、厚生労働省の省令で定められ、吃音やトゥレット症候群（運動性チックと音声チックが1年以上続く症状）、選択性緘黙が含まれるとされている。

(2)「個人の問題」から「社会の問題」へ

さらに障害は「個人の問題」ではなく「社会の問題」であるということが明記され、この改正で、発達障害者支援法の基本理念として「社会的障壁の除去」という文言が追加された。

発達障害のある人が社会生活を営むうえで直面する不利益は、本人ではなく社会の責任だという考えが明確に示され、これによって障害とは、個人の心身、機能の障害によるものであるというかつての「医学モデル」ではなく、「障害は個人ではなく社会の方にある」と捉える「社会モデル」という考え方に準拠するようになった。

継続的な支援が必要なため、法律の中で発達障害の早期発見とともに、「切れ目のない支援」を行うことが明記された。小学校・中学校・高校〜職場など縦割りの中で支援を行うだけでなく、情報を共有し継続的な支援を行っていくことが「切れ目のない支援」である。進学や就職など、ライフステージが変化するごとにそれまでしてきた支援が失われたり、発達障害を抱える人が不利益を被ったりすることがないよう、自治体や教育機関が情報共有を行っていくことが定められている。

(3)「発達障害者支援センター」の設置

またこの法により、各都道府県と指定都市（人口50万人以上の都市）には、発達障害者への総合的な支援を地域が行う「発達障害者支援センター」の設置が義務づけられた。

センターは、各関係機関と連携し、地域全体で発達障害者を支援する体制作りの中心的役割を果たしている。発達障害の診断がある人だけでなく、発達障害の可能性があるかなどの相談もでき、発達障害当事者及びその家族や関係者が可能なかぎり必要な支援を受けられるようになった。

近年まで法制度の狭間で支援が受けにくかった発達障害者にとって、発達障害者支援法は、重要な拠り所となる法律である。この法律の施行以降、発達障害に関わる支援制度は整備されつつあり、相談へのハードルも低くなった。支援体制に地域差があるなど、発達障害者への支援制度には今なお課題があるが、様々な困りを抱えた人からの相談が増えることで、それらに対応した多様な支援方法も増加すると考える。その積み重ねが、障壁の小さい社会をより創造されるようになると望む。

（大槻まどか）

Ⅱ 支援方法

発達障害という言葉が出て誰がどのように得をしたのか。発達障害は治るか治らないかの思考ではなく人は障害あるなしに無関係で発達し続け、二次障害は消すことができる。そして誤った対応や治療なき診断は粗探しに過ぎず、苦しみからの状態を少しでも良くして当事者や家族が自分で安価に簡単にできる養生や療育のコツを考案し伝えられるのが専門家の仕事だといえる。すべての発達障害の支援方法は将来を描き、可能性にかけながら考案することが最も大切な支援で、当事者が最小限のサポートだけで自立できるように手助けをする視点を持たなければならない。

1 自閉症スペクトラム障害（ASD）

ASD当事者は、ミラー・ニューロンメカニズムに問題があることが研究でわかっている。早期診断された場合、個別や小集団での療育を受けることによって、コミュニケーション能力の向上と、適応力を伸ばすことが期待できる。療育を経験し、新しい環境への不安が減ると、パニック等も落ち着き集団活動に参加する意欲が高まりやすい。バーバルコミュニケーションだけではなく、ノンバーバルコミュニケーション（視覚支援等）を増やす等の環境調整をすることで、情緒が安定するとパニック等の表出軽減が期待できる。

早期診断することは、親が子どもを理解し、専門家の支援とともに成長を見守っていくことに役立つ。投薬治療だけの対応が有効ではないが、睡眠障害や問題行動が著しい場合には、投薬を併用しながらの療育や支援が役立つこともある。

思春期以降になり思春期課題、不安やうつ症状の合併があり、抗不安薬や抗うつ薬を服用し改善することがある。そのような時も症状出現前に過度なストレスや、生活上の変化がなかったか等、まず環境調整を試みることが重要な視点である。

また、乳幼児期から成人期を通して、周囲が本人の特性を理解していることが最重要である。理解によって本人が安心するだけでなく、親から教師、上司などに対し特性を伝え続けることで、当事者にサポーティブな環境が整い、切れ目のない支援が広がる。よって環境というアプローチが、ASDの方々への支援の中で重要であると考える。

2 注意欠如・多動性障害（ADHD）

幼児期や児童期に診断された場合には、薬物療法と行動変容、ペアレントトレーニング等の生活環境の調整が行われることが多い。薬物療法としては、脳を刺激する治療薬であるアトモキセチンや塩酸メチルフェニデートという薬が主に用いられる。どちらも脳内の神経伝達物質であるノルアドレナリンやドーパミンの不足を改善する働きがある。

生活環境の調整としては、集中を必要とする状況下では（学習など）、本人の気になる玩具や道具を片づける等、集中を妨げる刺激をできるだけ周囲からなくすことが重要である。また、集中する時間は短めに、量を細分化することや少なく設定し、休憩をとるタイミングを事前に決めておくことも効果がある。さらに注意する回数を減らし、話し方を工夫する事が自尊感を低下させず二次障害を防ぐことができる。

ASD同様、周囲がADHDに対する知識や理解を深め、当事者の自尊心低下を防ぐことが、自分を信じ勉強や作業、社会生活への意欲を高めることにつながる支援である。

3 学習障害（LD）

学習障害の子どもに対しては、教育的支援が最重要になり、読むことが困難な場合は大きな文字で書かれた文章を指でなぞりながら読んだり、書くことが困難な場合は大きなマス目のノートを使ったり、計算が困難な場合は絵を使って視覚化する等の個々に応じた工夫が必要である。親と学校が子どもにある困難さを正しく理解し、決して子どもの怠慢さのせいにしないで、適切な支援方法について情報を共有することが大事である。「近視なら眼鏡」が必要なのと同じく、適宜PCやタブレットの活用など補助的な道具を導入する多様性が必要になる。

以上のような特性に応じた支援方法を具体的かつ継続的に実現させるために、専門性の高い見立てと手立てを提供するSCrやSSWr等の協働によるチーム学校の存在は、不可欠であると考える。本当に役立つ支援は、診断などの理論図ではなく様々なモデルであり、それらが現場での発想を導くであろう。

（大槻まどか）

Ⅲ　事例：登校渋りや学校生活への不適応を起こしている小学生

1　相談内容

(1) 事案の概要

本児は4月から登校を渋り、保護者の同行で遅刻しながらも何とか登校していた。学校では授業妨害の発言や離席、級友とのトラブル等が続発し担任が疲弊していると、支援会議で報告され、校内ケース会議を実施することになった。

(2) 家族構成

母：本児が入学する直前に、離婚が成立して、母と子（2人）で校区内の公営住宅に転居してきた。勤務時間が不規則な仕事で、朝遅めの出勤もあるが帰宅が遅い時もある。

姉：中2　学力は低くやや無気力。交友関係に問題はない。

(3) エコマップ（支援前）

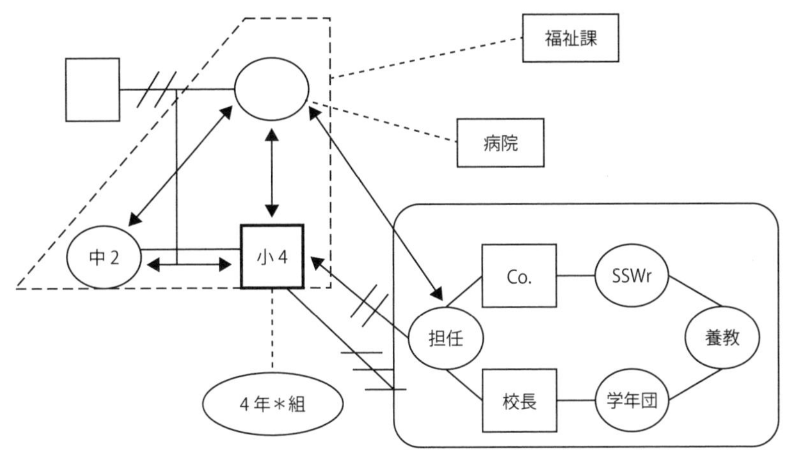

2 第1回ケース会議　4月末

(1) 参加メンバー：担任、学校長、教頭、SSWrコーディネーター（以下Co.)、学年教師2名、養護教諭、特別支援コーディネーター

(2) ねらい：①本児の環境と現状の把握、②問題行動の背景と要因、③プランニング

(3) アセスメント：

・毎年、問題行動の出し方は異なるが、何らかの不適応を起こしている（登校渋り・担任への反発・学級崩壊の牽引等)。これは、『ADHD』と診断された本児の特性（衝動性の高さ・周りの刺激への反応の高さ・言語理解の低さ・処理作業の苦手さ等）に対して、学校としての支援方針がなく、担任によって対応が異なる等、一貫性のなさから、本児が混乱していたと推測された。

・大人からの「注意」や「叱責」が多く「どうせ俺なんか」の発言がたびたびあった。明らかに、自尊感情の低下がみられた。
・本児の「こうでありたい」という自己イメージと、実際の自分の力のギャップを前に、「放棄」「周りを巻き込む」形で本児は逃避していた。
・母は本児の特性を理解し受容しているが、生活の維持（金銭・家事等）に精一杯で細かな支援ができず、学校の対応に要望のみを出しがちで、学校と家庭が協働する構図になっていなかった。

(4) プランニング：
・母とのケース会議を行い、現状・目標（短期・中期・長期）・手立ての共有を図る。
・本児が主体的に、めあてや、がんばり表の形・ご褒美を決定し、周りの大人が応援するという形式のケース会議（『応援する会』）を軸に、支援を進める。
・当面の登校支援を母・コーディネーター・担任でシフトを組んで行う。
・担任が1人で対応しきれない時間に、教職員が複数対応できるようにシフトを組む。

3 経　過

日時と事案の変化	学校の動きと校内体制の変化	SSWの動きと変化
201＊年5月 欠席や遅刻が続き、教室では離席・友達とのけんかがほぼ毎日起こっていた。	母とのケース会議（母・担任・管理職・Co.・SSWr）で母が特性を理解した対応をしていたことが把握でき、担任等とのめあての共有ができた。加えて、関わる教師の「何とかしよう」というモチベーションが上がった。	・ケース会議の進行や言動の見立てをSSWrが行うことにより、母と教師が協働で支援していく校内体制のベースができた。 ・経済支援（『特別児童扶養手当』）について母への情報提供を次回行うことにした。
201＊年6月 教師か母、どちらかの同行で登校がスムーズにできるようになった。教室では離席・授業妨害の発言・級友とのもめごとは継続していた。	本児参加の『応援する会』（母・本人・担任・Co.・SSWr）で、本児の意向に沿いながらがんばり表を作成し、目標ポイント達成後のご褒美を母が用意してくれた（から揚げパーティ）。	『応援する会』の視覚化（ホワイドボード活用）や母・本児の代弁等で参加して、特に本児の意欲が継続するように活動した。

201＊年7月 波はあるが、早く落ち着けて気持ちを話せるようになり、周囲の児童と共に因果関係や改善案を考えられるようになってきた。学習への参加は継続しないが、授業中は「写し絵」等をやって離席しない日が増えていった。	5月・6月・7月 毎月本児参加の『応援する会』を行った。集中できない・すぐにカッとなる等、困り感が出せるようになり、通級や別室の提案が聞けるようになった。同時に本児に対しての理解・共感を、関わる教師が全教職員に広げたい、という意識が出てきた。	SSWr勤務日には、前回からの振り返りと今後の短期対応を協議する校内ケース会議が定例化した。 母は服薬を提案され悩んでいたので、SSWr同行でドクターと協議をした。
201＊年8月（夏休み） SSW理解のための校内研修を行った。本事案も含め校内の事例の模擬ケース会議をグループで行い、全教職員で共有した。	研修の中で、本児への理解・手立てが全教職員で共有できた。2学期以降、教職員の声かけや本児についての情報の共有が肯定的に交わされるようになった。	SSWr主導による研修でSSW理解が全教職員に浸透した。加えて本児の問題行動の見立てと今後の対応の方向性が共有された。
201＊年10月 職員室への伝言係・宿題チェックや配りを担当する等で、無用な離席が大幅に減った。事前のルール確認や事後の評価で集団遊びでのトラブルが減ってきた。	本児と級友との関係が穏やかになり、「親友」と呼べる友達ができ、母も積極的に友達を受け入れてくれるようになった。『応援する会』で教室での役割について本児と相談でき実施できた。	本児とクラスの状況の変化を見て、クラスの困り感を校内支援会議にあげてくる担任が増えて行った。
201＊年11月～ 通級の時間に本児が「○○だから□□をやりたい」と言い、意欲的に取り組めるようになってきた。	学習方法や態度・量について、本児と相談しながらやれるようになり、支援学級の説明も本児が受け入れられるようになってきた。	母とのケース会議で、支援学級入級も選択肢として抵抗感がないように進行していった。
201＊年＋1年3月（春休み） 地区で次年度の登校班の班長に立候補した。	『応援する会』の最終回を行い、登校班の班長としての本児の意志を確認した。	次年度の始業式からの１週間を具体的にイメージできるように視覚化しながら会を進行した。

4 その後の変化

(1) 事例と学校体制の変化

- 学校環境の調整（通級での個別支援・禁止でなく「○○しよう」と肯定的な指示・授業中にプリント配布やチェック等の動的な役割の導入・給食後の職員室へのお遣い等）によって、集中する時間の細分化が図られ、じっとできない多動性に意味付けができ、教師からの注意の回数が大幅に減少していった。
- 学校環境の調整や『応援する会』での母親と教師の励ましや承認で、本児の情緒が安定し、自尊感情が高まりつつあった。学校生活の中で級友とのトラブルは小さくなり、授業妨害発言も減り、授業内容に即した発言もみられるようになった。

・家庭は細かい配慮が難しい環境だったので、母親に負担をかけないようにして、学校での言動の改善を母親に評価してもらうようにした。結果、不適応の改善と共に、学校と家庭がチームとなれた。

(2) エコマップ（支援後）

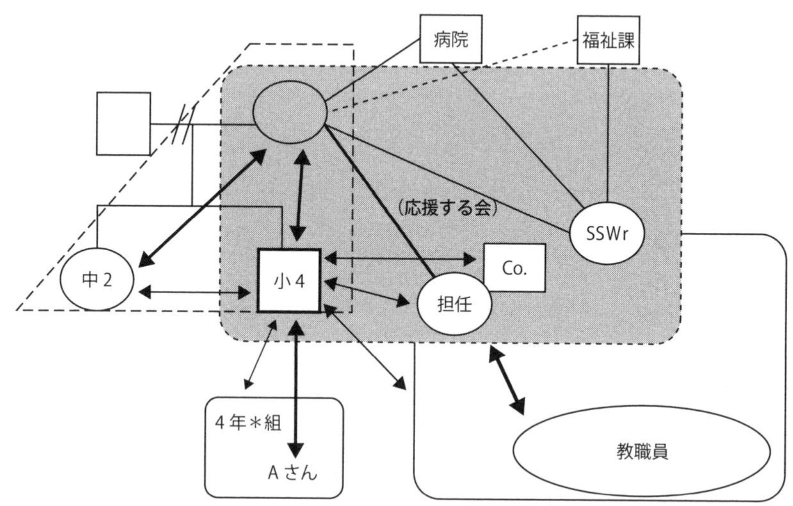

(3) 総合的アセスメント

・同じ診断名の発達障害でも不適応の現れ方は様々である。個別のケース会議の中で、不適応の背景を見立てて、保護者と学校とSSWrが協働しながら支援していくことが必要である。

・今年度の支援が、次年度にも引き継がれ、積み重なることで、当該児童の生きにくさは減少していくだろう。

・保護者との協働が不適応の改善につながることを、全教職員が実感するためには、学校全体で校内の実践事例を協議できる場を作り、共有することが必要である。

・子ども（当事者）の意向を支援の中心に据えた取り組みが不適応の改善に大きな効果をもたらす。

5 SSWによるメゾ・アプローチのポイント

・担任の思いはくみ取りつつ、事案のマネジメントはSSWrコーディネーター中心に進める。
・校内研修を活用して全教職員に主体的に考えてもらうことで、チームアプローチを浸透させていく。

6 チームアプローチの成果と課題

・SSW理解のための研修に、校内の事例を活用することで、事案の共有化・他の教師の主体的な対応が生まれた。その後、毎年、教職員から積極的にテーマが提案され、行動理論や認知理論等の説明と理論を活用した模擬ケース会議を含む研修が定例化した。
・校内ケース会議で、配慮を要する児童の発達の特性を保護者と共有していく工夫・外部機関との連携（医療・福祉サービス等）について協議されることが増えていった。
・Co.や担任の交代で支援の方向性（チーム学校として保護者と協働で支援する）がとぎれないようにすることが今後の大きな課題である。

◉引用・参考文献

e-Gov（2016）「発達障害者支援法」

神田橋條治（2010）『発達障害は治りますか？』花風社

厚生労働省（2005）「厚生労働省令第八十一号・令百五十号」

厚生労働省（2018）「平成30年版障害者白書」

厚生労働省・文部科学省（2005）連名事務次官通知17文科初第16号厚生労働省発障第0401008号

文部科学省（2007）「特別支援教育について」

5節

いじめ

I　いじめの概要と関連する法律・制度

1 「いじめ防止対策推進法」の制定

2013年6月「いじめ防止対策推進法」(以下「法」という)が制定され、10月にはそのガイドラインとなる「いじめの防止等のための基本的な方針(文部科学大臣決定(最終改定平成29年3月14日)」(以下「基本方針」という)が制定された。

同法及び基本方針によって、いじめの定義が法定されると共に、学校がいじめのシグナルを発見したときに、学校に求められるいじめ問題への対応・手続が具体的に定められた。

これによって、これまで学校長の裁量に委ねられてきた、いじめ対応という生徒指導分野に初めて、法律及びガイドラインによって具体的なルールが定められた。そのため、学校・教員が、この法律が定める具体的ルールに反する対応をしていた場合には、法律違反の問題が生じ、保護者対応の著しい困難化やメディア・ネット等による社会的非難の対象となるなどの危機管理的な問題が生じやすい。また、重大な被害・損害が生じた際には、単に教育的批判に晒されるだけでなく、場合によっては、学校(地方自治体)及び教員個人が法的責任を問われる具体的リスクが認められることとなったのである。

2 法及び基本方針が定めるいじめ対応のルール

(1) いじめの定義の法定化（法2条）

「児童等に対して、当該児童等が在籍する学校に在籍している等当該児童等と一定の人的関係にある他の児童等が行う心理的又は物理的な影響を与える行為（インターネットを通じて行われるものを含む）であって、当該行為の対象となった児童等が心身の苦痛を感じているもの」

これが法2条が定める「いじめの定義」である。この法律上の「いじめの定義」は、継続性や攻撃性等を内容とする過去の文部科学省のいじめの定義や社会通念上のいじめの定義とは根本的に異なっており、その対象は極めて広く、ほとんど全ての子どもたちの友人関係トラブルは、法律上の「いじめの定義」に該当することになる。

(2) いじめのシグナル発見時の即時の組織対応の法律上の義務化（法22条、23条、基本方針）

教職員が、上記のいじめのシグナルを発見した時には、直ちに、「いじめ防止等対策組織」において情報を共有し、組織対応（チーム対応）を開始することが法律上の義務となった。

学校には「いじめ防止等対策組織」の設置が法律上義務づけられている。「いじめ防止等対策組織」には、管理職、生徒指導担当、養護教諭等の外、スクールカウンセラー、スクールソーシャルワーカー、弁護士等が構成員として位置づけられている（法22条、基本方針）。

上記のいじめの広義化による「いじめの早期発見」と「即時の組織（チーム対応）」が、法及び基本方針が求める最大のメッセージと言ってよい。

(3) いじめ問題への対応手続の明確化（法23条、基本方針）

法及び基本方針が求める学校・いじめ防止等対策組織によるいじめ問題への

対応手続のポイントは次のとおりである。

①いじめのシグナルの発見時に、直ちに、いじめ防止等対策組織の担当者（コーディネーター）への連絡

②コーディネーターは管理職への連絡と委員会の開催

③担任等からのシグナル情報の共有と記録

④事実の調査・確認方法及び保護者への説明方法等のプランニング

⑤チーム対応による事実調査・確認

⑥調査結果を受けての事実の認定といじめにあたるかの評価

⑦アセスメント（いじめの客観的な重大性、いじめの背景にある子どもたちの関係性、被害の程度・深刻さ、加害行為の背景・原因、加害生徒の課題等の見立て）

⑧アセスメントに基づく支援方針、指導方針のプランニング（被害児童等、加害児童、周囲の子どもたち等）

⑨保護者への認定した事実、指導・支援方針等の説明（適切な情報提供）

⑩指導・支援プランの実施

⑪3か月を目処とするモニタリング方法のプランニング（客観的な見守り行為と定的な子ども、保護者への声かけとヒヤリング）

⑫ケース記録の整理と管理、議事録の整備

(4) いじめ重大事態への特別な調査（法28条～33条等）

いじめを原因とする重大事態（「いじめにより生命、心身又は財産に重大な被害が生じた疑いがあると認めるとき」及び「いじめにより相当の期間（30日が目安）学校を欠席することを余儀なくされている疑いがあると認めるとき」）が発生した場合には、速やかに、地方公共団体の長に報告すると共に、学校の設置者（教育委員会等）又は学校の下に調査組織を設けて、特別な調査を実施し、事実関係や再発防止策等を示した調査報告書を作成しなければならないとされている。また、地方公共団体の長等は、重大事態への対処又は同種事態の再発防止のために必要があると認めるときは、再調査を行うことができる。

メディアで頻繁に取り上げられている「いじめ重大事態への第三者委員会調査」は、上記の「学校設置者（教育委員会等）の下に設けられる調査組織」等を指している。2018年度においては全国の教育委員会で400件以上の重大事

態認定が行われ、その多くが、いわゆる「不登校重大事態」であるが、教育委員会が設置した第三者委員会による調査も多数行われている。

今後、益々増加していく可能性があり、学校は重大事態に発展する可能性を意識した、危機管理視点からのいじめ問題への対応が求められている。

（峯本耕治）

Ⅱ　支援方法

1　SSW視点からのアセスメント、プランニングの不可欠さとスクールソーシャルワーカー等の役割

(1) いじめ問題の大きなリスクとSSW視点からのアセスメント、プランニングの不可欠さ

いじめ問題は、学校生活における子どもの愛情・安心・安全環境を脅かす最大の要因の1つであるため、子どもの不登校につながりやすく、また、家庭の児童虐待問題と同様に、子どもの自殺等につながる重大なリスクが認められる問題である。また、保護者の不安にもつながりやすく、保護者対応が困難化するリスクも大きい。

このようなリスクを防止するためには、上記のとおり、即時のチーム対応により、適正な事実調査・認定と共に、SSW視点からの子どもの指導・支援ニーズ、保護者の不安感や支援ニーズ等についてのアセスメントと、アセスメントに基づくプランニングが不可欠である。保護者対応の困難化を防止するうえでも、保護者の不安感や支援ニーズ等についてのアセスメントが不可欠である。

具体的には、①いじめを生んでいる友人関係のメカニズム、②いじめ行為の客観的な重大性と不登校等の重大被害のリスクアセスメント、③被害の程度・深刻さ（自尊感情の傷つき・不安感・不信感等の程度と質、トラウマ症状の有無、愛着課題・発達課題等）、③加害者の愛着・発達課題と背景・原因（自らの行為の重大性についての理解力・内省力、いじめ行為についての負の学びや居場所化の程度、

学校生活における本来の居場所の無さやストレスの高さ、虐待等の家庭環境上の課題）等についてのアセスメントをしっかりと行い、このアセスメントに基づいて、被害者の支援方法、加害者の指導・支援方法、周囲の子どもたちへの指導・支援方法、再発防止策、保護者対応等についてのプランニングを行う必要がある。

アセスメントに基づかない、場当たり的、対処療法的ないじめ対応では、被害者を支援できず、加害者等への効果的な指導、再発防止にもつながらない。また、被害側、加害側のいずれについても、保護者の納得や信頼を得ることもできない。

(2) スクールソーシャルワーカー等によるチーム支援体制の重要性

上記のいずれの場面においても、スクールソーシャルワーカー、スクールカウンセラー等（以下「スクールソーシャルワーカー等」）の専門職によるサポートが極めて重要である。

教員へのコンサルティング等の間接支援が中心になると思われるが、特に専門性が求められる対応においては、スクールソーシャルワーカー等には、教員との共同アセスメント・プランニングに基づいて、子ども及び保護者への直接支援の役割も期待されるところである。

それゆえに、上記のとおりスクールソーシャルワーカー等がいじめ防止等対策組織の重要な構成メンバーとして位置づけられているのである。

配置形態や配置回数等による限界はあるが、スクールソーシャルワーカー等の専門職による「いじめ防止等対策組織への積極的な参画」と「アセスメント、プランニング、プランの実行への積極的な関与」が、チーム支援体制を構築するうえでの、喫緊の課題となっている。

2 法的・危機管理視点からのいじめ対応とスクールロイヤーの役割

(1) 困難な保護者対応事案の増大

いじめ問題についての学校の対応が法的義務となり、対応手続等についての法的ガイドライン化が図られた結果として、学校のいじめ対応をめぐって、保護者から激しい非難や怒り、要求に曝されるという困難な保護者対応事案が増大している。

保護者対応の困難化を防止するためにも、上記の法及び基本方針が定める手続に従い、チーム対応、適正な事実調査、アセスメント・プランニングに基づく指導・支援、保護者への適切な説明・情報提供が不可欠となっている。

(2) いじめ事案が抱える問題点と課題の複雑化・多様化

上記の法及び基本方針の趣旨自体は明確であるが、実際に、学校で生起するいじめ事案は多種多様であり、軽微なものから重大なものまで様々なものがある。単純な被害者と加害者の構図ではなく、途中で加害・被害の立場が入れ替わったり、同一グループ内でメンバーを変えながら加害・被害を繰り返すというような錯綜事案もめずらしくない。

そのため個別事案の対応においては、例えば、①調査の対象事実や調査対象者の範囲の確定、②過去事案についての保護者からの調査要求への対応、③供述に食い違いがある場合の事実認定の方法、④保護者からの追加調査の要求や別室指導や転校要求等の特別な支援要求への対応、⑤事実調査のプロセスや結果についての保護者への説明の要否や範囲、⑥必要となる被害者支援の内容・程度、⑦加害者の別室指導、クラス替え、転校等の可否・要否とその方法、⑧警察や児童相談所との連携の要否や具体的な連携方法、⑨保護者の怒りや拒否感が強い場合の不登校状態にある子どもの支援方法、⑩保護者間の謝罪要求や損害賠償請求等への対応方法、⑪医療機関や警察、児童相談所、要保護児童対策地域協議会等の関係機関との連携の要否と具体的連携方法、⑫当該ケースを重大事態に認定すべきか、⑬重大事態の調査主体を、学校組織と教育委員会（第三者委員会）のいずれにすべきかなど、加害・被害双方の保護者対応の困難さと合わさって、学校や教育委員会が判断に迷う問題・課題が多数発生している。

(3) スクールロイヤーの有用性

このような場合に、法律の専門家であり、法的・危機管理の視点、紛争の合理的解決の視点からのアドバイザーとしてのスクールロイヤーの存在は、学校にとって極めて有用な存在となる。

上記のとおり、法及び基本方針においても、弁護士が「いじめ防止等対策組織」の構成員として位置づけられているのは、そのためである。

第1章5節で紹介した文部科学省のスクールロイヤー派遣事業も、主として、このいじめ防止の取組への支援を念頭においたものである。大阪府スクールロイヤー制度においても、いじめへの対応をめぐる相談、特に、保護者対応の困難さを伴ったいじめ対応についての相談が多数を占めているというのが実情である。

3 スクールソーシャルワーカー等とスクールロイヤーによるチーム支援の重要性

第1章5節において詳細に述べているとおり、スクールソーシャルワーカー等とスクールロイヤーが、いじめ防止等対策組織の会議に同席して、理的解決の視点から、共同してアセスメント、プランニングを行うことができればベストである。

仮に、同席が難しいとしても、スクールソーシャルワーカー等とスクールロイヤーが互いの存在と役割を認識し、基本的な信頼関係を築くことができていれば、事案発生時において、必要な情報を共有し、互いに相談しあい、また、学校や教育委員会に対して互いの相談の必要性をアドバイスすることにより、実質的に共同アセスメントと共同プランニングをなしえる体制作りを行うことは可能である。

いずれにしても、スクールソーシャルワーカー等とスクールロイヤーが、互いの存在と役割を認識・理解したうえで、チームとして学校を支援する意識とシステム作りが重要である。

（峯本耕治）

Ⅲ　事例：複数の児童からいじめを受け、教室登校が困難になっている小学生

1　相談内容

(1) 事案の概要

Aの保護者より担任宛に「複数の同級生から暴力を受け怪我をした。見ていた教師もいたらしいが、注意もしなかったようだ」と連絡があり、学校はいじめ対策委員会を開催し、AとB、C、D、E、Fから聞き取り、加害保護者への連絡、再発防止としていじめへの理解を進めるための授業を行う等の対応を開始した。Aは母の送迎で登校、児と保護者の希望で別室対応をしていた。学級は今年度に入りGW過ぎ頃から落ち着かない状態が続いていた。B、Cが中心になり、D、E、Fが追随する形で立ち歩きや私語、教室から抜け出すなど、特に2学期に入ってからは授業も成り立たないほどの学級崩壊状態になっていた。

(2) 家族構成

父、母、姉（中3）　家族は本児も含め健康状態、経済状態に問題はない。

(3) エコマップ（支援前）

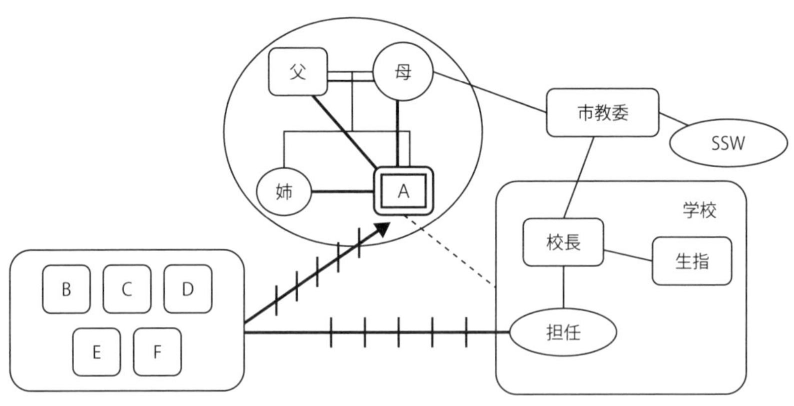

2 第1回ケース会議

（1）参加メンバー：校長、教頭、生徒指導担当（以下、生指とする）、担任、学年団、市教育委員会（以下、市教委とする）、SCr、SSWr

（2）ねらい：学校の対応を再検討し、SCrやSSWrの専門家を活用した支援を検討する。

(3) アセスメント：

・学校は、次々に起こる児童の問題行動に振り回され、学級の荒れに関しても場当たり的な対応になっていたのではないか。
・加害児童の中には、子ども同士の力関係や発達課題の問題があるため、集団へのアプローチではなく、個別の対応が有効ではないか。

(4) プランニング：

①学校はAの保護者に対して、学校が把握している事実と加害児童への指導方法等について説明する。また、定期的に情報共有を行い、信頼関係を構築する。
②SCrは、心理面の見立て等を行うために加害児童5名への個別面談を行う。
③市教委とSSWrは、学校が加害保護者に対して加害児童への指導方針を説明する場面に同席し助言やサポートを行う。
④担任は、学級の児童に対して、クラスに対する思いなどの聞き取りを行う。

3 経 過

日時と事案の変化	学校の動きと校内体制の変化	SSWの動きと変化	関係機関の動きと変化
X＋1年1月2週目 A保護者が市教委に相談。学校への不信感を示す。	SCr、SSWrの専門家を含めたいじめ対策委員会の開催（第1回ケース会議）。	市教委に参加者の確認を行い、学校に記録の整理を助言。	市教委： SSWrへの相談を学校に提案。
X＋1年1月2週目	児童から事案の聞き取りを継続。学校はCが父から虐待を受けていることを把握し、SSWrに相談。	家庭児童相談課にCの情報を共有。今後、連携し対応を進めたい旨を依頼。	家庭児童相談課：今後の状況によっては対応を検討する。
X＋1年1月3週目 A保護者が保護者会開催を希望。	保護者会の開催や、事案への対応全般について協議。 SLへの相談を市教委に依頼。 SLに相談。	保護者会の開催は混乱が予測できたため、保護者会の進め方を助言。SL相談に同行する。	市教委：スクールロイヤー（SL）相談の調整と同行。 SL：事案に対する限界設定や法的根拠に関して助言。
X＋1年1月4週目 学級への保護者参観が始まる。連日のように複数の保護者の協力あり。 Aの別室登校は継続。	保護者会で学級の状態を報告。 いじめ対策委員会の開催。 加害児童に対する指導を協議。 A保護者との情報共有を定期的に行う。 学級会でAを教室に迎える準備について話し合いを行う。	保護者会の運営をサポート。 加害児童の問題をアセスメントし、SSWrが直接対応する加害児童を助言。 加害保護者の面接場面に同席し、中立的な立場で助言。	市教委：SCr・SSWrと情報共有。 SCr：加害児童との面接を開始。加害状況に関する理解の程度などを確認した。
X＋1年2月 Aは少しずつ学級の活動に参加できるようになる。	いじめ対策委員会の随時開催。職員会議にて事案の詳細と対応の方針を共有。 A保護者との情報共有等を継続。	職員会議に参加し教職員へのアドバイスを行う。SCrと情報共有を行う。	市教委： 学校を中心に、SSWr・SCrとの連携、情報共有を積極的に行う。

4 その後の変化

(1) 事例と学校体制の変化

・Aはクラスの中に話せる友人ができ、安心して学校生活を送れるようになった。同時に、Aの保護者も学校に対しての信頼を回復しつつある。

・教室は完全には安定した状況ではないが、校内の役割分担が明確になったことで、担任は落ち着かない児童だけでなく、クラス全体に対して関心を向けられるようになった。

・事案への対応は継続しているが、学校は見通しを持って対応を検討して行く事ができるようになった。

(2) エコマップ（支援後）

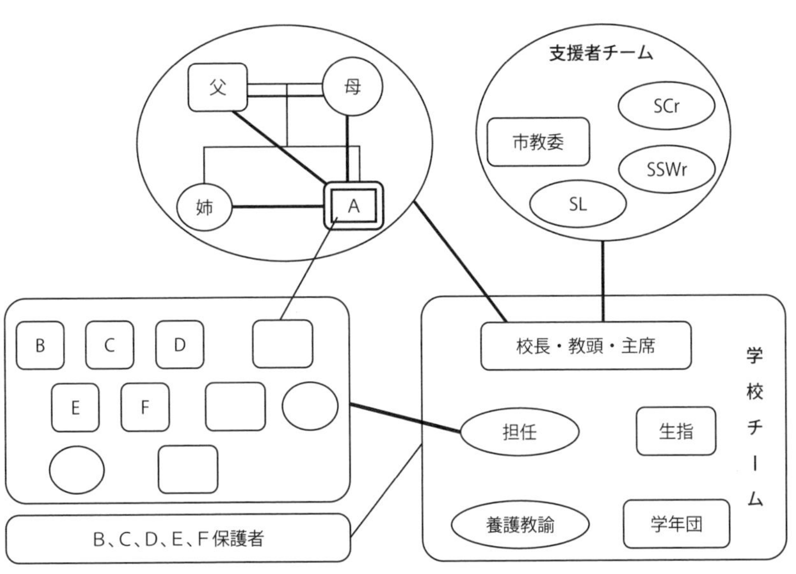

(3) 総合的アセスメント

学級崩壊状態の中、いじめ事案が重複して起こり被害と加害が交錯していたため、学校はそれぞれの保護者から出る言い分に振り回されていた。また、校内の共通の目標を持たないまま支援体制を組んだため、担任とクラスの児童との関係が遮断され、児童の不安と混乱を増幅させていた。それに対して、市教委がSSWrおよび外部の専門家チームにつなげたことで、Aの事例を中心とした事実認定と支援の枠組みが明確化され、被害と加害の児童の困り感に対応した具体的な支援を展開することができた。

5 SSWによるメゾ・アプローチのポイント

・SSWrは、混乱状態にある学校に対して、法的根拠に基づいて対応することや積極的に学校主導で事案にあたっていくことの必要性を助言し、学校が見落としがちな点に注目できるようにアプローチした。
・いじめ対策委員会と職員会議で状況についての共通理解を深めることで、教職員それぞれが積極的にできる事を考え、事案に向かえるように変化した。

6 チームアプローチの成果と課題

・市教委と積極的に見立てを共有する中で、SCr、SLなどの専門家の活用を促し、一貫したチーム支援を行えるように働きかけた。ただし、複数の専門家が同時に学校の支援を行う際は、違った専門性からそれぞれに介入することで学校を混乱させることになるため、支援者同士の連携が不可欠である。

6節

学級崩壊

I　学級崩壊の概観と関連する法律・制度

1　学級崩壊とは

1990年代後半にマスコミでよく取り上げられた学級崩壊は、最近ではあまり話題に上ることがない。しかし、実際は、多くの学校で毎年のように学級崩壊が起き、その対応に追われる状況が続いている。学級崩壊とは、「教師の指導を受け入れない」「授業が始まっても教室内を立ち歩く」「私語が多い」など、教室の秩序が保てなくなる諸現象を指す。氏岡（2001）は、「子どもが心の中で自分とうまく関係が結べなかったり、教師と子どもとの関係がねじれていたり、教師同士の関係が結べなかったり、学校と保護者との間の風通しが悪かったり、という関係不全の結果が学級崩壊を生んでいる」と説明している。今まで学級崩壊の原因については、「教師」「子ども」「親」「学校システム」など、さまざまな角度から論じられてきた（河村 1999、小林 2001、尾木 1999他）。特に「教師」原因論は多くみられ、教師の学級経営や授業の進め方など、教師の個人的な力量の問題が取り上げられることが多くあった。

2 学級崩壊を経験した教師と保護者の調査

学級崩壊を経験した教師を対象とした調査結果からは次のようなことが明らかになっている（大塚 2008)。①教師は家庭の問題を抱えた子どもへの対応に限界を感じており、子どもとの気持ちのずれやボタンの掛け違えが学級崩壊のきっかけになっている。②学級崩壊の中心にあるいじめ問題への対応に苦慮している。③教師は、クラスが荒れていくとき、子どもを受容しコントロールすることに限界を感じている。④クラスの崩れはあっという間に生じ、問題が同時に幾つも生じる中で泥沼化していくため、教師は対応に追われ疲労困憊状態となる。⑤同僚教師の暖かい支援は助けとなるが、担任制のかべや緊迫感のずれがある教師の声かけは担任教師の孤独感を増すことになる。⑥学級崩壊が教師に与えるダメージは大きく、渦中にあるときの心身の不調だけではなく、その後の教師生命に影響を与えるほどのトラウマ体験となっている。⑦学級崩壊の経験が、子ども観や教師観を見つめなおす機会となっている。これらは学級崩壊を経験した教師にしかわからない正に学級崩壊の現実である。

一方、学級崩壊を経験した親を対象とした調査結果から次のようなことも明らかになっている（大塚 2008)。学級崩壊を経験した親は、学校に対して危機感を持つだけではなく、無力感を感じ学校に対して距離を置く傾向がある。親の学校離れは、不信感、危機感、無力感という心理プロセスを経て生じるもので、一方的に突然起きるものではない。教師の態度への不信感が次に危機感を呼ぶ。学校の対応が怒りや失望感などの感情を親に引き起こすことになると思われるが、親と学校に最も損失を与える感情は無力感である。無力感は、親が学校を回避することを促進し、親と教師の協力の機会を失う要因となり、子どもの最善の利益につながらない。

3 学級崩壊の背後にある教育現場の課題

学級崩壊の背後には、次のような教育現場の潜在的な課題があると思われる。第一に、学級崩壊の背後にある子どもの生活環境、家庭問題への取り組みが教育現場で十分にできていない点である。教師は、個々の子どもの生活環境のしんどさを薄々知りながら、効果的な取り組みができないまま、問題の渦に巻き込まれている。第二に、学級崩壊に限らず、クラス内で生じている問題は、学級担任の責任で解決しなければならないという考え方が学校には根強くある点である。同時に、学校には家庭と協力して問題解決をするという発想が乏しく、SSWrなどの第三者の専門家と協働で取り組むという経験もあまりしていない。様々な複雑な家庭背景や発達課題を抱える子どもたちが増える中で、問題解決を担任教師1人に背負わせるには負担が大きく、校内の支援体制の確立と関係者の協働が求められる。

4 学級崩壊と子どもが抱える問題

学級崩壊状態のクラスには必ずいじめ問題が中心にある。いじめと学級崩壊がほぼ同時期に生じると、学校はどうしてもクラスの対応に追われ、いじめの問題への対応が遅れがちとなり、問題がさらに悪化する。そして、いじめ問題の解決を最優先課題として取り組んだとしても、いじめの問題の背後には、子どもへの人権侵害の問題が根深く横たわっていることが多く、一朝一夕に問題は解決しないことも多い。特に、学校でいじめの加害者である子どもが、家庭では虐待などの人権侵害があり、家庭の問題にメスを入れなければ仮に問題が解決しても表面的なものに過ぎないことも多い。

別の角度から学級崩壊を捉えると、その中心にいる子どもには大きく2つの背景があると思われる。1つ目は虐待や家庭問題などによって親子間の深刻な愛着とトラウマを抱えているケース、2つ目は発達障害がベースにあって家庭内で障害の受容がされず親子間の愛着関係が深まらないことで発達課題が悪化しているケースである。どちらのケースも中核の問題は愛着とトラウマの問題である（第4章6節 愛着理論と7節 トラウマ理論を参照）。愛着とトラウマの問題を抱えた子どもたちは、自制能力や人間関係の構成能力の問題が生じやすく、暴言や暴力などの問題行動で表面的には「困った子ども」と捉えられがちである。しかし、実際は子ども自身が感情や行動のコントロールができず「困っている子ども」であることも多い。こうした子どもたちと信頼関係を構築するには、子どもの思いを共感し傾聴することはもちろんのこと、学校全体では様々な支援と配慮を行う必要がある。

（大塚美和子）

Ⅱ 支援方法

学級崩壊を未然に防止するためには、様々な発達上の課題のある子どもにもわかりやすく興味が持てる授業作りや子ども同士の人間関係作りが重要となる。さらに大事なのは、問題がクラス内で顕在化する前に、個別支援が必要な子どもを把握し、校内で情報を共有することである。配置型のSSWrは校内のコーディネーター役の教職員と協働し、子どものSOSを早めにキャッチできる校内支援体制作りに取り組むことが大切である。

いったん学級崩壊の兆候が見られた際には、①包括的なアセスメント、②子どもの強みを活かしたプランニング、③チーム支援と教師のエンパワメントが重要である。

1 包括的なアセスメント

学級崩壊の実態を把握するために、ケース会議でクラスの状況を客観的あるいは包括的にアセスメントしなければならない。大事なのは、どのような悪循環の連鎖が繰り返されて問題が維持されているかについて、システム理論やエコロジカルな視点で分析することである。この分析にあたっては、子どもと担任教師の相互作用を円環図に記入するなど、視覚的な把握を行うことが望まし

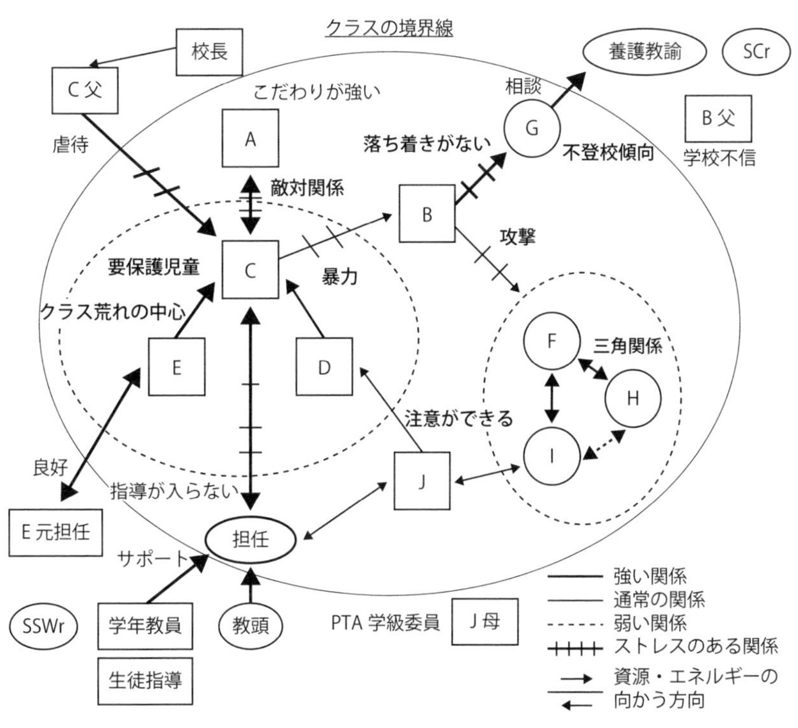

図 3-6-1　クラスの人間関係のマップ

出所：著者作成

い（円環図は、第4章2節 システム理論を参照)。

ここでは、クラスメンバーや関係者の人間関係をアセスメントする際に有効な「クラスの人間関係マップ」を紹介する（図3-6-1)。このマップは、クラスで荒れの中心となっている子どもやその被害を受けている子どもなどをピックアップし、名前（イニシャル）を付箋に記入してホワイトボードや模造紙に掲示し、相互作用をアセスメントしてプランニングの糸口を得るものである。ケース会議では、関係する教職員全員で人間関係マップを共同作成する。そこで、潜在化していた子どもの問題やいじめ問題が浮き彫りになってくることが多い。つまり、本当に支援が必要な子どもに焦点が当たり、支援の優先順位を明確化しなければならないことに気づく。この際、虐待やいじめを含む人権侵害の問題もアセスメントし、子どもの権利が侵害されていないかを教育保障の観点からも見直す。図のように、クラスの境界を明確にしつつ、必要に応じて担任や教職員、保護者の関係性も追記してアセスメントを掘り下げてプランに活かす。

2 子どもの強みを活かしたプランニング

プランを立てるには、子どもの問題点よりも強み（リソース）に目を向ける必要がある。子どもが興味や関心を示す授業や行事計画をしたり、子どもが頑張っていることを周囲が評価することも重要である。クラスが荒れると、荒れの中心にいる子もいない子もともに指導され、ほめられることが極端に少なくなる。クラスが変化していくためには、少しでも良いことや頑張っていることを認め評価していくことが必要であり、そのことがクラスのルールとして明確になっていることも重要なポイントである。クラスには、対人関係や社会的なルールが必要であると同時に、人と人とのふれあい（リレーション）が重要である。学級崩壊になっているクラスは、ルールとリレーションのどちらか、あるいは両方が満たされていない状態であり、両方の側面から立て直していく必要がある。SSWrは、教師とクラスのリソースを尋ね、潜在的なリソースを掘り起こす作業をする。その中で、担任教師をはじめ、学年の教師も元気になる。

3 チーム支援と教師のエンパワメント

学級崩壊で苦悩している教師にとって最も必要なのは、事態に立ち向かうための心のエネルギーと自信の回復、つまりエンパワメントである。そのためにできることは、担任教師一人を孤立させず、チームで支援する体制を作ることである。SSWrは、チームのコーディネーター役となり、教師の取り組みで良かった点を校内で共有できるように配慮する。問題点ばかりがケース会議で指摘されるならば、教師の心のエネルギーをさらに消費させ、明日からの力につながらない。また、教師が求めているのは、支持的な心理的サポートだけではなく、むしろ問題解決に向けたより具体的な対応であるということに留意することも大切なポイントである。

（大塚美和子）

Ⅲ　事例：学級と学年が荒れた中学校

1 相談内容

(1) 事案の概要

2年生全体が落ち着かず、学習に取り組める状況ではない。人間関係を作ることが苦手な生徒が多く、大人に対しての不信感が根強い。したがって生徒間や教師に対してもトラブルが絶えず、問題行動がより深刻化している。教師は日々その指導に追われている。

家庭環境の厳しい生徒が多く、学力的にも課題の多い学年である。また集団でのルールが守られず、指導をしても入らない。担任をはじめ学年団の教師の取り組みが機能しない。

(2) クラスマップ（概要）

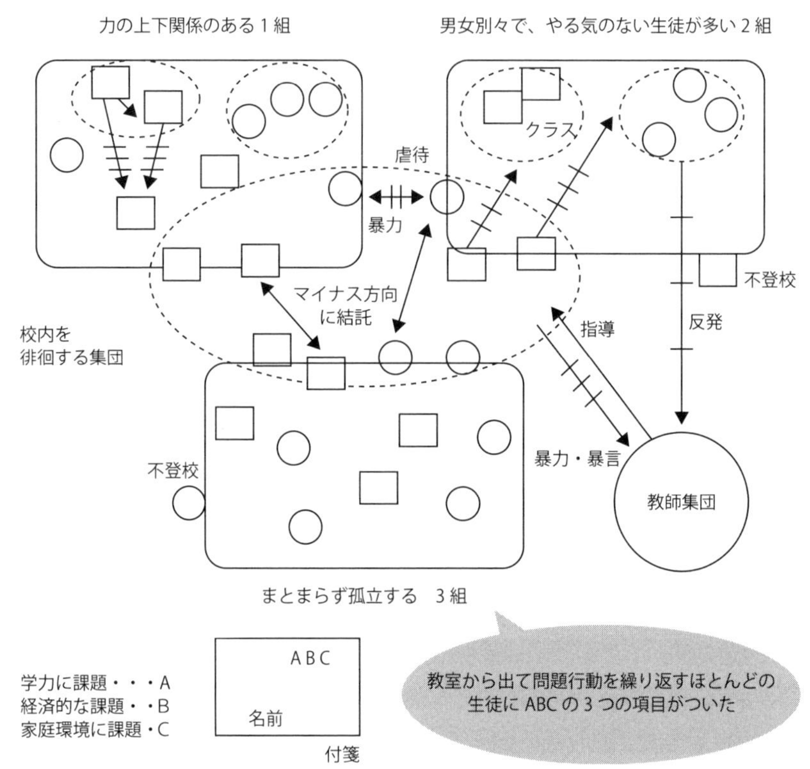

2 第１回ケース会議

(1) 参加メンバー： 担任、学年教師、生徒指導、養護教諭、CO（コーディネーター教員）、SSWr

（2）**ねらい：**それぞれが持っている情報を出し合いながら、生徒間、教師と生徒間の人間関係を把握し理解を深める。学年目標を明確にする。

（3）**アセスメント：**

生徒は安心して自分が出せず、自分自身を守ることに必死で他者を思いやる余裕がない。それぞれがストレスを抱えている。暴力・暴言による力関係が働いている。リーダー的な生徒が不在である。クラス・学年としてのまとまりがない。家庭環境の厳しい生徒が多く、家庭が安心の場にならず、学校で問題行動を繰り返している。学校はそのような生徒に対して疲弊している。行事には比較的取り組むことができる。

（4）**プランニング：**

長期目標：安心して自分が出せるようなクラス・学年にする。

短期目標：新学期に入り、リセットしている生徒を見つける。

＊担任・朝『プラスのひとことメッセージ』を教室にはる。

　　・学習面で気になる生徒に声をかけて、放課後の学習会に誘う。

＊学年教師・個別対応の必要な生徒への声かけをする。つながることを意識する。

＊生活指導・クラブや掃除など学校生活全般の2年生の良い情報を担任に伝える。

＊管理職・クラブのキャプテンを集めて励ましの声かけ会をする。

3 経　過

日時と事案の変化	学校の動きと校内体制の変化	SSWrの動きと変化	関係機関の動きと変化
X年7月 次々と起こる事案に教師が疲弊。	・生指とCOが2年生の学年の状況と個別の課題をまとめる。	・COと打ち合わせを行う。学年会議でクラスマップを作成することを提案する。	

X年8月	・学年会議でクラスマップからの情報を整理しアセスメントを行う。 ・個別対応の必要な生徒の支援と学年全体で取り組める目標を設定する。	・管理職・養護教諭と情報共有し学年会議への参加をお願いする。 ・SSWrが学年会議に参加	
X年9月 新学期から、生活態度の改善がみられる生徒がどのクラスにもいる。	・SSWrの入る学年会議では行事・生活・学習を3つの柱として実現可能な目標を立てることになる。	・前回に立てたプランの効果検証を提案する。	
X年11月 大きな行事を終えクラス・学年の帰属意識が芽生える。	・担任からの要望があった問題行動を繰り返す生徒の個別ケース会議を実施する（管理職・養護教諭・生指・CO・）。	・個別ケースの調整。	虐待事案で子家センに通告と連携。
X＋1年1月 係活動、委員会活動が機能し始める。	宿泊を伴う行事を生活改善の場としてとらえ、職員全体に働きかける。	・課題のある生徒への指導や支援方法の確認を促す。	
X＋1年3月 クラス・学年意識が高まりルールが浸透する。	・学年としての総括でＳＳＷrが入った会議を振り返る。 ・職員会議で成果と課題を発表する。	・モニタリングとプランニングがうまく流れるようになる。	

4 その後の変化

(1) 事例と学校体制の変化

- 小さな成功体験を積み重ねることで生徒の自尊感情が高まっていることを教師が実感した。初めは教師主導の取り組みだったが、行事の実行委員や係活動など生徒が主体になり、学年に向けて発信するようになっていった。
- 会議は全員が発言できる場となり、教師のそれぞれの強みと生徒の強みを活かした取り組みができた。
- 学校は問題の事後対応に追われていたが、アセスメントをすることで事前にできることを検討するようになった。学級の荒れには、教師個人の対応ではなく、教師全員の協力と主体性が必要であるという認識に変わっていった。

(2) 総合的アセスメント

・当初見えなかった生徒の困り感が見えてきた。発達課題がある生徒にとって、明確なルールが必要であり、視覚的な工夫が効果的であることがわかった。
・愛着の課題のある生徒は、本当は認められたい気持ちが強いというアセスメントのもと、つながりやすい大人との1対1の関係ができつつある。
・学習については、小集団学習が効果的だった。生徒の実態に合わせた内容や量を見直した。
・生活・学習・行事の3本柱と集団と個を意識した取り組みは、教師集団にとっても明確であり、変化を実感できた。

5 SSWrによるメゾ・アプローチのポイント

・学年会議という既存の組織に月に1回SSWrが入り、継続的に支援をした。会議の前にコーディネーター教員との打ち合わせを行い、会議後には疲弊した教員の話を聞いた（労をねぎらうとともに、会議の進め方、教師間のバランスなど再考することができた）。
・課題よりも生徒の持つリソースに着目するように働きかけた。問題が大きいだけに教師は課題に目を向けてしまう。SSWrは生徒と教師のリソースに着目するように投げかけを続けたところ、教師の意識が変わっていった。

6 チームアプローチの成果と課題

・学年会にSSWrが参加して、継続して会議を持つことで、問題が整理された。子どもたちが自信を取り戻し、積極的に行事を作るようになった。生徒と教師の相互作用が生まれた。

・3年になる頃には暴言は激減し「一緒にやろう」「みんなで頑張ろう」という声をよく聞くようになり、クラスとしてのまとまりができてきた。

・担任だけでなく学年教師が同じ方向を目指した協力体制を作ることで一体感が生まれ、教師のエンパワーメントにつながった。

・チームで支援することでアセスメントが深まり、プランニングが合致するようになった。

・1年生の早い段階で、学年全体と配慮の必要な生徒の見立てを行う必要があるということを学校全体で確認した。

・個人と集団の課題が整理され、教師からの提案で個別ケース会議ができるようになった。

◉引用・参考文献

河村茂雄（1999）『学級崩壊に学ぶ：崩壊メカニズムを絶つ教師の知識と技術』誠信書房

小林正幸（2001）『学級再生』講談社現代新書

尾木直樹（1999）『「学級崩壊」をどうみるか』NHKブックス

大塚美和子（2008）『学級崩壊とスクールソーシャルワーク：親と教師への調査に基づく実践モデル』相川書房

氏岡真弓（2001）「つながれない結果としての『学級崩壊』:『学校』シリーズの取材を通して」『教育学研究』68（1）、59～61頁

7節

問題行動・非行

I 問題行動・非行の概観と関連する法律・制度

1 はじめに

学校では、日々子どもに関わる多様な問題に遭遇する。教師は複数の問題への対処を同時に求められる場合も少なくなく、現場が混乱することもある。そのような中でSSWrに求められる重要な役割の1つは、生じた事実や行為、状況について、どのような枠組みで対処するべきかを整理することである。

例えば、SSWrが校則違反への生徒指導案件に関与する場合がある。その際、校則の禁止事項や対処法を確認してみると、学校の教育指導の範囲で対処できるもの、非行案件として法的枠組みで対処するべきもの、子どもの人権保障の観点で禁止事項や対処法を見直すべきもの等に分類できることに気づくことがある。また、加害・被害の関係が問題となる「いじめ」事案への対処は、「いじめ防止対策推進法」に基づいているが、非行案件として法的枠組みでも対処するべき場合もある。したがってSSWrが「いじめ」事案に関与したとき、校内いじめ対策委員会等で事実確認をする過程では、行為や状況について、非行案件として警察に通報または相談するべきもの、学校の教育指導で対処するべきもの等に整理したい。このように、SSWrは常に冷静に物事を捉え、学校が適切に対処または対応できるよう支援しなくてはならない。

そのうえで本節では、まず、少年非行をめぐる法的枠組みを確認し、学校の現状や少年非行の背景を考察する。次に、少年非行に関わる学校や各機関の機能と役割について取り上げる。そして、最後に事例によって、学校のチーム対応や機関連携のあり方について紹介する。

2 非行にかかわる主な法規

(1) 少年法

少年法は、「少年の健全な育成を期し、非行のある少年に対して性格の矯正及び環境の調整に関する保護処分を行うとともに、少年の刑事事件について特別の措置を講ずること」を目的として制定された。「少年法」が規定している「非行」の定義は、家庭裁判所の審判や警察の検挙等の際に用いられる定義である。

少年法では、非行のある少年を、①犯罪少年（犯罪行為をした14歳以上20歳未満の者）、②触法少年（刑罰法令に触れる行為をした14歳未満の者）、③ぐ犯少年（刑罰法令に該当しない事由があつて、その性格又は環境に照して、将来、罪を犯し、又は刑罰法令に触れる行為をする虞のある20歳未満の者）に分類している。なお、③のぐ犯事由とは以下のとおりである。

イ　保護者の正当な監督に服しない性癖のあること。

ロ　正当の理由がなく家庭に寄り附かないこと。

ハ　犯罪性のある人若しくは不道徳な人と交際し、又はいかがわしい場所に出入すること。

ニ　自己又は他人の徳性を害する行為をする性癖のあること。

＊刑法第41条は、「14歳に満たない者の行為は、罰しない」と規定しており、それをふまえて少年法では、犯罪少年は、通告や送致を経て家庭裁判所での審判の対象となる。

(2) 少年警察活動規則

少年警察活動規則第2条では、非行少年の他に不良行為少年（飲酒、喫煙、深夜はいかいその他自己又は他人の徳性を害する行為をしている少年）を規定し、非行予防等のための補導の対象としている。

(3) 児童福祉法

児童福祉法は、児童の権利に関する条約の精神にのっとり、すべての児童の福祉を保障することを原理とする総合的な基本法である。同法第6条の3では、保護者のない児童又は保護者に監護させることが不適当であると認められる児童、すなわち虐待されている子どもや非行のある子ども等を「要保護児童」とし、同法第25条で、犯罪少年以外の要保護児童の発見者には市町村や児童相談所等への通告を課している。

3 少年非行の状況

令和元年版「犯罪白書」によれば、少年刑法犯検挙人員は、第3の波と言われる昭和58年をピークとして、一時的な増加があったものの全体としては減少傾向にあり、24年以降戦後最少を記録し続けているという。

一方で、少年による家庭内暴力事件の認知件数の総数は、平成元年から20年頃までは増減を繰り返していたが、24年から毎年平成期最多を更新し続けているという。特に元年以降における家庭内暴力事件は中学生と小学生が増加していること、またその対象は一貫して母親が最も多いということに注視したい。

校内暴力事件の事件数及び検挙・補導人員は、平成期に入っても減少傾向が続いた。15年からは増加傾向にあったが、26年から減少に転じた。検挙・補導された者の就学状況を見ると、例年中学生が圧倒的に多い状況が続いていたが、中学生は、26年以降減少が続いている一方で、小学生は、24年から増加傾向にあり、28年以降は高校生を上回っているという。

小学生については、平成30年度の「児童生徒の問題行動・不登校等生徒指導上の諸課題に関する調査結果について（通知）」においても、「小学校においては、在籍児童数が減少しているにもかかわらず暴力行為の発生件数の増加が続いている」。また、「生徒間暴力の増加が著しい」と報告されている。

このように、少年非行の全体的な現象の中にあって、小・中学生による家庭内暴力（特に母親への攻撃）の増加、小学生の暴力行為の増加という現状がある。これらの意味するものを考えることは、少年非行の予防への取り組みにつながるのではないだろうか。

4 少年非行の背景

近時、国際化や、インターネット等のツールを活用した情報へのアクセスや人々との「つながり方」における社会の変化、家族構成や家族のあり方の多様化は著しい。少年非行の背景には、そのような社会全体の要因と、貧困や家庭、発達上の特性や低学力、コミュニケーション能力の低さ、友達関係のストレス、いじめの被害、孤独感や劣等感、無力感等、個別の多様な要因が複雑に絡み合っていると考えられる。

中でも、非行のある子どもが児童虐待を経験している場合が少なくないことは、これまでの様々な調査や研究結果が示しており、教育現場においても教師が対応困難と感じる事例の背景に虐待があることが多い。虐待の後遺症として生じた人間関係構築の困難や、攻撃性、衝動性、性行動等は、彼らの抱える多様な「生きづらさ」を伴って、家庭や学校、地域に悪循環を生じさせ、それが彼らの苦しみを増幅させ、非行に進みやすい状況を作ってしまうのかもしれない。一方で、子どもの「非行」に対する周囲からの非難の目は、保護者の孤立感や育児へのストレスを高めるだろう。

このように、虐待もふくめ、家庭に生じる問題が背景にあるとすれば、非行への対応は、子どもだけでなく、家庭への支援を視野に入れて進めるべきであろう（佐々木 2018）。

（佐々木千里）

Ⅱ　支援方法

1　少年非行への対処

(1) 主な関係機関の機能と役割

①警察：不良行為少年を補導したり、非行事案の捜査や調査を行い家庭裁判所に送致したり、児童相談所に通告したりする。

②児童相談所：子どもの権利を守る福祉機関である。親子分離や施設入所等の措置を行うなど多くの権限を持つ。触法少年への対応のほか、通告または相談のあった非行事案についても高度なソーシャルワーク実践を展開する。

③家庭裁判所：少年事件を調査し処分を決定する。処分には保護観察や児童自立支援施設送致、少年院送致、検察官送致、不処分等がある。試験観察を経て処分が決定する場合もある。

④要保護児童対策地域協議会（要対協）：地域の中での子どもへの支援と、親子関係調整や家族支援を含んだ重要な支援ネットワークである。要保護児童等に関する情報その他要保護児童等への適切な支援を図るために必要な情報の交換を行うとともに、支援対象児童等に対する支援の内容に関する協議を行う（児童福祉法第25条第2項）。少年非行に対しては、予防的機能や立ち直りへの包括的支援を期待したい。

(2) 学校の機能と役割

①機能：学校は、育ちの場として、学力をはじめ、子どもの能力を可能な限り引き出す教育機関である。教育活動を通して仲間同士の中で、認め合い支え合う機会を創出することも可能である。さらに、子どもの進路や就労への指導・支援も担っており、この機能は、教育の権利を保障し学力を伸ばし、子どもが自らの人生を自分らしく生きるための予防的または治療的な側面をもっている。そのような機能を発揮するには、学校は安心・安全な日常生活の場でなくてはならない。加えて、学校は子どもの教育の協力者として保護者

と関わることができる。それは、対等な関係で子育てについての相談相手や支援者となり得る立場であるということである。

②役割：学校は、関係機関との連携においても重要な役割を担っている。児童虐待への対応では、早期発見（児童虐待防止法第5条）、速やかな通告（同法第6条）の役割を果たすことは、一日も早く支援のスタートを切るために重要である。また、要対協における機関連携では、日々のモニタリング機関として情報提供をしたり、教育機関ならではの様々な役割を担ったりすることとなる。非行として要対協に登録されたケースについても①の機能や役割を担うとともに、施設から退所や退院してくる子どもたちがスムーズに日常生活にもどっていけるよう、要対協や学校警察連絡協議会等を活用して受け入れ体制を整えておく必要がある。

2 学校が意識するべき留意点

(1) 記録

子どもの行為が少年非行に当たるか否かは、大人側の推測や思い込みはもちろん、本人が言ったから等で判断できない。適切な判断のためには、本人や関係者から語られる事情や、関連する客観的な事実を記録者の解釈を交えず粛々と記録していくことが大切である。記録は、虐待案件でも、「いじめ」案件でも重要であり、SSWの包括的アセスメントにも不可欠である。

(2) 包括的アセスメントとチーム支援

非行事例でも虐待事例でも「いじめ」の事案でも、個別の包括的アセスメントとチーム支援は不可欠である。深いアセスメントを教職員で共有すると、子どもへの温かいまなざしが生まれ、子どもの可能性を引き出すことの意義が明確になる。そのプロセスは教職員の同僚性を向上させ、チーム意識を強くする。その結果、主体的な役割分担を検討する場面が生まれ、「チーム学校」が具現化する。

(3) 教員と子どもの信頼関係

学校がその機能を発揮すべく安心・安全な学校生活は、信頼関係と適切なルールによって成り立つ。それには、まず、チーム支援の中の役割分担として、担任や担当の教員と子どもとの信頼関係を構築することが不可欠である。一般に、子どもは、話を聴き、理解しようとしてくれる先生を求めている。しかし、非行のある子どもは、なかなか心を開かないかもしれない。だからこそ、決して彼らを見捨ててはならない。彼らは、自分に根気強く向き合おうとしてくれる先生の関わりから、徐々に信頼感や安心感を得ていくだろう。

(佐々木千里)

Ⅲ 事例：家族関係の悪化から非行・自傷を繰り返す中学生

1 相談内容

(1) 事案の概要

Aは、友人とトラブルになるたびに怒りと悲しみに暮れるなど、極端な関わり方をする。欠席に伴って学習の遅れが増すようになった。X年3月頃から、クラブ内でのトラブルが増え、居場所をなくす。自分の言い分を聞いてくれない教員・父親への怒りを露わにして、次第に家庭・学校に寄りつかなくなる。他校生徒との交流が増し、夜間外出をするようになり、リストカットを繰り返すようになる。それらの状況が発覚し、父親が本人を殴打する事態となった。校内では、Aの状況を心配しながらもトラブルメーカーとして捉える見方が強く、担任を中心とした事後対応・指導に追われていた。

(2) 家族構成

父、母、A（中2男子）、妹（小学生）の4人家族

（3）エコマップ（支援前）

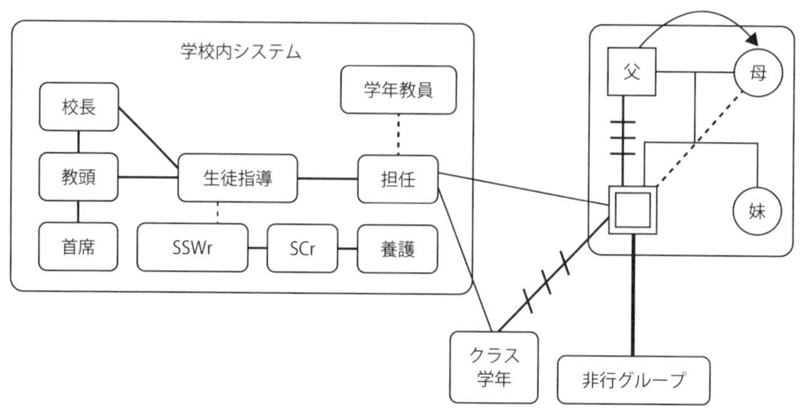

2 第１回ケース会議：X年４月

（1）参加メンバー：校長、教頭、首席、学年生徒指導、学年全教員、SCr、SSWr

（2）ねらい：①父親からAに対する暴力を虐待事案として対応しつつ、背景にある家族関係の不和を明らかにし、介入が必要である事を校内で共有する。②関係機関と連携する必要性を共有し、機関ごとに期待できる役割分担と連携方法を確認する。

（3）アセスメント：

・Aは、自分の思いをわかってもらえない孤独感・不全感・帰属感の喪失が積み重なる中、補うように校外に居場所を見つけていった可能性がある。

・父親は自分の考えをぶつける一方で、Aは父親の前では無言・無表情を貫く状態が続いている。母親は父子の間に入って調整をはかるが、いつも解決に至らず疲弊している。一方妹は両親から可愛がられている。両親間、親子の関係に介入する必要性がある。

・Aは、非行グループとのつながりを感じながらも、「現状を変えたい、両親にわかってほしい」思いが顕在化している。青少年サポートセンターで非行を抑止できる可能性がある。

・A、両親とも、困り感は感じており、学校からの支援の申し出には答える可能性がある。

(4) プランニング：

①校長・担任・首席・SSWをメンバーとして、前半に両親、後半にAを加えて面談を行う。

- ・父からAに対しての暴力について事実確認・虐待にあたることを忠告する。
- ・非行については青少年サポートセンターで、リストカットについては精神科で支援を受ける事を提案する。
- ・同時進行で、別室で担任がAの意向・困り感を聞き出しておく。その後親子間で意向を伝えあう機会を設ける。また関係機関の助けをかりることに同意を得る。

②学校から要対協に虐待通告をし、連携ケース会議の実施を依頼する。

③担任・首席がAと放課後に会う機会を定期的に設けてモニタリングをはかる。

④母の困り感・疲弊感が高ければ、SCrのカウンセリングを提案する。

3 経　過

日時と事案の変化	学校の動きと校内体制の変化	SSWの動きと変化	関係機関の動きと変化
X年4月中旬 ・Aの非行は減り、親子関係は小康状態を保つ。	・担任から両親・Aに面談を申し出て、承諾を得る。 ・後日、上記のプラン通り面談を実施する。親子とも関係機関の利用に同意する。		・校長から要対協に虐待通告をする。 ・生徒指導担当から青少年サポートセンターに連絡をする。

X年4月末～5月 ・セーフティネットワークを構築する。 ・小康状態を保ちつつも、母の疲弊が顕在化する。	・毎週の生徒指導連絡会で進捗を報告、確認する。 ・担任、首席が別室でAと面談する。 ・母にSCrの利用を提案する。	・生徒指導担当に関係機関との連携方法を助言する。 ・要対協と連携し、校内プランや今後の方針を共有する。	・非行事案と虐待事案を受けて、児童相談所が親子と面談を行う。 ・青少年サポートセンターがAの面談を隔週ペースで実施する。
X年6月末 ・Aの別室登校が減少し、非行再発のリスクが高まる。 ・自傷行為が再発する。	・生徒指導連絡会で連携ケース会議の必要性を確認し、各機関に連絡する。 ・ミニケース会議で、ケースの転機である事、両親と共有する必要性を確認する。	・カウンセリングに同席し、Aのフリースクールを利用したい思いを確認する。 ・連携ケース会議を各機関に提案する。 ・保護者参加のケース会議を行い、フリースクールの利用を確認する。	・リストカットの再発を受けて、青少年サポートセンターが、思春期外来がある医療機関を紹介する。
X年7月以降 ・新たな医療機関を受診する。 ・フリースクールの利用をすすめる。 ・学習意欲が増し、別室で定期テストを受ける。	・生徒指導連絡会でフリースクール利用に動き出すことを共有する。	・受診同行をして、医師からのフリースクール利用の後押しを得る。 ・管理職、市教委、SSWで、フリースクールへの事前訪問と公認化をすすめる。	・連携ケース会議を行い、それぞれの役割分担と方針を確認する。 ・青少年サポートセンターでの本人へのカウンセリングを継続して、リストカットや非行の抑止をはかる。

4 その後の変化

(1) 事例と学校体制の変化

支援を開始した当初、校内ではAに対して「トラブルを起こす、学校では手に負えない生徒」「集団の中ではやっていけない生徒」という見方が強く、無力感と関係機関への役割期待が強かった。その後、ケース会議や関係機関との連携、一貫してAとのコンタクトを取り続けた事を通して、非行の背景に隠れた「Aの傷つき」や「現状を変えたい思い」に触れ、「Aができる事、挑戦をサポートする」チームへとパラダイムシフトしていった。

(2) エコマップ（支援後）

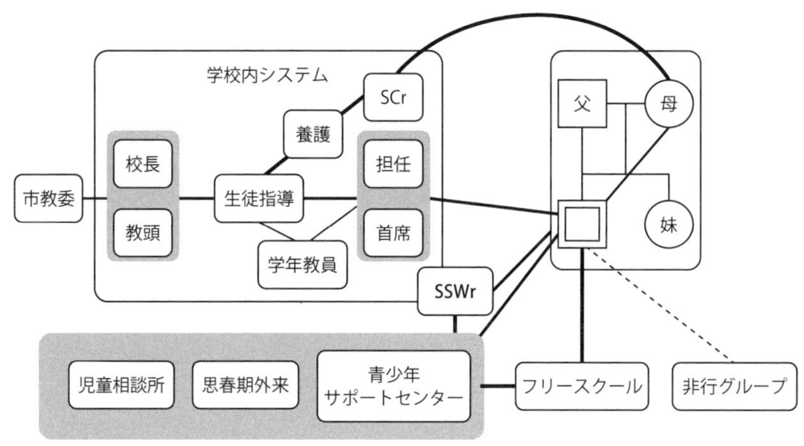

(3) 総合的アセスメント

非行と自傷行為の背景にあるAの傷つきを、まずは担任・学校が捉え直し、そして関係機関の協力を得ながら、ついには両親がAを応援するように変容していった。家庭内・校内のシステムの変化が平衡・連動して起こったと言える。また、ケース会議・連携ケース会議・保護者参加ケース会議の場は、「Aの意思決定と挑戦」を支える姿勢を一貫したものにした。同時に、教員が無力感・徒労感から脱却し、自らもまた支援の一端を担える事を再確認する場となった。

5 SSWによるメゾ・アプローチのポイント

- 非行ケースでは特に、子どもや養育者に原因と責任の所在を求め、早期の反省・更生を期待する状況が生まれやすい。その中でSSWrは常に「クライエント・子ども中心」の視点を持ち、発信し続ける役割を担っている。
- また、SSWrの立場であるからこそ、教員らの無力感・徒労感に共感しつつ、学校だからこそできる支援、チーム支援の必要性、変化の可能性を伝えることができる。

・校内外を含む状況全体をケースマネジメントしながら、生徒指導連絡会等の校内システムでモニタリングの機会を得る事が共通認識を生む。

6 チームアプローチの成果と課題

・危機介入を機に校内にジョイニングし、校内外の機関・リソースをつなぎながら「子ども中心の視点」のチームをつくることができた。また、生徒指導連絡会でモニタリング・提案できるシステムを整備できた。

・事態の悪化を待つのではなく、サインや兆候をとらえ予防する機能を生徒指導連絡会に持たせる必要がある。

◉引用・参考文献

法務省（2019）「令和元年版犯罪白書」

文部科学省（2019）「平成30年度児童生徒の問題行動・不登校等生徒指導上の諸課題に関する調査結果について」

文部科学省（2019）「平成30年度児童生徒の問題行動・不登校等生徒指導上の諸課題に関する調査結果について（通知）」

佐々木千里（2018）「子どもの危機・立ち直りを支えた先生：非行事例から」『児童心理』（2018年9月号）金子書房

第4章
理論で考える事例分析

1 節

エコロジカル・アプローチ

Ⅰ　理論の概要

1　エコロジカル・アプローチの特徴

（1）人と環境の交互作用（transaction）

エコロジカル理論・アプローチの代表的な実践モデルに、ジャーメインとギッターマンが体系化したライフモデルがある。「問題」を個人の病理と捉える「医学モデル」や環境の社会病理と捉える「ソーシャル・アクション・モデル」ではなく、問題は「人と環境との不適応の交互作用」にあるとして捉え、人と環境のインターフェースに焦点を当て、介入することが大きな特徴である（図4-1-1）。

（2）人をどのように見るか

人には潜在的に備わっている力があり、環境との交互作用を通して成長・発達するという立場をとる。人間のポジティブな側面に、より多く目をむけようとし、人間は環境によって変えられる存在だが、同時に環境を変える存在でもあるとする。

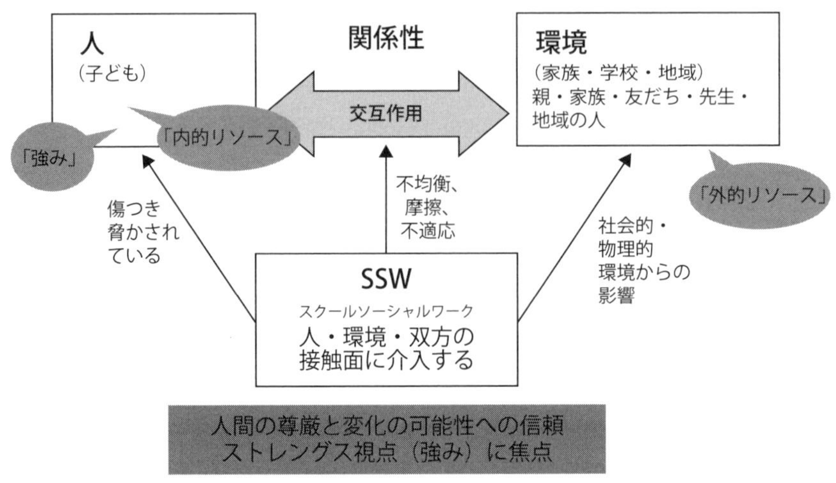

図 4-1-1　人と環境の交互作用

出所：川村（2011：37）をもとに著者作成

(3) 問題はどのように起こるか

問題は原因—結果ではなく、原因が結果になり、結果が原因にもなる円環的作用、つまりループのように回る複雑な作用である。ストレスをもたらすものを生活ストレッサーと呼び、①困難な人生移行と心的外傷を与えるライフ・イベンツ、②環境からのプレッシャー、③コミュニケーション障害という生活上の3つの相互に関係した問題に対処しなければならない。

2 エコロジカル・アプローチの概念

(1) 人と環境の交互作用に関する概念

生活ストレッサーに対して、適応しようとする活動が「対処（coping）」である。「適応（adaption）」は、行動指向であり変革指向である。適応は、自然の世界に存在する権力や搾取や葛藤の問題を回避しているのではないゆえ、現状維持に向かう受動的「順応」と混同されてはならない。

（2）人間の特性に関する概念

社会的ネットワーク（家族や友人）との「関係性（relatedness）」の有無が、ストレスに対処する力に影響を与える。「力量（competence）」は、リソースや学習の機会を与えることで、発達させることができる。関係性が豊かで、かつ十分な力量を得ることは、自分の生活を律し、責任を持ち、決定、管理するという「自発性（self-motivation）」を生み出す。堅固な関係性、力量、自発性があれば、「自尊感情（self-esteem）」を安定させることができ、自尊感情が安定することで関係性、力量、自発性も確立できる。

（3）環境の特性に関する概念

「滋養的環境（nutritive environment）」とは、人々に様々なニード・能力・情熱を与える環境のことを指す（Germain＝小島 1992）。滋養的環境への関心は、制度や社会的階層を含めたマクロ的環境にも注がれなければならない。「ハビタット（habitat）」とは、生息地と訳され、家庭・学校・地域などの場所を意味する。「ニッチ（niche）」とは、適所と訳され、生物の種が生態学的社会で占める地位を指す。人間のニッチは「居場所」と捉えることができ、他の人びとや制度が人に期待することとその人の適応能力とがうまく一致するとき居場所（ニッチ）が生まれ、そうした居場所（ニッチ）で人は生き生きと生活できる。

3 エコロジカル・アプローチの活用

エコロジカル・アプローチは、アセスメントに強く、問題が起こっている状況を理解する枠組みを提供する。また、アセスメントに基づく介入の視点を提供する。

エコロジカル思考は、継続的な互恵関係の円循環であるゆえ、人と環境との適応できない関係性を変化させるように援助する必要がある。「何が起こっているか？」「どのように『何』を変えるのか？」に注目しなければならない。アセスメントのツールとして、エコマップ（ecomap）を用いるとわかりやすい。

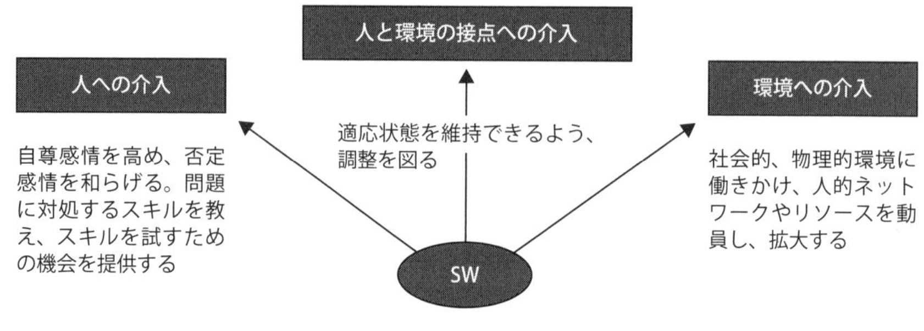

図4-1-2　ライフモデルの3つの方向への介入

出所：川村（2011：43）

介入は、図4-1-2のように、①人の適応能力を高めること、②環境の応答性を増すこと、③人と環境の交互作用の質を高めることの3つの働きかけの中で達成される。

（西野緑）

Ⅱ　事例：家庭環境の悪化と学校への不適応で不登校になった小学生

1　相談内容

(1) 事案の概要

本児Aの登校しぶりは2年生3学期に始まった。以前にも学校に行きたがらないことはあったが、母が同行すると登校できていた。4月に担任、支援担任が代わり、友人Bの転校もあって、Aを取り巻く学校環境が変わった。母が登校を促すとAは母に暴力をふるうようになった。

同じ時期に家庭の状況も変わった、父親は仕事の部署が変わったことで多忙になり、帰宅が夜中を過ぎる日が続くようになった。4歳の弟、2歳の妹にも手がかかり、父から家事の協力を得られない母も疲弊していた。父は「子どもは学校に行くのが当たり前や。サボるな」と強く叱責した。登校を嫌がることが増えて、家で暴れるようになってきているという母からの話を聞き、心配した支援担任からSSWrに相談があった。そこで支援担任とSSWrが母親面接を行った。

(2) 家族構成

父：今年度から会社の部署が変わり、帰宅は深夜になる。常時睡眠不足の状態である。発達障害の診断を受けている。

母：専業主婦。うつの診断を受けて通院している。近隣に親戚はいない。1人で育児を担っている。

A：支援学級在籍。4歳で発達障害の診断を受けている。感情のコントロールが難しい。新しい環境に慣れることに時間がかかる。友だちとのコミュニケーションが苦手である。漢字・虫・魚など生き物に興味がある。

弟：4歳。発達の遅れが心配されている。

妹：2歳。

(3) エコマップ（支援前）

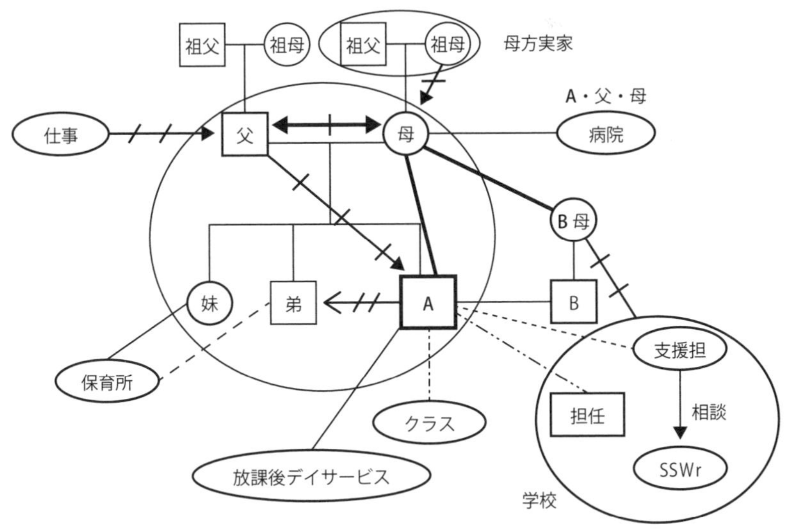

2 第1回ケース会議

（1）参加メンバー：支援担任、学級担任、学年（教科）担当、管理職、SSWr

（2）ねらい：それぞれが持っている情報を整理し、アセスメントをする。本人や保護者も参加できるケース会議の準備を考える。

（3）アセスメント：
・新しい学校の環境（初めての男性教師、支援担任の転勤、Bの転校など）に戸惑い、大きな不安を抱えている。
・父の仕事の変化が家庭に影響を与えていることが考えられる。Aへのプレシャーが増加している。
・母は家事の負担が増え、家の中はモノであふれている。Aの不登校で疲弊している。
・Aは不安を母に暴力をふるうという形で表わしている。

（4）プランニング：
・支援担任とSSWrが母と面談して家庭の様子やAの様子を聴く。
・実行しやすい登校の方法を相談する。
・保護者やAの気持ちが反映され、参加してもらえる保護者ケース会議を提案する。

3 経　過

日時と事案の変化	学校の動きと校内体制の変化	SSWrの動きと変化	関係機関の動きと変化
X年6月 Aの不登校がひどくなる。	支援担任とSSWrが母と面談。 支援担任がAに家庭訪問する。	母の困り感とAの不安を整理した。	
X年6月 放課後登校が始まる。	定例の校内支援会議で情報を共有。ケース会議で、①放課後登校（昆虫ノート、サッカー）、②支援教室の活用を検討。SSTの実施。	校内ケース会議を実施。アセスメントを共有した。学校から実現可能なプランを引き出す。	
X年7月 放課後登校が定着する。	・校内支援会議で母とのケース会議（父参加に向けて）と父母とのケース会議を段階的に実施することを検討。 ・ケース会議で支援担任・担任のつながりの強化。	・父母に市の養育支援訪問事業（家事援助）の利用を提案する。	養育支援訪問事業の説明とニーズの聞き取りをする。
X年8月 クラスの一部の友だちと短い時間遊ぶ。 父との関係が悪化。	・夏休みの活動（プール・学習・登校）を校内支援会議で確認→他の配慮児童についても確認。	・事業について市の担当者と協議。 ・開始日に同行。 ・家族の感想を確認。	サービス利用の開始。
X年10月 校外学習等の行事に参加。	校外活動・学習発表会の参加の方法について担任・支援担任・Aとプランを立てる。	・家庭環境と学校の取り組みについてAと母に確認。	モニタリング。
X+1年2月 教室で短い時間過ごせる。給食を食べられる日が増える。	A・支援担任・父母・SSWrで1年の振り返りの会を実施。	・Aが思っていることを言える場を設定。 ・Aの気持ちを仲介。	

4 その後の変化

(1) 事例と学校体制の変化

・Aは放課後登校するようになった。Aのリソースを活用した取り組みで、支援担任や担任とのつながりが増えていった。そのことが安心の基盤となり、教室で勉強する回数が増えた。家庭では部屋が整理されて、母に余裕ができた。担当者に相談できるようになり、家の中の整理の仕方やAの学校の様子などを話すようになった。

- 保護者との会議の前には目的を明確にする校内ケース会議が行われ、終了後には参加したメンバー（教職員）で振り返り会を行うようになった。
- 担任・支援担任・教科担当・SSWrがチームで支援できるようになった。
- 校内支援会議で支援の方向性が協議され、実際の細かな動きは担任・支援担・学年で行うというシステムが作られた。

(2) エコマップ（支援後）

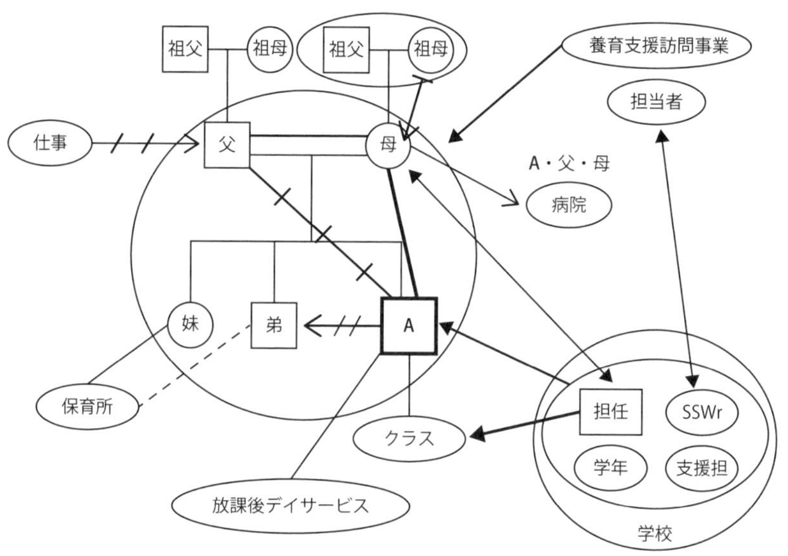

(3) 総合的アセスメント

- Aが安心できる教師と関係と教室以外の居場所の設定をした。安心・安全のベースを作ったことは、その後Aが友人との関係性を再構築するうえで重要だった。

・Aと環境（家庭・学校）とその間にある接点に働きかけ、関係性を高めたことでAの自尊感情が高まった。
・家庭への働きかけはニーズが同じである整理・整頓から始め、Aが望んでいる父親との関係性の改善は引き続き取り組む課題である。

5 SSWrによるメゾ・アプローチのポイント

・校内で行う会議では本人、家族や学校など取り巻く環境をアセスメントし理解を深めるようにする。Aのリソースに注目した働きかけを進める。
・保護者（時にはAも参加）ケース会議、校内ケース会議、校内支援会議が役割を持って支援にあたるような支援の構造化を行う。
・家庭と学校の環境の両方に働きかけることでAに起こっている円環的なマイナスの作用を断ち、プラスの円環的作用が起こるようにする。

6 チームアプローチの成果と課題

・学校は取り組みを行う中、課題にばかり注目せず、Aの持っているリソースを活用する発想に変わっていった。
・Aや家族のアセスメントが深められ、見通しを持ったプランニングが立てられた。
・学校は、学校の取り組みがAの成長と家庭に影響を与えていることがわかり、エンパワーされた。
＊父とAの関係改善には今後も継続した取り組みが必要である。

Ⅲ　理論による解説

Aの不登校が深刻化したのは、本来安心・安全の場である学校や家庭が、ストレスを与える場所になってしまったことによる。Aは新学期の学校の環境に適応できず、居場所のなさ・孤立感を感じていた。家庭での父親の叱責や夫婦の言い争いと劣悪な家庭環境も摩擦となった。Aは辛さや不安を表せないというストレスも抱えていた。(→生活ストレッサー)

Aは今までのように教室でみんなと過ごしたいと思っているのに、それができないことへのいら立ちを母に向けていた。

家庭や学校が安心できる居場所になり、教師や友だちあるいは親との関係性が変化し、深まれば、Aがもともと持っている明るさや好奇心の強さが発揮されるはずである。

エコロジカル・アプローチの特徴は、問題は「人と環境との不適応の交互作用」にあると捉えて、人と環境のインターフェイスに焦点を当てて介入するところにある。

Aのリソースを活用した一つの取り組み（昆虫ノート）から関係づくりが始まり、Aの変化は父や母に影響を与え、家庭への訪問事業につながった。エコロジカル・アプローチの「人をどのように見るか？」にあるように、A（人）は学校（環境）との交互作用の中で成長・発達し、家庭の環境を変えられる存在であるということができる。

〈エコロジカル・アプローチの活用〉

(1) Aへの働きかけ（適応能力を高めること）

SSWrは校内でチームを作り、誰がどのようにAにアプローチするかを決めた。

Aのリソースを活用し、支援教室での昆虫ノート作りや体を動かすことで(コーピング)、教師とつながりが深まった。(→居場所)

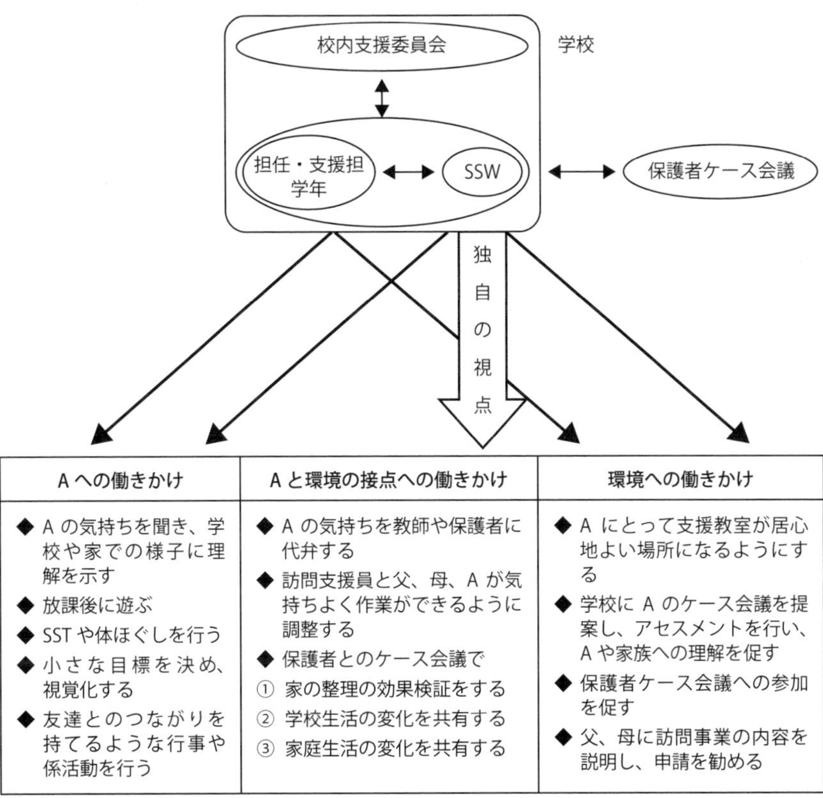

図 4-1-3　校内体制とエコロジカル・アプローチ

出所：著者作成

Aは「できた」「楽しかった」という肯定的な気持ちの持てるようになった。SST（ソーシャルスキルトレーニング）を行い、Aは不安や問題の対処方法を学んだ。自尊感情の高まる中で係活動や行事の中でクラスの子とつながれるような取り組みを行った。常にAの気持ちを聞き、Aがやりたいこと、やりたくないことなど自分の気持ちを表明するように働きかけた。

(2) 環境への働きかけ（環境の応答性を増すこと）

家庭環境について父、母、本人とも改善したいという願いはあるが、父は訪問型の利用を拒否していた。家庭に支援が入るためには、父親との信頼関係を作りながら調整していく必要があった。母に保護者ケース会議の目的を説明し、父も参加した保護者ケース会議を行った。学校からは放課後登校のAの様子の変化が報告された。Aの変化が保護者ケース会議の方向性にも作用し、事業が開始されることになった。環境改善は成果の出やすい整理整頓から始め、父との関係改善は環境が整い、Aの自尊感情が高まってから行うことになった。

(3) Aと環境の接点への働きかけ（交互作用を高めること）

①学校が取り組もうとしている教育や支援の方法をAがどう感じているか、②訪問事業の開始前後の調整を行う、③学校と保護者との接点の調整を行う

今回の場合、家庭への支援は訪問事業という外的資源（外的なリソース）の導入がポイントと考えた。SSWrは訪問事業が開始になるまでに、市の担当者と連携し、父母の意見やAの感想等を代弁するなど調整を行った。適応状態を維持できるように、調整を図った。

◉引用・参考文献

Germain, C.B.（1992）*Ecological Social Work：Anthology of Carel B. Germain*（＝小島蓉子編訳（1992）『エコロジカルソーシャルワーク：カレル・ジャーメイン名論文集』学苑社）

Germain, C.B. & Gitterman, A.（1996）*The Life Model of Social Work Practice Advances in Theory & Practice* [Second Edition], by Columbia University Press（＝田中禮子・小寺全世・橋本由紀子監訳（2008）『ソーシャルワーク実践と生活モデル 上』ふくろう出版）

川村隆彦（2011）『ソーシャルワーカーの力量を高める理論・アプローチ』中央法規出版

2節

システム理論

I　理論の概要

1　システム理論とシステムズ・アプローチの特徴

ベルタランフィらによって提唱された一般システム理論を、ミラーらが精神医学に適用したものを一般生命システム理論と呼ぶ。システムズ・アプローチとは、こうしたシステム理論に基づく心理・社会的援助の総称であり、ソーシャルワークの領域では家族療法という形での適用が一般的である。ここでは、システム理論の主要な特性（概念）として、(1) 開放性、(2) 階層性、(3) 円環性を取り上げる。

(1) 開放性

開放システム（open system）とは、他のシステムと関係を持ち、お互いに影響を及ぼしあうシステムのことである。つまり、構成する要素やエネルギーおよび情報を環境と変換する、インプット（入力）とアウトプット（出力）があるシステムである。一方、閉鎖システム（closed system）はその逆で、他のシステムとの情報交換を持たないシステムのことを指す。

学校システムは、複雑に組織化され、児童生徒と教職員が相互交流する開放システムである一方で、学校は閉鎖システムだとも言われている。それは学校内外の情報のやり取りがスムーズに行われていないことから生じる。SSWrは、外部機関との橋渡し役となると同時に、校内では組織や情報の流れが機能的なものとなるように働きかけをしていく必要があり、学校を開放システムとして機能させていく役割がある。

しかし、一方で、学校は家庭や地域に開かれているがため、教職員が学校現場以外の多くの問題に対応して疲弊している現状もある。システム理論には、他のシステムと資源、情報、エネルギーを交換する境界（インターフェイス）の概念がある。学校はすべての問題に対して開放する必要はなく、対応できない問題は他機関に依頼して境界を引くという行動も必要となる。そうした行動の後押しや意味づけを行うこともSSWrに必要なスキルとなる。

(2) 円環性（円環的因果律）

直線的因果律では、原因が結果を規定する原因重視の見方を示す。一方、円環性（円環的因果律）では、最初の原因は必ずしも結果を規定せず、原因と同時に結果も重視する。つまり、純粋な意味での原因も結果も存在しないという捉え方である。円環的因果律の考え方を図に表したものを円環図（円環的実践モデル）と呼ぶ。

例えば、図4-2-1で示すように、不登校の太郎に当てはめて考えると、直線的因果律では、母親が登校を促さないことが原因で太郎の不登校が継続しているという原因結果の理解になる。それに対して円環的因果律では、以下の文脈で理解できる。太郎の不登校は、登校を促す母親に反抗して太郎が暴れる中で親子関係が逆転し、さらに父親からサポートがない状況の中で母親が無力感を感じ、登校の後押しをできないことにより不登校が維持されていると理解できる。システムズ・アプローチでは、問題をめぐる悪循環の文脈（コンテクスト）が変われば問題の質も変わり、問題が解決すると考える。例えば、夫婦サブシステムがチームになるように学校と両親のケース会議を実施し、太郎に一貫した態度で関わるようにアドバイスすることで、この悪循環を打破するように支援することができる。システムズ・アプローチでは、あくまでも太郎はIP（Identified Patient）であり、家族の機能不全が改善されるならば問題は解決すると考える。

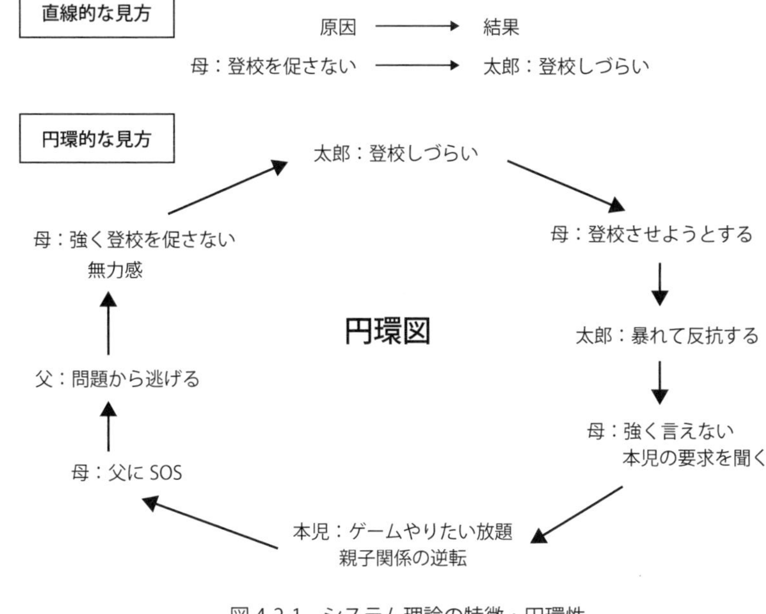

図 4-2-1　システム理論の特徴・円環性

出所：著者作成

(3) 階層性

ミラーは、精神医学、精神衛生の分野における7段階の階層モデル（細胞システムから超国家システムの7段階）を提唱している（遊佐 1984）。7つのレベルはどのレベルの変化でも他のレベルに影響を与えると考えるため、1つの問題に対するアプローチは幾通りもあると考えられる。先ほどの太郎の例を階層モデルで示す（図4-2-2）。例えば、太郎の不登校は、発達障害などの問題が背景にある可能性（器官・個人システム）や、不登校への対応で対立する夫婦サブシステムに亀裂が生じている可能性（家族システム）や、太郎と担任やクラスメイトとの関係が希薄で教室に入りにくい状態となり不登校が維持されている可能性もある（学校システム）。つまり、投薬治療や行動アプローチによる個人への支援だけでなく、家族や学校の環境調整、あるいは地域の居場所づくりなどのより上位のシステムからのアプローチも太郎に良い影響を与える可能性があることがわかる。

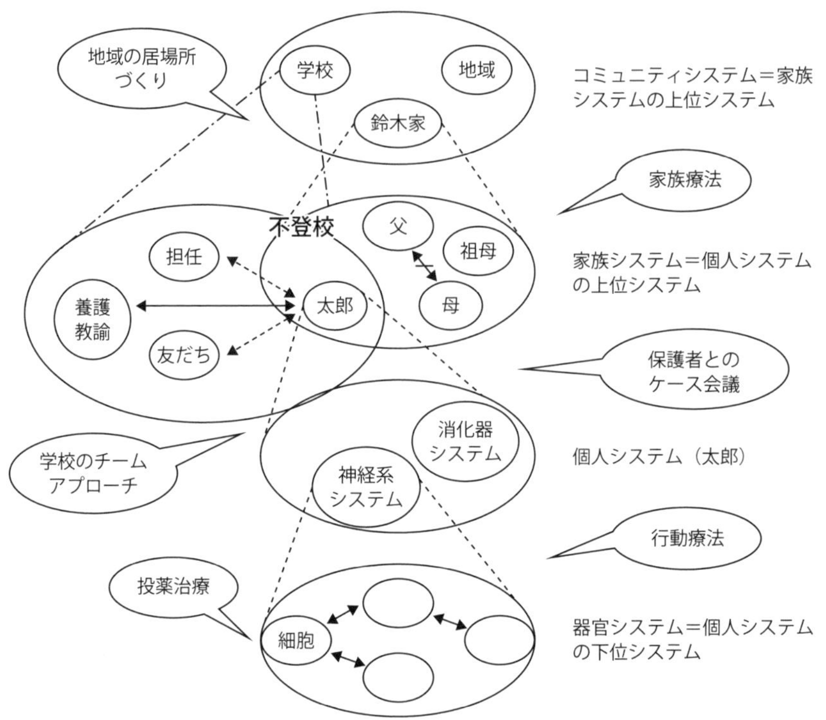

図 4-2-2　システムの階層性と介入方法

出所：著者作成

2　教育現場でシステム理論をどのように活用・展開するか

学校は、原因、結果の直線的な視点で子どもや家庭を理解しがちであり、偏ったアセスメントとプランニングにより支援の行きづまりを感じていることも多い。システム理論は、ケース会議等で、学校、家庭、地域などのシステムを客観的に理解し俯瞰的に捉える視点を提供してくれる。

通常、クライエントとの関係において信頼関係ができた状態をラポールと表現するが、システムズ・アプローチでは、信頼関係にいたるプロセスとそのための手段やアクションをジョイニングと呼ぶ。システムを対象とする場合、個人ではなくシステム全体と信頼関係を構築することが重要である。SSWrが学校の一員として位置づくためには、学校システム全体へのジョイニングを心がけると同時に、校内システムの課題などを俯瞰的な視点で把握する力が求められる。

（大塚美和子）

Ⅱ　事例：システム理論による生徒指導

1　相談内容

(1) 事案の概要

小学生男子A。1学期に母親から育てにくいと相談があった。2学期になり、離席や教室からの飛び出し、大人への反抗的な発言などが激しくなる。指導に従わず、諭しても叱っても効果がない。担任がAに対応する間にクラスの落ち着きもなくなり、学年体制でクラスの指導に入らなければならなくなった。

(2) 家族構成

父・母・Aの3人家族。父親はQ県に単身赴任中。

（3）エコマップ（支援前）

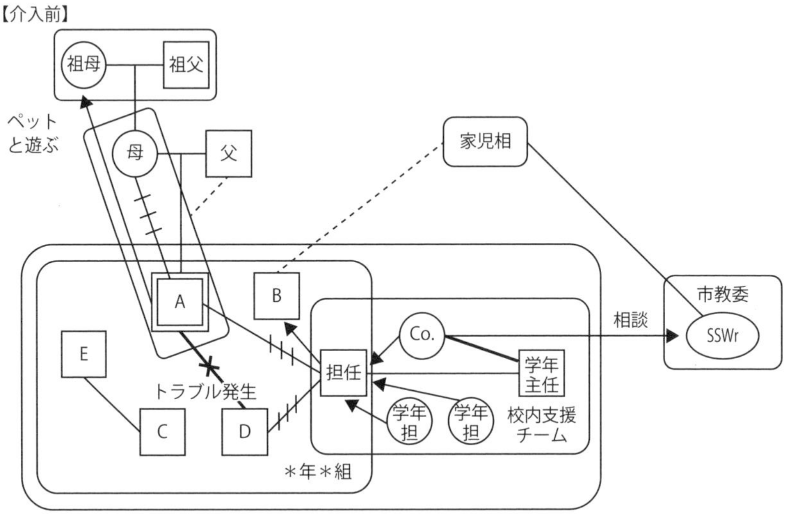

2 第1回ケース会議

（1）参加メンバー：担任・学年主任・特別支援コーディネーター（以下Co.）・学年教師2名・SSWr

（2）ねらい：Aの離席や校内徘徊など問題とされる行動の改善と、学級集団の落ち着きを取り戻すための対策を考え合う。

（3）アセスメント：

「家でも学校でもいつも叱られて嫌だ！」とAは訴えていた。父親の不在や母親との関係性から愛着の課題も考えられる。加えて唯一拠り所であったDとうまくいかなくなったことから自暴自棄になったと推察される。一方、担任は入学当初から発達と家庭環境に課題のあるBへの対応を心がけていた。Aはうらやましかったかもしれない。Aは逸脱行動により担任の対応を引き出し、さらに授業中の息抜きを覚えたのではないか。行動の修正にはAの生活課題を思いやりながら行動の振り返りを行うことが必要である。学級については、担任がAを追う間お調子者のCがクラスの笑いを取ることで皆が退屈せず、児童の不安がまぎれたかもしれない。しかしそれはCを調子付かせ、発言力があるDが同調、発達課題のあるBも授業が滞る方が楽だったと推測される。Aの飛び出しと学級規範の崩れが悪循環を繰り返し、学年教師が巻き込まれる事態に至ったと考える。

(4) プランニング：

Aの行動修正から変化を起こす。校内レベルで悪循環を断ち切る対応を考える。①逸脱した場合、担任が対応できないことをAと話し合う。学級担任以外の教師（教頭先生）と過ごすシステムを約束する。②システムを校内で周知し対応を統一する。③放課後「Aさんタイム」を作り、担任と行動の振り返りをする。ほめられたり甘えたりできる枠組みを作る。

3 経　過

日時と事案の変化	学校の動きと校内体制の変化	SSWrの動きと変化	関係機関の動きと変化
201＊年9月 Aの飛び出しや徘徊がなくなる。	担任・Co.・学年主任がAと話し合う。ケース会議プランを校内サブシステム（学年、校内支援チーム）で実施。	クラス観察、第2回ケース会議。担任、Co.と学級アセスメント。Bと学級の様子を家児相と共有。	家児相が学校訪問時にクラスを巡回。
201＊年10月 Aが上級生とじゃれ合い怪我をさせる。母親が父親に相談。学校の指導に不満を持ち、担任との関係が悪化。	各担任が指導。Aのことは校内で共有していたため、上級生担任も厳しく指導した。A母親の不満に教頭も対応するが理解いただけない。	指導と仲介についてアセスメント。保護者の「守ってもらえなかった」感への対応を担任・Co.・学年主任と協議。	
201＊年11月 トラブル後、欠席。長期欠席には至らず。	校内支援チームが中心となり、懇談会にむけて対応を検討。	話し合いのポイントや担任以外の人（Co.・SSWr）の同席を提案。	

201＊年12月 懇談会。担任以外の介入を母親が拒否。	母親の頑なな態度を和らげることができない。担任は同姓である父親へのアプローチを模索。	担任を労う。母親の背景をアセスメント。Bの様子を家児相と共有。	家児相が懇談後B母の話を聞く。
201＊年12月 父親が学校と母子を仲介。Aの特性への気づきなどが担任に話される。	担任が父親とのコンタクトに成功。キーパーソンを父親にシフト。	担任がAとの振り返りを続けていることを称賛。大人に認めてもらう大切さを助言。	Bの児童デイサービス利用が進められる。
201＊年+1年2月 母親の担任批判はないものの、Aの意欲は低調。ほめてもらえない不満を担任に零す。	同様のケースやクラスも多いので、悪循環を断ち切る校内研修をやりたいとCo.が校内委員会で提案。	Aの母親支援をCo.と検討。校内研修会でシステムアプローチによる事例研修を実施。	

4 その後の変化

(1) 事例と学校体制の変化

校内システムの中で教頭先生にAを楽しませないよう、かたわらで黙々と業務を進める対応をお願いした。Aの飛び出しが改善、学年教師が自分のクラスを空けて急な対応をしなくてよくなり、各担任の負担感が和らいだ。Aさんタイムに興味を持ったDやCも放課後居残るようになり、担任やAと一緒に遊ぶことで友達関係が改善した。その改善が担任のやる気を引き出し、また、校内に支援チームを位置づけたことで担任が相談できるところが出来た。家児相がBの家庭にアプローチしてくれたこともあり、マクロシステムからも担任を支える枠組みが整った。

(2) エコマップ（支援後）

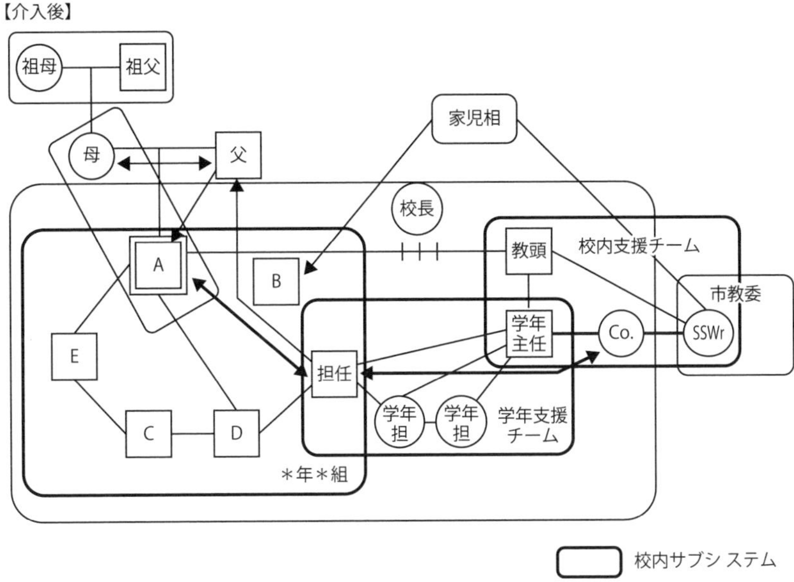

(3) 総合的アセスメント

システム理論に基づき、Aの行動修正（個人システム）と学級の立て直し（学級システム）担任を支える（校内システム）介入を試みた。キーパーソンであるCo.と協働し、学年・校内の支援チームを有機的に機能させることで担任を支える枠組み作りが進んだ。また、Aと担任のやり取りの変化（追いかけない、Aさんタイム）から、学級の相互作用が生まれた。一番問題とされていたA以外に、学級の変化が担任をエンパワメントし、その様子に学年・校内支援チームも「やってよかった」と思うことができる。校内研修ではグループワークを行い、児童の問題・学級の問題・保護者の問題が絡み合った悪循環への介入方法を検討しあった。有機的な校内連携のための方法として校内サブシステムによるチームアプローチの重要性について考える機会となった。

5 SSWによるメゾ・アプローチのポイント

- 生活環境全体を俯瞰的に見ながら、校内組織のキーパーソンを探り協働する。
- SSWrによる行動観察やアセスメントなどの直接支援を担任や児童への個別支援に留めない。校内システムに位置づける。
- 「担任を支援したい」「自身の力量を上げたい」等の教師の思いにジョイニングする。教師も活用しやすい理論や方法、具体的なプランを検討しあう。

6 チームアプローチの成果と課題

- SSWrが具体的な役割を引き受け活動することも、結果としてチームの中では信頼感につながる。しかし大切なことは教師とSSWrが変化を共有し、喜び合えることで心理的な負担が軽減され、お互いにエンパワメントされる。その相互作用が学校を好循環に変化させることがチームアプローチの醍醐味である。
- 環境との相互作用に着目するSSWrの固有性には独自の価値・理論がある。これを自然な形で熟成させていくための実践の積み重ねが課題である。

Ⅲ 理論による解説

校内関係者の第1回ケース会議はSSWrにとって校内組織へのジョイニングの機会である。教師たちが問題と考えていることに理解を示しつつ、コミュニケーションに注目し同盟関係や境界を観察する。交流が少ない場合はSSWrから「問題解決チーム」の発足を提案し、校内サブシステムを作る。この構造化が校内システムに変化をおこす。

学級において「Aが校内徘徊するという問題」が起こった（入力；原因）が、この出来事は学級内で円環的な作用を引き起こし「担任の指導が無力化される」という事態に至った（放出；結果)。これは、学級システムの上位システムである学年システムの支援を引き出し、さらに教頭の協力という校内システムにも影響をもたらした。同様に、Aが上級生とトラブルを起こしたことは「厄介な問題」として家族システムに入力され、「学校対応への批判」として校内システムに出力される。このようにある出来事は周囲の環境との間で常にエネルギーや情報をやりとりしている（開放性)。また、各システムはお互いに影響を与え合い存在し（階層性)、エネルギーのやり取り、やり繰りをしながら安定を維持しようとする。

「担任の指導力が無力化されるに至った」という結果は学級で起こっている円環的プロセスの一部分を抽出したにすぎない。学級での円環的作用－悪循環－（円環性）とそれへの介入について（図4-2-3、図4-2-4）に視覚化した。Aの行動はめぐりめぐって、自分の行動に影響を与えることになるが（円環的因果律)、円環的因果律では行動や症状の結果、その人の環境に起こる変化を重視する。Aの行動の結果、学級・学校・家庭など上位システムとの間に相互作用

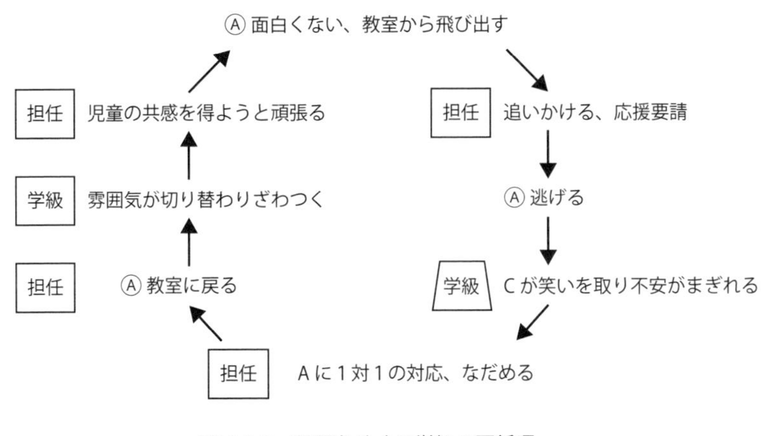

図4-2-3　問題をめぐる学級の悪循環

出所：著者作成

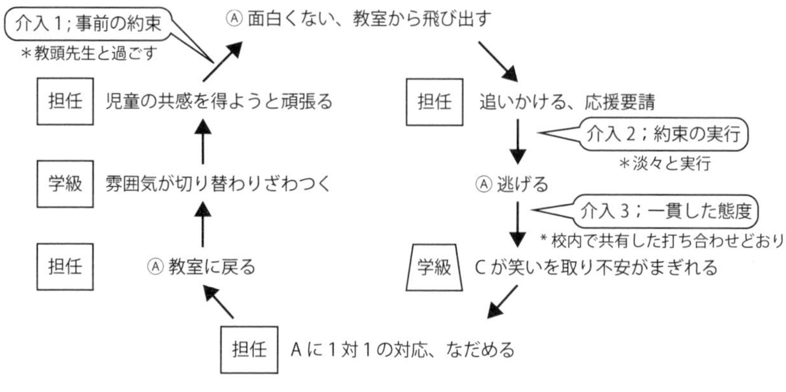

図4-2-4　悪循環への介入

出所：著者作成

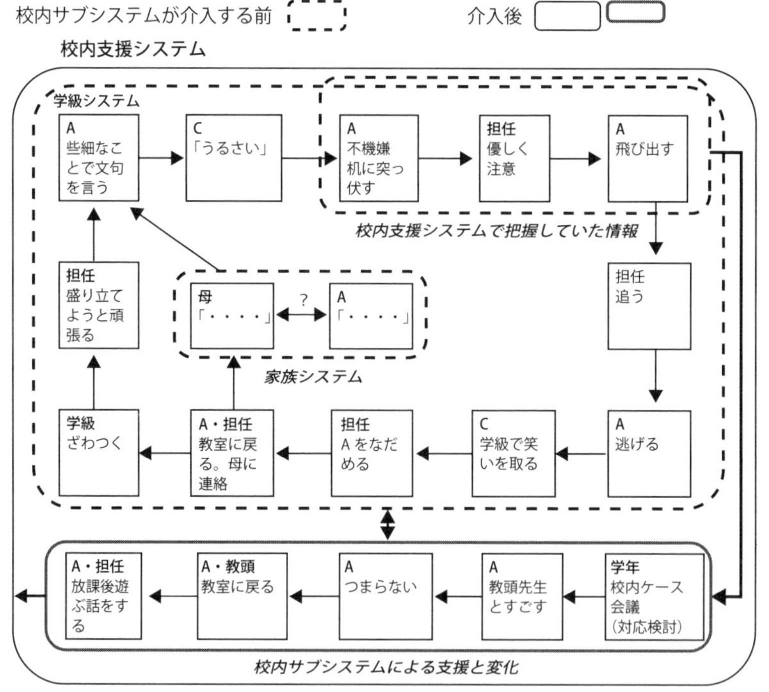

図4-2-5　Aをめぐる校内円環図

出所：著者作成

が生まれた（図4-2-5)。俯瞰すると、介入前に校内システムで「共有し取り組んでいる」と考えられていた部分はわずかであり、Aの家庭システムとも無関係ではないことがわかる。新たに校内サブシステムの介入により、学級システムと学校システムに有機的なつながりができた。チーム学校の発想は、担任ひとりで担っている学級や家族への介入を校内サブシステムで担い、問題解決を図る取り組みであると言えるだろう。

◉引用・参考文献

川村隆彦（2011)『ソーシャルワーカーの力量を高める理論・アプローチ』中央法規出版
東豊（1993)『セラピスト入門：システムズ・アプローへの招待』日本評論社
遊佐安一郎（1984)『家族療法入門：システムズ・アプローチの理論と実際』星和書店

3節

行動理論

I 理論の概要

1 行動理論の特徴

行動理論によるアプローチとは、学習理論に基づいて意図的に刺激や報酬をもたらすことで問題となる行動を減らしたり、望ましい行動を増やしたりする働きかけのことをいう。行動理論の特徴は、(1) 具体的で観察可能な行動 (behavior) あるいは行動に影響を与えている環境、状況を対象とすること、(2) 人間の行動はほとんど学習されたものであり、適応行動も不適応行動も学習の仕方は同じであり、再学習が可能であること、(3) クライエントの中の何かを変えようとするよりも、クライエントの行動を訓練することによって変える点である（武田 1986)。

問題行動を解決するための3つの学習には、リスポンデント条件付け、オペラント条件づけ、モデリングがある。刺激によって引き起こされる反射反応をリスポンデント (respondent) 行動と呼び、反応を引き起こす前の刺激が問題となる。リスポンデント条件づけは、恐怖を除去する治療や夜尿症の治療などに活用され、この原理は不安を除去する系統的脱感作法にも応用されている。

一方、オペラント条件づけは行動の後の刺激（随伴刺激）が重要となる。行

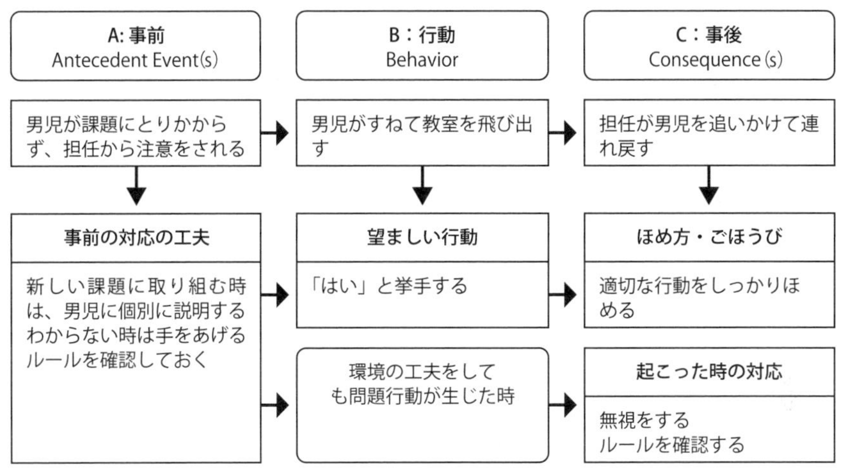

図 4-3-1　行動分析シート　（ストラテジーシート）

出所：井上・井澤（2007）をもとに著者作成

動の結果によって、その行動の頻度が増減するのがオペラント条件付けの特徴であり、臨床に応用したものを応用行動分析（Applied Behavior Analysis/ABA）という。具体的には、「A（刺激：Antecedent Event（s））」「B（行動：Behavior）」「C（結果：Consequence（s））」の流れで行動パターンを捉え、Bで望ましい行動を起こすために、Aで新しい刺激を与え、さらにCで強化することで望ましい行動を増やそうとする。応用行動分析をわかりやすく図示したものに井澤が開発したストラテジー・シート（行動分析シート）がある（図4-3-1）。

例えば、小学校低学年の男児が授業中いつも教室を飛び出して担任教師を困らせていたとする。担任教師は教室を飛び出した男児をほうっておけず追いかけて連れ戻すという対応をしていた。そして、飛び出すという行動は、担任教師が追いかけてくれることによりさらに継続する結果になっていた。現存する行動を高めたり、保持したりする手続きを強化（reinforcement）と呼ぶが、結果として飛び出すという行動が強化されていることになる。本来は望ましい行動が強化される必要があり、そのために事前の関わりの工夫を行い、望ましい行動が起きたときにしっかりと言葉でほめる必要がある。このようなごほうびや報酬を強化子と呼び、初めから行動を強化する力をもったものを1次性強化子、習い覚えて強化の力を発揮するものを2次性強化子と呼ぶ。2次性強化子の中でもほめたり、注目したりという人の関わりによる報酬を社会的強化子という。その他、日常的に行っている強化の例として、よく起こる行動（友だちと遊ぶ行動）をたまにしか起こらない行動（例えば勉強）を強める強化子に使うことをプリマックの原理と呼ぶ。

モデリングとは、他の人の行動を観察、学習することで行動に変化が生じることをいう。モデリングを効果的にするためのポイントは、①望ましい行動をいろんな人ができるだけ何度も模範として示す、②模範させる内容は次第に難しいものに移していく、③見せるだけではなく、手とり足とり教える、④ステップごとにできたらほめる、などがある。徐々に望ましい目標に徐々に近づけることをシェイピングと呼ぶ。

2 教育現場で行動理論をどのように活用するか

トークン・エコノミーは、子どもが適切な行動がとれたときにトークン（ポイントやシール）を与え、それが目標数までたまったら具体的なごほうびと交換できるようにして適応行動へと導く方法である。トークンは2次性強化子の役割を担う。トークン・エコノミーの具体的な手順やポイントは以下の通りである。①子どもと一緒に話し合いながら具体的な目標となるターゲット行動を決める。②目標となる行動は「手をあげて発表する」など、目に見えて単純で達成しやすいことから始める。③スタンプやシール、得点などトークンの種類を選択する。④トークンと交換できる「ひきかえ」のごほうびを決める。⑤問題行動がないことを目標とするよりも、肯定的な行動ができた時にごほうびを与える。⑥子どもへのフィードバックする時間や方法など、より具体的な手順を決め、首尾一貫してプログラムを継続する。図4-3-2のチャレンジシートは、トークン・エコノミーを具体化したもので、学校と家庭が協力して取り組む一つのツールである。例えば、保護者とのケース会議や面談を行う際に、このシートをもとに話し合うことで、子どもの変化や成長を具体的に確認し合うことができ、両者の協働がさらに進むことになる。

改善したい行動	1.
	2.

1点　よくできました　　2点　とてもよくできました

	行動1	行動2
月曜日 火曜日 水曜日 木曜日 金曜日 土曜日 日曜日		
合計得点		

学校からのコメント
家庭からのコメント

今週の合計 ＿＿＿＿＿＿　　**ごほうび** ＿＿＿＿＿＿＿＿＿＿＿＿＿＿＿＿

図4-3-2　チャレンジシート（トークン・エコノミーの例）

出所：著者作成

（大塚美和子）

Ⅱ　事例：危機をきっかけに家庭のしんどさが浮き彫りとなった小学生

1　相談内容

(1) 事案の概要

小学4年生のEは、3年生の頃から欠席が続いていた。同じクラスのDとFとは以前トラブルがあった。ある日、Eは仲良しの友人Gに誘われ参加した地域のスポーツ大会で他児童とトラブルになった。今回の件をきっかけに、両親が日頃からEへの対応に困っていることが明らかとなった。後日、この件はSSW窓口教員からSSWrに相談がなされた。校長、担任、養護教諭、SSW窓口教員、SSWrでケース会議を行った。ケース会議では、①教職員らは、Eが何に困っているのかわからない、②そのため、支援方針も決まらぬまま時間だけが過ぎていた、③学校と家庭が今まで一緒にEについて話し切れていなかった、ことが浮き彫りとなった。SSWrから、Eの両親の思いも確認するために保護者とのケース会議が提案された。

(2) 家族構成

E（本児)、父、母、妹（小2）

(3) エコマップ（支援前）

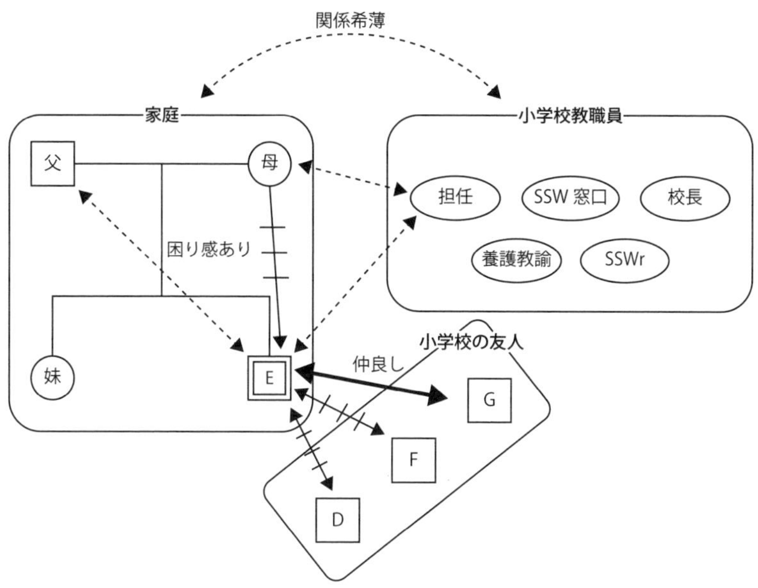

2 第１回ケース会議

(1) 参加メンバー：校長、担任、養護教諭、SSW窓口教諭（支援級教員）、SSWr、Eの両親

(2) ねらい：Eに関する情報の整理、EとEの両親の思いの確認

(3) アセスメント：

担任らは、「Eのことを十分にわかってあげられていなかったのではないか」と話した。母は、「Eのことは自分が一番理解しているから問題ない。でも、理解しきれない・手に負えないところもあるので困っている。Eがしんどいな

ら、なんとかしてあげたい」と言う。父は、「お恥ずかしい話ですが、Eのことを妻任せにしていたので、自分はどうEと接したらいいかわからない」「E自身に原因がある。Eが学校に行かないことや親の言うことを聞かないこと、すぐに癇癪を起すことが理解できない。あいつは変だ」と話した。父はEとの関係性の希薄さから、Eの行動の意味を読み解くことができない様子である。両親・学校共に、Eの行動（思考）の意味や思い、どこに困っているのかわからない状況である。

(4) プランニング：

Eが抱える困り感について学校と家庭が共に話し合うためのケース会議を定期的に開き、共に見立てをしていく。SSWrから行動理論を紹介し、Eの気になる行動・発言を、「A（刺激：Antecedent Event (s)）」「B（行動：Behavior）」「C（結果：Consequence (s)）」で整理することを提案した。次回のケース会議でEの行動パターンを全員で整理していく。特に、Eの登校しづらくなるパターンを見極めるために、担任と母が電話でやりとりをする。

3 経　過

日時と事案の変化	学校の動きと校内体制の変化	SSWの動きと変化	関係機関の動きと変化
X年○＋1か月 第2回保護者ケース会議 Eはイベントごとがあると登校しやすいことがわかる。	母と父を労いながら、コアメンバーが中心にEが登校したいと思えるようなイベントを企画する。父が適応指導教室の利用も検討していきたいと話したため、養護教諭が情報提供を先にしておくこととなる。	両親から見たEの行動パターンを、行動理論を用いて整理していく。実際にEの行動を整理し、行動の前には刺激があることを伝える。	養護教諭が適応指導教室に情報提供する。
X年○＋1か月△日 Eがトーナメントに興味を持ち、少しだけ登校する。Eは今後のイベントも気になり、母に他に学校でイベントはないか確認する。母	コア会議で、Eの友人の輪が広がるように、保健室でボードゲームを用いたトーナメントを企画する。 コア会議のプランを他の教職員らにも職員会議で伝える。	保護者ケース会議の打ち合わせとして、コア会議に参加することが定着する。 担任らと両親を労いながら、士気の維持を行う。	

から担任にその旨を電話で伝えられた。			
X年○＋2か月 第3回保護者ケース会議 Eが遅刻しながら登校する。	担任から母へクラスの状況なども伝えられる。トーナメントを保健室ではなく、Eの学年主催で行う。日付と対戦チームを黒板に書き、トーナメント結果を残す。	Eが遅刻しながらも登校していることは、取り組みの効果が出ていると伝える。	両親だけで適応指導教室を見学。
X年○＋3か月 Eがほぼ毎日登校する。	学校で頑張れたこと（テスト等）を担任が母に電話で報告する。	クラス観察を行い、友人との関係性を確認。	適応指導教室の利用は保留。
X年○＋4か月 第4回保護者ケース会議 両親より、家族全員で月初めに各々の目標を決める。みんなで頑張れたら、家族で外食すると設定される。	Eが遅刻した際には、自然な形で出迎えてほしいとコアメンバーから全教職員に伝える。	両親だけではなく、家族で目標を決め、また“ご褒美”も用意するなど、取り組みを称賛する。家族もチームになっていると伝える。	
X年○＋5か月 第5回保護者ケース会議 終結に向けて、今までの取り組みを全員で確認する。父から、「忙しいが、会議を定期的に持ってくれるからEのことを真剣に考えられる時間がとれるようになり、ありがたかった」と発言があった。	校長が転校先の小学校に連絡し、引継ぎ会を提案する。ケース会議でコアメンバーから両親の協力があったからこそ、Eの困り感を理解する機会が持てたと両親を労う。	担任とコアメンバーと一緒に、E家族のこれまでの取り組みをまとめる。母がキーパーソンとして父とEの間を取り持ってくれたこと、父は行動理論を活用しながら自分の行動を改めようと努めたことに敬意を伝えた。	

4 その後の変化

(1) 事例と学校体制の変化

Eは当初ほとんど登校できていない状況であったが、毎日遅刻ではあるが登校できるまでになった。父の転勤により、短い期間での支援ではあったが、この間に校内ではコア会議と職員会議での2つの会議でEの状況が把握されるようになり、Eへの効果的なアプローチが生み出された。

また、SSWrの活用の仕方についての教職員の理解が進んだように思われる。教職員、保護者がケース会議で検討していくことで、互いに支え合いながらEに対応できるようになっていった。

(2) エコマップ（支援後）

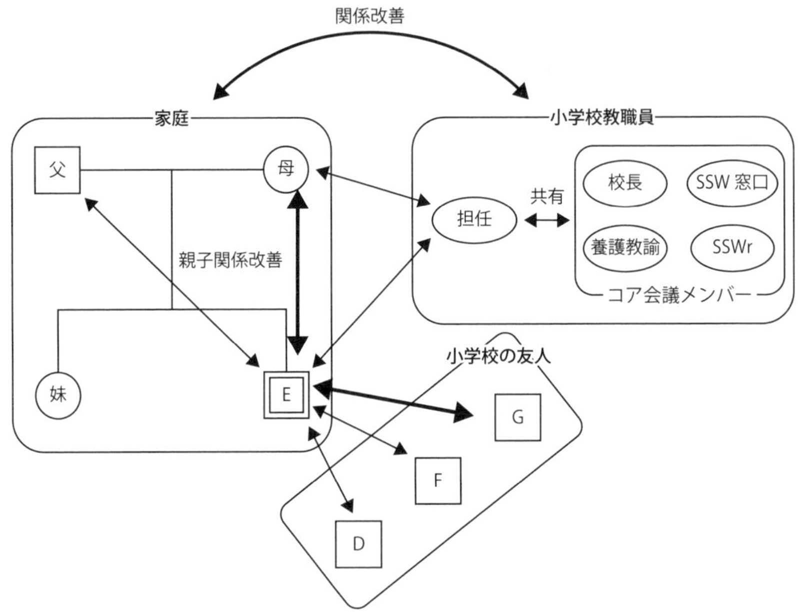

(3) 総合的アセスメント

今回、危機をきっかけに開催された保護者ケース会議は、行動理論を活用しながら参加者全員が同じ土俵で話せる場となった。理論を用いることで、会議内容に枠組みを作ることができた。また、ケース会議の定期開催は、Eについての見立てが常に更新でき、支援方法も併せて検討できる状態が維持された。加えて、両親の困り感の確認と日々の労いを行える機会が確保でき、学校と家庭がつながりなおす一助となった。

5 SSWによるメゾ・アプローチのポイント

今回の小学校では、子どもへの支援を話し合う場が定着されていなかった。そのため、Eの事案をきっかけに、担任以外の校長、養護教諭、SSW窓口教員をコアメンバーとし、SSWrも参加のもと、保護者ケース会議の打ち合わせ、ふり返り、モニタリングの流れをシステム化することで、教職員が話し合う場と機会を定着化することを目指した。また、保護者と共にケース会議を行うことを提案することで、家庭内でのEの様子を把握できるだけではなく、子どもにとってのキーパーソンである保護者の思いを教職員が確認できる機会が保障され、信頼関係を深めることにつながった。加えて、ケース会議という枠組みを活用して、保護者が子どものことを考える時間も定期的に持つことをサポートすることができた。

6 チームアプローチの成果と課題

このケースをきっかけに、コア会議の定期開催など校内がチームになっていく過程が生まれた。加えて、Eについての見立てや支援方法を職員会議で教職員全体にも報告していたため、他教職員から協力が得られた。コア会議と職員会議での2つの会議が連動することで、校内体制の変化の一助となったと思われる。今後、今回のように子どもへの支援を話し合う会議を定例化していくことで、校内体制作りを進めていく必要がある。そのために、校内研修等で今回のケースをモデルとしたチームでの動きとその効果を教職員に明示していくことが求められる。

Ⅲ　理論による解説

危機は子どもを見立て直すチャンスでもあり、学校と家庭がつながりなおす（またはチームになる）大きなきっかけとなる。今回の事例では、危機に直面した両親から、子どもへの対応に困っていると吐露されたところから始まった。今回、不登校などを理由に、学校が現在持ち得ている情報が少ない場合は、保護者の力も借りることが推奨される。そのため、保護者とともに話し合える場である保護者ケース会議の定期開催は有効といえる。事例のように、子どもの行動に対して“理解できない”と感じる際には、行動理論は共に話し合う枠組みを与えてくれる。

まず保護者ケース会議に参加する全員が、問題をどう捉えているのかを確認する。母は“Eに問題はないが、Eが時折手に負えなくなるのが困る”、父は“E自身に問題がある。関われなかった自分にも問題がある”、教職員は“Eのことをわかってあげられなかった自分たちが問題”と各々が思っていることを共有することが出発点となる。次に、応用行動分析を説明しながら、Eの行動を「A（刺激：Antecedent Event(s)）」「B（行動：Behavior）」「C（結果：Consequence(s)）」のセットで整理し理解していくように促す。この促しは、Eの行動（B）は突然起こるものではなく、先行する刺激（A）がきっかけであることや、その行動が結果（C）につながっていることを明示するために行った。例えば、“Eは親の言うことをきかないですぐに癇癪を起す”という問題に対して、応用行動分析をもとに詳しく整理してみると、《(A) Eが寝る時間でも起きている。父が早く寝なさいとEを叱責する》→《(B) Eが父に反発》→《(C) 父がより怒り険悪な雰囲気になる。Eはイライラし父と距離を置き、次からも言うことをきかない》のパターンが浮かび上がり、Eの行動は父の行動と結びついていることがわかる。ここで、(B) で望ましい行動を起こすために、(A) 新しい刺激を与え、(C) で強化し望ましい行動を増やすためにはどうすればよいかについて具体的に話し合う。事前の対応の工夫については、母や教職員からのアドバイスや提案から、《父は同じ空間にいて見守る》と設定された。改善した際には、しっかりと言葉でほめる必要性を伝える。特に、父子の関係が希薄だったため、社会的強化子である“ほめる”を実践することで、愛着関係の修復もねらいにした。その後のEの行動の変化も踏まえ、図4-3-3にストラテジー・シート（行動分析シート）を用いて視覚化した。

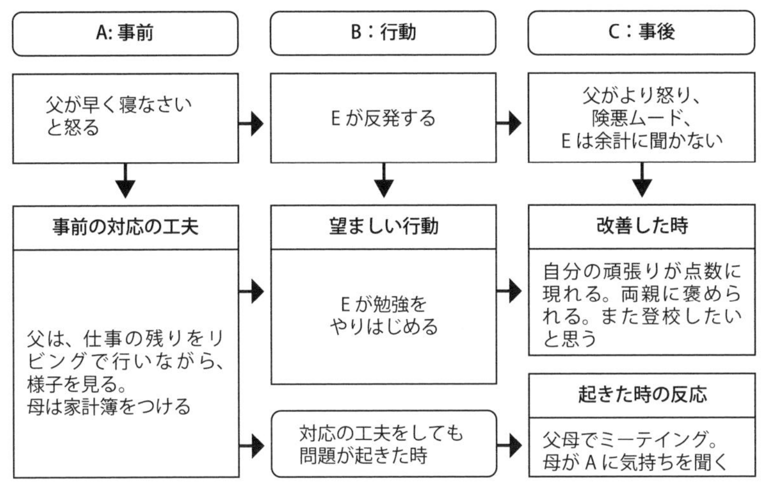

図4-3-3　ストラテジー・シート（行動分析シート）を用いた分析1

出所：井上・井澤（2007）をもとに著者作成

結果として、父がEを叱責する代わりに、《(A) 仕事の残りをリビングで行いながら見守る》すると、《(B) Eが勉強をやる》、そして登校した際に欠席分のテストをすると良い点が取れ、《(C) 両親に褒められ、自信がつき、また登校したいと思う》という正のパターンを生み出した。その後、登校するために徐々に就寝が早くなっていった。また、勉強をやりはじめるなどの行動の変化が生じたことは、父が仕事をリビングでしている姿を何度も見るうちにモデリングされたともみなせる。

母においては、図4-3-4に視覚化した。《(A) 母がEに登校について聞く回数を減らす》と、《(B) Eが自分の気持ちを母に話す》行動が生まれた。これまで、Eの思いがわからなかった教職員や両親にとっては、喜ばしい行動となった。《(C) 険悪な雰囲気にならない》ことで、Eが自分の気持ちを話すことは良いことだと思う強化子になった。

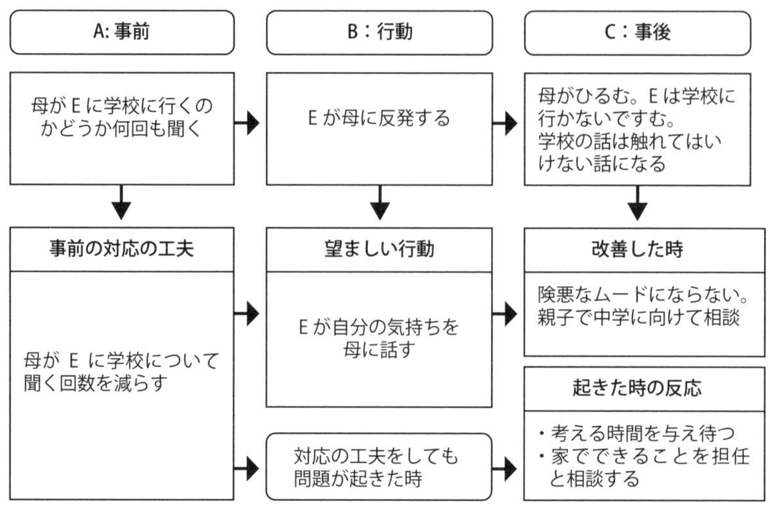

図 4-3-4　ストラテジー・シート（行動分析シート）を用いた分析２

出所：井上・井澤（2007）をもとに著者作成

担任らの取り組みとしては、ボードゲームを用いたトーナメントを開催することでAに参加を促し、徐々に登校（たまにしか起こらない行動）を強めるものとして活用された（プリマックの原理）。トーナメント開催時に、教職員らは日付と対戦チームをトーナメント表に書き、結果を残していた。そのことは、同時にEの登校した形跡を残すことにもなり、自分のがんばりが目に見えてわかる形となっていた。トーナメント表は、トークンの役割をしていたともいえる。また、その表をもとに、母から登校のことやトーナメントを勝ち進んでいることをほめられることでより強化される形を維持した。

保護者ケース会議を重ねることで、Aの行動パターンの分析は蓄積できるだけではなく、目標や好子をアップデートする機会がたびたび設けることができる。そのため、シェイピングを効果的に行えたと言えるだろう。

◉引用・参考文献

井上雅彦・井澤信（2007）『自閉症支援：はじめて担任する先生と親のための特別支援教育』明治図書
川村隆彦（2011）『ソーシャルワーカーの力量を高める理論・アプローチ』中央法規
武田建・立木茂雄（1986）『親と子との行動ケースワーク』ミネルヴァ書房

4節

危機介入理論

I　理論の概要

1　危機の意味と定義

学校危機に対応する支援者は、危機の意味を理解し、学校で起こると予測される危機は何かを知り、迅速に的確な判断のもと未然防止を行い、被害を最小限にとどめるための支援を行うことが求められる。また、危機介入は集中的な短期の介入により、長期の支援へと移行されていくもので、その過程の中でなされるチーム対応の構造を整理し構築することが大切になる。

危機crisis（クライシス）はギリシャ語のkrisisが語源であるといわれている。クライシスとは事態が良い方向に向かうのか、悪い方向に向かうかの分かれ目である。危険な状態ではあるが、対応によっては事態が好転する可能性があるという分かれ目、分岐点でもあるということだ（図4-4-1）。

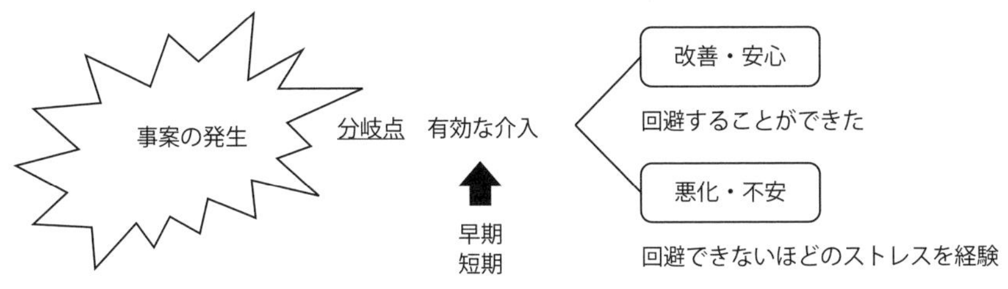

図 4-4-1　クライシス（分岐点）における有効な介入の必要性

出所：著者作成

2 危機理論

リンデマン（Lindemann, E.）の死別による悲嘆過程の研究やキャプラン（Caplan, G.）の情緒的均衡の研究や地域予防精神医学研究などが根底にあり構築された理論である。1960年代以降のアメリカにおいて、貧困や人種差別などにより生活上の具体的なサービス提供以外に、緊急介入モデルがソーシャルワークの中にも取り入れられるようになってきた。

（1）リンデマン

急性悲嘆反応（愛する人を失った人々の特有な5つの悲嘆の段階）

第1段階　身体的な苦痛や虚脱感を示す

第2段階　「死んでしまいたい」死のイメージに心が奪われる

第3段階　罪悪感を抱く

第4段階　敵対的反応を示す

第5段階　通常行動パターンをとれなくなる

一つひとつの段階で悲嘆作業を適切に行なうと、悲嘆の過程を無事に通り抜け喪失感を克服することができ、後に起こる可能性のある情緒的な障害を回避できる。

(2) キャプラン

危機の4つの発達段階（危機状況から精神障害へのプロセス）

危機は混乱の時期に続いて起こる。

第1段階　緊張が強くなる。いつものやり方で問題を解決しようとする。

第2段階　問題を解決できず、緊張が高まる。感情面で混乱が起こる。

第3段階　緊張が増し内的刺激として働く。問題解決規制が試みられることもある。

第4段階　問題が続く。危機的状況となりパーソナリティの統合性が失われる。

人は、常に自我を働かせ、情緒面でのバランスを保つように務めながら生活し、かつその力によって様々な問題解決を行っている。危機とは、習慣的な問題解決の方法を用いても克服できないような出来事に直面した時の心の状態である。緊張、混乱、不安、恐怖、絶望などの感情が生まれ、強いストレスを感じ危機状態になる。

(3) アギュララ　均衡を保持するための3つの決定要因

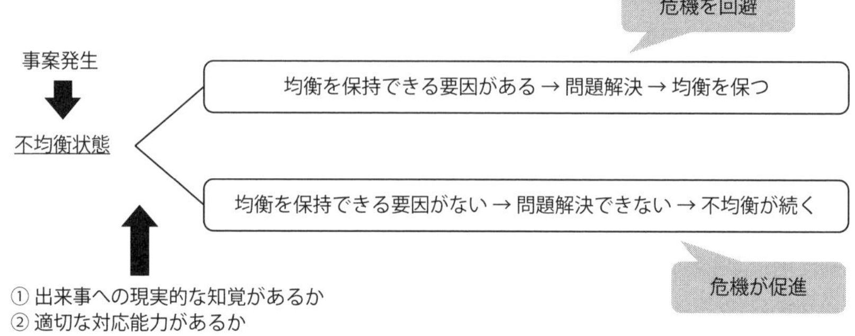

図4-4-2　アギュララの問題解決決定要因

川村（2011）をもとに著者作成

(4) 危機を軽減するためのアプローチ

アギュララ（Aguilera, D.C.）はリンデマン、キャプランの研究をもとに、さらに均衡を保持できる要因（図4-4-2）、問題を解決する過程に焦点を当てたアプローチを紹介した。

介入の目標は、直面している危機の解決で、危機以前の心理的、社会的な状態に戻すことで、介入の方法は、悲観作業として感情をオープンにし、抑えている感情を認め、吐露することを助ける。また、問題や個人の正確なアセスメントを行ない、危機と生活上の出来事の関係を確認する。そのうえで、知覚・対処能力・社会的サポートの3つのバランス保持要因を探り強化させる。予後計画として、元の均衡状態に近づいたのかのアセスメントと将来への目標とフォローアップを行うというものである。

3 学校で起こることが予測される危機

(1) 子どもの危機状態のレベル

子どもの危機状態は3つのレベルに分けることができ、それぞれの危険レベルに応じた対応が求められる。個人レベルの危機であったとしても危機の状態が深刻である場合、個人のレベルでは留まらず、学校全体あるいは地域レベルで危機状態に陥ることもある。災害や感染症の問題などもそれに含まれる（図4-4-3）。

犯罪（事件）、事故、脅迫、自然災害、火災、校内事故、食中毒、感染症の流行、虐待の発見、いじめ、校内暴力、学級崩壊、自殺企図、家族との生別・死別、性犯罪、体罰、セクシャルハラスメント、教師の不祥事など。

図4-4-3　子どもの危機状態のレベル

出所：著者作成

現場が不均衡状態に陥っている場合、危機介入が開始されるが、危機のレベルによっても対応の違いがあるため、それぞれの場面で今後どのような危険が生じる可能性があるのかも迅速に見極め判断する必要がある。時にはアウトリーチ等も用い、見通しをもたらすための提案や、可能な限り具体的な人的資源、物的資源等の情報提供がなされるなど積極的な対応が求められる。

(2) 情報の管理

危機対応の際には情報の管理は重要である。情報の管理とは、情報を漏洩させないということだけではない。組織の内外を問わず、総合的な見地から適切に必要な情報を伝達、公表するなどの判断も大切になる。危機の状態によっては、より丁寧な情報公開の対応が求められることもある。その際にはポジションペーパーの作成が必要な場合もある。ポジションペーパーとは、公式見解・統一見解のことで、当該問題に対する事実確認を客観的に示す文書で、事実の概要・現在までの経過・原因・今後の対策・学校としての見解・問い合わせ先などが含まれる。新しい情報が入ったり、事態が変わるたびに更新されていくものだが、対応方針を公開する際には事案を整理し情報をまとめたポジションペーパーの作成が有効である。

(大松美輪)

Ⅱ　事例：危険行為をくりかえす小学生

1 相談内容

(1) 事案の概要

本児はこれまでも友人とのトラブル等で配慮を要する児童ではあったが、今年度は、「死ぬ」と何度も口にしたり、ベランダから飛び降りようとする等の行為が家庭で起きるようになった。加えて、5月、遺書を書いていたことが学校で発覚し、保護者・関係機関を含めて急遽ケース会議を行うことになった。

（2）家族構成

父：10年ほど前に転職し早朝から深夜まで勤務している。休日は自分の趣味を優先して過ごしている。普段は穏やかだが、お酒を飲むと粗暴な言動が増えて、母子への暴言が出ることがあった。

母：幼児の預かり保育を時々引き受け、就学前の子どもを数人預かっている。ママ友や近隣との付き合いはあまり積極的ではない。

（3）エコマップ（支援前）

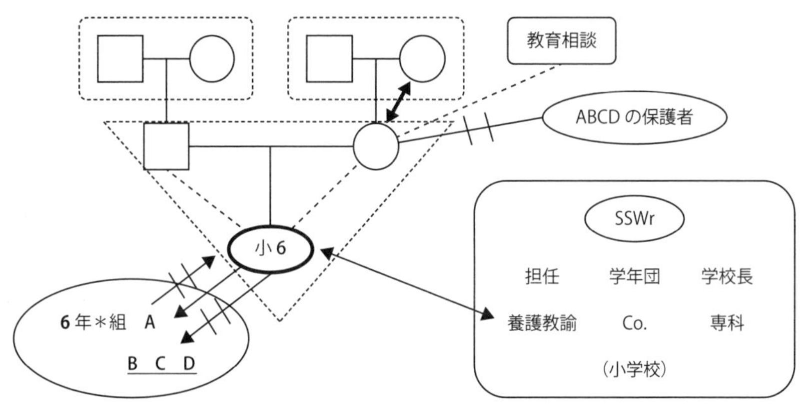

2 第1回ケース会議　5月

（1）参加メンバー：父・母・担任・管理職・コーディネーター（以下、Co.）・学年団・家庭児童相談課・教育委員会・SSWr

（2）ねらい：遺書に関連しての本児の状況の共有、学校・家庭の対応検討

（3）アセスメント：

・幼少期より、虚言や自分の非を認めないことが多く、相手を見下ろすような

支配的な関わり方で環境に適応してきていた。これは、家庭（特に父）での強い叱責や躾に対しての本児の自己防衛に加えて、状況把握や相手の意図の汲み取りの苦手さ（発達の特性）も影響してる可能性がある。

- 最近、特定の児童に対して独占欲が強く出ることから同級生とのトラブルが頻発していた。
- 本児の友達とのトラブルから親同士の関係性もこじれ、特に母がストレスを感じ、イライラしていた。
- 母が仕事として行っている幼児の預かりが最近増えていて、家庭で本児がくつろげなくなっていた。
- 本児の自殺企図（遺書・ベランダからの飛び降り未遂等）は、思い通りにならない人間関係等を訴える自己アピールであろうが、万が一の可能性もあるので、大人の日常的な見守りと医療機関につながる必要がある。

(4) プランニング：

- 遺書については、保護者に知られたくないと言っていたので、父母はそのことに触れずに、預かり保育の仕事を減らし、本児の話を丁寧に受け止め、触れ合いの時間を確保するように心がける。
- 学校ではクールダウンできる場所を用意する。
- 朝の状況により母が登校に同行する。
- 教育委員会がサポーター等を配置して常に大人が見守れる体制を整える。

3 経　過

日時と事案の変化	学校の動きと校内体制の変化	SSWの動きと変化	関係機関の動きと変化
201＊年5月 家庭児童相談課課に紹介してもらった医療機関（K病院）を受診する。	受診後の保護者ケース会議（母・管理職・担任・SSWr・Co.等）が定例化され、状況や手立ての共有をした。	受診の同行や、ケース会議の進行。特に母親のエンパワーを心がけた。	主治医・MSWが学校との連携に積極的に応じてくれた。発達検査実施予定・服薬の実施。

201＊年6月 修学旅行に向けての班編成等の度に教室からの飛び出しや自傷行為が起こる。その都度担任等が本児と話をした。	手立て（教師が徹底して寄り添う、不安が予想されたり評価を伴う場面では事前に本児と話し込む）が実行できるように、Co.が複数対応のシフトを組んだ。	ケース会議での見立て（承認欲求の強さと表現方法のまずさ）と本児の困り感を強調した。	教育委員会より派遣されたサポーターの観察内容とその報告をケース会議に生かす。
201＊年9月～11月 父母の注意や制止への不満から、母への暴力、家のベランダからの飛び降り未遂が続き、その度に来校して担任に話を聴いてもらった。しばらくすると友達の言動を被害的に捉え、ベランダから乗り出す・ハサミで手を傷つける・液体石鹸を飲もうとする等の行為を、近くにいる同級生を振り返りながら繰り返すようになった。	家庭と学校で見立て（大人への安心感はでき、次の段階として同級生への承認欲求が強まってきた。グループ決めや疲れている時に危険行為が出やすい）を共有し、本児に「気持を会話や日記で表現する」「自宅休養日を設定する」プランを提案した。しかし本児はクラスに固執し、毎日登校した。見守りと不安定な時の別室での個別対応に学校は疲弊していた。	危険行為に対応する緊張で父母と教師に生じていた疲弊感に寄り添いつつ、本児もストレスや不満をどう表現していいかわからず、苦しんでいる事を強調して家庭と学校に伝えた。	
201＊年12月 しんどい気持ちの伝え方を「別室」か「自宅」で練習するという方法を取ろうとしたが、本児は教室に固執し同級生の前での危険行為が継続した。	代替え行為のトレーニングプランがなかなか実施できなかったので、本児に「卒業式を意識した入院治療」を保護者と共に提案した。	本児の状況を主治医に伝え、プランの練り直しを相談した。本児が入院を負のイメージで捉えないよう伝え方をアドバイスした。	主治医より、「危険行為によるアピールの徹底した無視と代替方法のトレーニング」を入院治療で、と提案された。
201＊年3月 入院治療（約3か月）を経て退院後、危険行為があれば再入院の約束で別室登校から徐々に教室に復帰して卒業式に参加することができた。	退院後、卒業式への参加を目標に、本児と相談しながら、徐々に学校滞在時間を延ばしていった。不安定な時は別室で過ごし、本児からの発信があるまでは刺激せず見守りに徹する対応をした。	不安定な時のアピール行動には絶対声かけせず、本児から言語化してくるまで「待つ」ことを徹底するように先生方に伝えた。	退院前に連携ケース会議を行い、退院後の生活に関して、学校・家庭・病院で共通確認をした。

4 その後の変化

(1) 事例と学校体制の変化

・父母は、本児の気持ちを受け止めることができるようになった。

・担任が個別対応と学級経営のバランスを崩さないように、学年団や管理職が協力体制を整えた。
・本児の支配的な対人関係や、ストレスを表現するパターン（不本意⇒聞いてほしい⇒危険行為⇒注目され満足）は、入院治療によるトレーニングで改善した。退院後、入院治療の枠組みを学校生活に取り入れることで危険行為の減少につながっていった。
・本児の、同年代への強い承認欲求や評価されることへの強い不安感は払拭しきれなかったが、卒業時には、危険行為によってではなく、気持ちを率直に表現することで、周囲が支援してくれることを実感できるようになった。
・本児の危険行為に対する、先生方の指導（叱責しない・本児の伝えたい気持ちの代弁）によって、本児に対するクラスメートの理解が促進され、周囲の児童は穏やかな対応をしてくれるようになった。

(2) エコマップ（支援後）

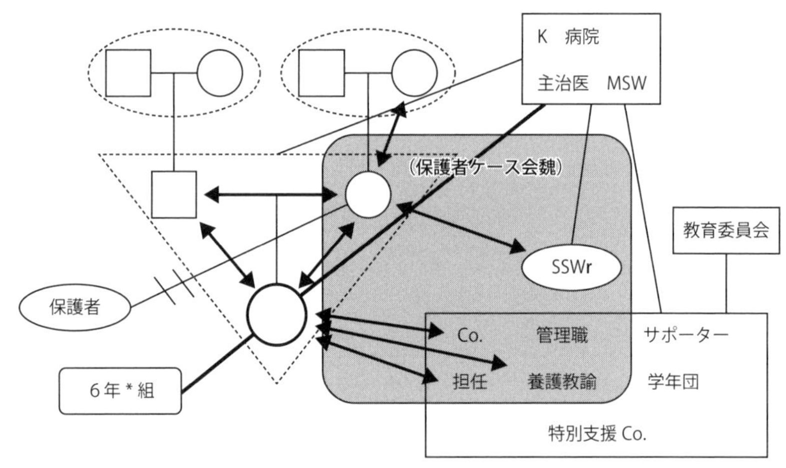

(3) 総合的アセスメント

・度重なる危険行為に学校も家庭も疲弊していったが、徐々に落ち着いた対応ができるようになってきた。これは、ケース会議を軸に言動のアセスメントを重ね、対応を共有したことと、教育委員会や医療機関の協力が得られたことで、学校も家庭も孤立感がなかったからである。

・危険行為の背景にある本児の情緒・ストレス対処能力等を分析していく中で、行為そのものより、代替え行為の獲得に視点が移行していき、支援に見通しがみえてきた。

5 SSWによるメゾ・アプローチのポイント

・外部機関（特に医療機関）への丸投げでなく、SSWrが医療機関と学校の仲介を行い、学校が入院治療の目的を明確にして医療機関を活用できるように調整した。

・見守りが常に必要な、リスクが高い事案に対して、校内での体制づくりを行うために、管理職やコーディネーターと丁寧に協議を行い、事案の理解を全教職員にしてもらうように働きかけた。

6 チームアプローチの成果と課題

・学校が、保護者ケース会議による保護者との協働や医療機関との連携・活用の方法がわかり、効果を実感することができた。

・学校とSSWrは、本児の危険行為のアセスメントとチーム支援の方法を中学校に適切に引き継ぐために、引継ぎ資料や支援のポイントを整理しておかなければならない。

Ⅲ　理論による解説

同じ時期に様々な問題が重なり回避できなくなると、情緒のバランスが崩壊し危機の状態に陥る。

本児にとってどのような出来事が危機となったのであろうか。

家庭では、本児の友達関係の影響で母親同士の関係もこじれ、母親が絶えずイライラし、本児の気持ちを聞いてあげることができていなかった。加えて、家族でない幼児が毎日入れ替わり立ち替わり出入りする日々が続いていた。本児は、母親に学校や友達への不満を聴いてもらうこともできず、くつろげる時間も場所もない状態になっていた。友人関係では、いつも傍にいてくれる親友がほしかったが、なかなかそのような親友ができず、逆に去っていかれるような孤立感が高まっていき、相談する方法も相談できる人も思い当たらなかった。

思春期の不安定さも重なり、安らぐ場もなく、思い通りの友人関係が築けない中で、ストレスフルな状態になっていた。

キャプランの「危機の4つの発達段階」に沿って、本事例の危機の発達プロセスをまとめた（図4-4-4）。

第１段階		第２段階		第３段階		第４段階
これまでの対処法で解決しようとする試み	➡	問題による不快な刺激の継続	➡	緊張が高まるがうまく処理できず、解決の断念・放棄	➡	危機的状況となる
本児はこれまで、他者に対して弱みをみせず、支配的に対人関係を作ってきた。その方法が通用しなくなった。		ますます強圧的な態度をとるので、余計に友達との関係性は悪化した。そのしんどさを、誰にも言えず、誰にも気づいてもらえなかった。		本児は問題が整理できず、自分を追い込み傷つける方向に向かっていった。		ストレスを表現するパターン（不本意な状況⇒誰かにわかってほしい⇒危険行為⇒注目されて満足）がエスカレートした。

図4-4-4　危機の発達プロセス

出所：川村（2011）をもとに著者作成

本児の危機的状況に対して、危機以前の状態に戻し、できれば適切な対処法を会得してほしいと介入を始めた。以下、アギュララの危機介入のプロセスに沿ってポイントを説明する。

(1) 感情をオープンにする

友達とうまく関われない気持ちを誰にも受け止めてもらえない状態が続き、情緒の均衡が崩れた。そこで、友達への怒りや裏切られた辛さを日記に書いたり、教師との会話で表出できるように働きかけた。相手の気持ちを汲みにくく感情コントロールが苦手な特性があるので、怒りの感情の表出が先行し、収まらない時もあったが、先生や母親が「聴いてくれる」という安心感は生まれてきた。

(2) 危機を現実的に知覚できるように助ける

これまで他者は自分の思い通りに動いてくれたが、徐々に思い通りにならない現実に直面し、孤立感を感じるようになった。しかし、これを認めたくない本児は、相手への攻撃をやめて、自分自身を傷つける、という表現でアピールしようとした。本児がクールダウンして落ち着いたときに、担任がトラブルに至った経緯や級友とのやりとりを、本児と一緒に整理する作業を行ったが、自分の言動の振り返りができず、関係性を改善していく方法を探すことがなかなかできなかった。

(3) 対処能力を探る

本児が危険行為のパターン化から抜け出せず、悲嘆作業と現実を受け入れることができにくかったのは、思春期に至るまで、支配的な対人関係以外の方法を学んできておらず、特性（自閉症スペクトラム）への手立てもなかったからではないか。しかし友達と関わりたい気持ちが強く、語彙も豊富で文章表現が豊かにできる良さがある。危険行為ではなく、弱さや辛さをそのまま表現することで、人は寄りそってくれることを、会得していける可能性があった。

(4) 社会的サポートを強化する

家庭と学校が協働してサポートできるようになった。加えて教育委員会の協力・医療機関との連携もあった。特に、入院治療の中で『危険行為は無視され、言葉で気持ちを伝えようとしたときに寄り添ってもらえる』というトレーニングを積み、退院後も、家庭と学校が医療機関の枠組みを生かすことで、危険行為が減少した。今後、学力保障やソーシャルスキル獲得のために、福祉サービスや中学校の支援学級等の社会資源を活用し、対人スキルを強化していきたい。

上記のことを「介入支援のプロセス」として図にまとめた（図4-4-5）。

感情のオープン

父母や教師（担任や養護教諭等）が様子や表情をみて声をかけ、気持ちを受け止めるようにした。日記の中で思いが自由に出せるようにした。怒りの奥にある感情はなかなか表出できなかった。

問題・個人のアセスメント

支配的な対人関係の改善や特性への理解・支援が行われないまま、思春期を迎えた。本児は交友関係で行きづまったが、相談の方法もわからず母親も受容できる状態ではなかったことが、危機を促進していったと考えられた。

危機の影響度

危機の状態に陥った本児は、危険行為によって、ストレスを表現し、アピールしたので、本児の安全・周りの子どもたちの心理的安定の確保のために、様々な手立てを講じなければならなかった。

3つのバランス保持要因を探り、強める

知覚・・・交友関係の行きづまりを解消するには、自分自身の対人スキルの改善が不可欠であること、ストレスを周囲に訴えるための手段としての危険行為は効果がないことがなかなか受け止めることができなかった。

対処能力・・・対人関係の学び直しがこれまでできていなかったが、言語表現や文章力は高く、表現する力は備えていた。周囲からの働きかけで、気持ちを素直に表現できるようになる可能性は高かった。

社会的サポート・・・家庭と学校が協働できたことが大きな効果をあげた。加えて、入院治療による枠組みの中で行動改善がなされ、それを学校と家庭が継続して生かす支援ができた。今後特性への支援・母親支援のために新たな機関との連携も必要である。

図 4-4-5　介入支援のプロセス

出所：川村（2011：102）をもとに著者作成

◉引用・参考文献

川村隆彦（2011）『ソーシャルワーカーの力量を高める理論・アプローチ』中央法規出版

文部科学省（2010）『生徒指導提要』（H22.3）

上地安昭（2003）『教師のための学校危機対応実践マニュアル』金子書房

山本健治（2014）「学校臨床における危機介入と緊急支援」『教育学論究』6号

5節

ナラティブ・アプローチ

I　理論の概要

1　ナラティブ・アプローチとはなにか

ナラティブ・アプローチとは、クライエントの自己についての語り(discourse)に着目し、それにより構成される自己物語や意味構成を重要なものとする援助方法である(高橋・吉川 2001)。クライエントと援助者の協働的関係をベースに、クライエントが抱えている問題に新たな意味や解釈を生成することで、支配されている物語からクライエントを解放し、問題解決を図ろうとするものである。ナラティブは「物語」や「語り」と訳され、今日、人文学や社会科学をはじめとする多様な学問領域で用いられている。ナラティブの視点やそれを用いた援助方法はどのようにして誕生し、注目されるようになっていったのだろうか。まずは、誕生の背景と視点の特徴について見ていくことにする。

ナラティブ・アプローチは、1980年代に台頭した社会構成主義の認識論に依拠するものである。社会構成主義とは、規則性や合理性を前提とする科学的知識、論理実証主義への批判の高まりを背景に生まれた思想であり、現実は客観的に存在するものではなく、人々の認識によって社会的に作られるという立場をとる。こうしたパラダイム転換は、心理療法やソーシャルワークといった対人援助にも影響を与えた。客観性を重視する従来の治療方針に異議を唱えた心理療法家たちが、その思想をセラピーに援用したことに端を発し、アンダーソン. H、ホワイト. M、エプストン. Dらを嚆矢として、1990年代以降、家族療法を中心に援助技法として確立していった。

森岡（2015）によれば、ナラティブとは「プロットを通じて出来事が配列され、体験の意味を伝える言語様式」である。人は出来事を説明する際、起きた事象すべてを順序通りに振り返るのではなく、自ずと現実からいくつかの場面を選択し、文脈に応じてそれらを組み合わせ、筋書きを描き、物語を作る。それは主観に基づくので、常に自身の評価や意味づけが包含される。また、それは聞き手との関係性や文脈によって構成されるため、文脈が変われば過去の出来事の意味づけや解釈も変わり得るものとなる。物語は個別的で多様なものであり、文脈や意味づけの変化によって書きかえられる、これがナラティブの視点の特徴である。

2 問題の外在化と物語の書きかえ

対人援助にナラティブの視点を用いることには、どのような利点があるのだろうか。野口（2002）は、システム・アプローチが「システムが問題を作る」という視点であるとするならば、ナラティブ・アプローチは「問題がシステムを作る」という視点に立つものであると表現する。悩み事を抱えているクライエントは、長い間その問題に晒されるうちに、問題を自身に内在化させ、「問題を抱える自分」として問題そのものが自分であるかのように感じてしまうことがしばしばある。問題にまつわる出来事を選び取り、それらを組み合わせ、自己の意味づけが付与されることで、問題には原因と結果が生み出される。そのプロットにそぐわない事柄は語りから排除される。こうして問題のしみ込んだ物語が形成され、問題が問題として成立し続けてしまうのである。

ナラティブ・アプローチでは、問題に支配された物語をドミナント・ストーリーと呼び、クライエント自身がこの物語を書き換えることで、クライエントを問題から解放しようと考える。援助者は、「自分＝問題」として内在化されている問題を、「問題＝問題」として外在化させ、問題に支配されていない例外的な出来事を「ユニークな結果」として紡ぎ出す手助けをする。そして、クライエント自身が、問題に影響されない出来事に意味を付与することで、ドミナント・ストーリーに代わるオルタナティブ・ストーリーを形成していく。ナラティブの視点を対人援助に用いる利点は、問題に圧倒されている存在ではなく、物語を書き換えていく存在としてクライエントの主体性を認め、問題に対処してきたクライエントのこれまでの努力や問題に打ち勝つ力を顕在化させるというところにあると言えるだろう。

3 ナラティブ・アプローチにおける援助者の姿勢と役割

ナラティブ・アプローチは、従来のクライエントと援助者の関係性に批判的な立場を示し、両者の協働的関係を強調するところに特徴がある。これまでの対人援助は、科学的根拠に基づく方法こそが正統であり、問題の成り立ちを熟知する専門家という姿勢が援助の中核に据えられてきた。しかしながら、こうした援助者の姿勢は、しばしばクライエントの問題を規定し、固定化させる恐れがある。支援を与える側と受ける側という非対等的な関係が生み出され、自ずと権威性や「ワンアップ・ワンダウン」の関係が立ち現れてしまう。解決に向けたクライエント自身の力を弱化させたり、信頼関係の構築を困難にしたりすることもある。こうした課題への気づきから新たな援助者像が模索され、誕生したのがナラティブ・アプローチである。

代表的なものに、アンダーソン. Hが提唱した「無知の姿勢」がある。野口(2002) によれば、これは専門知を持たないとか、経験が浅いということを意味するのではなく、専門的知識による予測や判断を一旦横に置き、クライエントの生きる世界においては無知であるという姿勢でクライエントに向き合うことを意味している。それにより、援助者はクライエントについてさらに深く知りたいという欲求を抱き、それを表現するようになる。クライエントから「教えてもらう」という意識が生まれ、協働的関係が構築されるのである。この姿勢は、特に相談への動機づけが低いクライエントや援助者の助言を受け付けないケース、クライエントと援助者間に行き違いや違和感が存在している場合に有効である。クライエントと協働し、問題に支配されない新たなストーリーを形成していくような語りの聞き手になる、それこそがナラティブ・アプローチにおける援助者の役割であると言える。

以上、ナラティブ・アプローチの成り立ちや視点の特徴、援助者の役割について見てきた。ナラティブ・アプローチは、クライエントが問題に対処してきた経験を紡ぎ出し、クライエント自身が持つ力の再発見を重んじるという点において、ストレングス・モデルやエンパワーメント・アプローチ、問題解決アプローチに共通する要素が多分にある。また、援助者の姿勢は、傾聴や受容、個別化や非審判的な態度など、ソーシャルワークの価値・理念と非常に親和性が高い援助方法であるとも言える。援助者は、ナラティブ・アプローチの技法を習得するのみでなく、根底にある援助者としての姿勢や視点の在り方を銘記しておく必要があるだろう。

（高橋味央）

Ⅱ　事例：虐待的な養育環境を背景に学校や家庭で問題行動を呈した小学生

1 相談内容

(1) 事案の概要

金品持ち出しや他児に対する暴力等の問題行動を呈する小2男児の事例。入浴をしない、同じ衣服を頻繁に着用するなど生活面の課題も認められる。母親は不在であることが多く、食事が用意されないことも多い。自宅はゴミや物が散乱して不衛生な状況で、過去に身体的虐待による通告歴もある。母子関係や兄弟関係が悪く、口論が絶えない状況にある。

(2) 家族構成

母親、長男（中学1年生）、本児（小学2年生）の3人家族。本児が幼少の頃に両親が離婚。その後、母親が再婚し他県へ転出したが、間もなくして離婚。母方祖母宅がある本市へ再度転入した。祖母と母親は不仲で疎遠のため、頼れる親戚はいない。

(3) エコマップ（支援前）

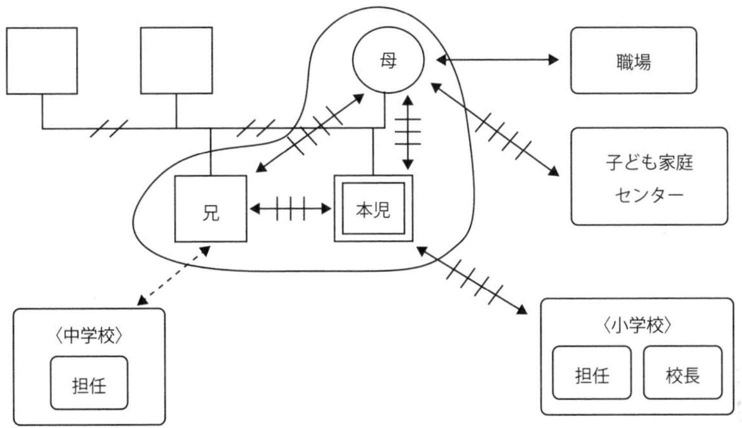

2 第1回ケース会議

(1) 参加メンバー：校長、教頭、生活指導、支援コーディネーター（以下、支援Co）、学級担任、学年の教諭、養護教諭、SSW

(2) ねらい：本児の問題行動（金品持ち出しと他害行為）を改善するため、家庭環境も含めて見立てと手立てを検討すること。

(3) アセスメント：

本児には虐待的養育環境で育ったことによる愛着の課題があり、行動面に影響を与えている。否定的な発言が多く、自己肯定感が低い。自分の気持ちを伝えること、感情を統制することが苦手でトラブルも多く、クラスで孤立傾向にある。母親は過酷な就労状況にあり、精神的及び身体的な疲労が大きく、養育意欲の乏しさにつながっている。親族からも孤立しており、母親自身の生育歴の課題も窺える。以前に相談機関を利用した際の印象が良くなかったこともあり、母親は専門職と継続的につながることを拒み、1人で抱え込む傾向にある。

(4) プランニング：

①本児への支援：問題行動や生活面の改善、自己肯定感の向上を目指し、本児と一緒に外在化技法を用いた行動目標を立て戦略を練る。本人参加型のケース会議でその経過を共有する。担任は、本児が好きな係活動で役割を与え、学級での居場所づくりを行っていく。

②母親への支援：保護者参加型ケース会議を実施し、母親の困り感やニーズの把握を行う。親戚や地域から孤立傾向であるため、学校と協働的関係を築けるよう働きかける。

③他機関連携：要対協ケースであり家庭支援を要するため、家族状況について家庭児童相談室（以下、家児室）と随時情報を共有する。長男の件はSSWが中学校と連携、登校支援を検討。

3 経　過

日時と事案の変化	学校の動きと校内体制の変化	SSWの動きと変化	関係機関の動きと変化
X年4月 学校で保護者参加型ケース会議を実施。学校と家庭が協働し、本児の問題行動を改善していくことを確認。	ケース会議には母親、校長、生指、担任、支援Co、SSWが参加。養育への困り感や苦労を受容的に聴き、協働的関係の構築に努める。	母親からの訴えに基づき中学校と連携、兄の支援についても検討を始める。	

X年5月上旬 本児が再び自宅から金品を持ち出し、ゲームセンターで遊んでいたことが、母親の相談により発覚する。	緊急校内ケース会議。生指が本児に事実確認。その後、担任とSSWも一緒に本児の気持ちを聴く。母親も後に同席し、改善に向けた前向きな話し合いを行った。	母親が本児を怒り、身体的虐待に至るという展開を回避するため、協働的関係での支援を教員や母親に呼びかける。	
X年5月下旬 学校で本人参加型ケース会議を実施。外在化技法を用いたワークを行い、行動目標を一緒に考える取り組みを開始。	ケース会議には本児、担任、支援Co、SSWが参加。問題を擬人化し、退治するための行動目標を立てる。放課後に担任・支援Coが目標の達成を本児と共有する取り組みを継続的に実施。	外在化技法の目的と方法を教員や母親、本児に説明。同時に、家庭訪問で家庭状況や母子関係の見守りを行う。	家児室は学校、SSWと連携。養育環境のモニタリングを行う。
X年6月 母子参加型ケース会議を実施。行動の改善を共有。	本児、母親、担任、支援Co、SSWが参加。外在化技法を用いたワークの取り組み、それによる行動目標の成果を共有。	母親から本児の発達面に関する相談があったため、発達相談を調整。	家児室と子ども家庭センターで情報共有。
X年7月 他機関連携ケース会議を実施。支援の進捗状況を共有。	小学校は管理職、生指、担任、支援Co、中学校は生指と担任が会議に出席。小学校は担任や支援Coが直接支援を継続し、夏休みは家庭訪問を行う。	家庭児童相談室や中学校との連携を進める。母親には子ども家庭センターでの相談を提案。	家児室はケース会議に参加。
X年8月 子ども家庭センターで発達や育児の相談。本児は心理検査を被検。	校内支援委員会でのプランニングを受け、夏休みには担任や支援Coが家庭訪問を実施。	子ども家庭センターへ同行。夏休み中は学童と情報を共有。	子ども家庭センターが養育相談と検査を実施。
X年10月 子ども家庭センターの相談員が来校、検査結果を共有。	校長、生指、担任、支援Co、SSWが参加。発達のアンバランスさを共有し、通級利用を決定。	他機関と連携し、ケース会議をコーディネート。	通級担当が来校し、支援を実施。

4 その後の変化

(1) 事例と学校体制の変化

保護者参加型ケース会議が月に1回の頻度で定例化され、学校と家庭の協働的関係が維持されるようになった。また、本人参加型のケース会議にて外在化技法のワークを継続し、行動目標の成果を母親や教員と共有する取り組みが定着した。褒められる機会が増えたことで少しずつ否定的な発言も減り、金品持ち出し等の問題行動も見られなくなった。学校では、校内・他機関連携・当事者参加型といったケース会議の多様性が受け入れられ、支援の構造化が図られた。

(2) エコマップ（支援後）

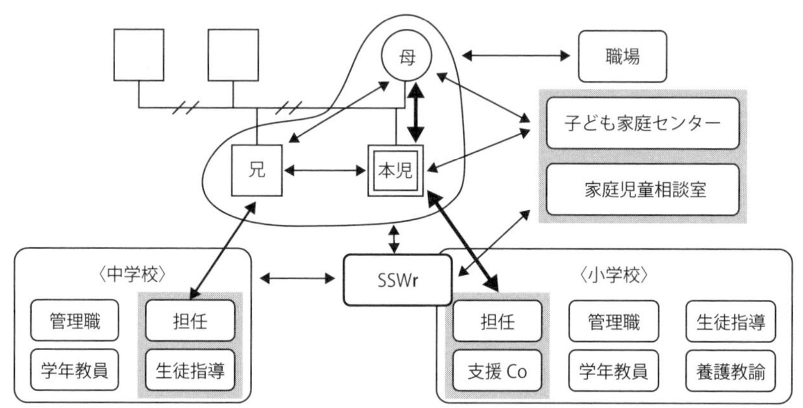

(3) 総合的アセスメント

虐待環境であるうえに、本児の問題行動で母子間の軋轢が増幅するという悪循環が生じていた。母親には“本児は約束を破る悪い子”“子育てができない母親”、本児には“自分は問題を起こす悪い子”“母親はいつも叱る怖い人”というドミナント・ストーリーが構築されていたと考えられる。それに対して、当事者参加型のケース会議を行い、協働的関係の中で、そのストーリーにそぐわない出来事や結果が蓄積されたことによりオルタナティブ・ストーリーが紡ぎ出され、母子関係や母親と学校・他機関の関係が良好になっていった。本児は外在化技法のワークを通して行動目標が達成できるようになり、自己肯定感が高まり、他者との関係性が良好になっていった。

5 SSWによるメゾ・アプローチのポイント

- 母親や本児のニーズを学校全体で共有し、母子と教員それぞれが協働的関係のもと、解決に向けて一緒に取り組めるよう、面談ではなく学校での当事者参加型ケース会議を定例化させた。
- 学校と母親の対立を改善するため、また、学校に本児の居場所を作るため、教員が母親や本児の語りを聴く機会を定期的に設け、支援方針が受容的になるよう働きかけた。
- 本児の強みを活かした肯定的、予防的な援助展開が可能となるよう、多様な形態のケース会議を定着させ、支援の構造化を図った。

6 チームアプローチの成果と課題

- 当事者参加型ケース会議を支援の中心に据え、母子、小中学校、他機関が協働的関係を維持しながらチーム支援を進めることができた。
- 母子と他機関がつながり、養育環境の支援と見守りがより充実したものとなっていった。
- 養育負担の軽減や本児の居場所づくりを目標として、今後は地域やインフォーマルなサポートの可能性を探索していくことが必要である。

1 「無知の姿勢」による協働的関係の構築

本事例の母親は、これまでにいくつかの機関への相談歴があったが、権威的な関わりに抵抗感を抱き、専門職に対する強固な否定的感情を持っていた。相談への動機づけも極めて低い状態であった。本児が問題行動を起こす度に、母親は自身の養育の在り方を責められるのではないかと感じ、小学校とは対立関係に、中学校とは疎遠な関係に陥っていた。そのため、まずは学校や専門職に対する母親の抵抗感を拭い、良好な援助関係を結ぶための取り組みが必要であった。

そこで本事例では、ナラティブ・アプローチの「無知の姿勢」を用い、母親と協働的関係を構築することを優先的目標に設定した。クライエントの問題はクライエント自身が最もよく知っているという視点に立ち、母子がこれまでどのようなことを経験してきたのか、それについてどのように取り組んできたのか、そしてその経験をどのように意味づけているのかを知ることに注力した。当事者参加型のケース会議の中で教員も一緒に母親と本児の話しに耳を傾け続けたことで、学校と母子との間に協働的関係が構築された。これは、母親や本児が問題解決へ前向きになるだけでなく、教員が家族や本児に対する理解を深め、受容的で予防的な関わりを行う契機にもなった。

2 新たなストーリーの形成

本事例は、虐待的養育環境に起因する愛着の課題が背景にあると同時に、本児が問題行動を起こす度に母子関係が悪化するという悪循環が生じていた事案である。本児が自宅から金品を持ち出すと、母親はきつく叱り、時には身体的虐待に至る。本児に二度と問題を起こさないという誓約を書かせ、再び問題を起こすと約束を破ったとして厳しい罰を与えることもあった。母親にとって本児は、“約束を破る悪い子”であり、自身は“子育てができないダメな母親”という否定的なストーリーが形成されていたと考えられる。それに対して、問題を母子から切り離し、母親や本児から問題が生じていない例外的な経験（ユニークな結果）を聞いていくと、本児は家でお手伝いをしていたり、母子で頻繁に遊園地へ出かけたりするなど、良好な場面や時間が実は多く存在することが浮かび上がってきた。そうした出来事は、ドミナント・ストーリーにそぐわない事象として、意味を持たないものとなってしまっていたのだ。後に述べる、外在化技法の活用とそれを母子と教員で共有するという取り組みや、発達検査により新たな見立てが付加されたことも、物語の書きかえを手助けし、オルタナティブ・ストーリーが形成されたと考えられる。

3 外在化技法の活用

本児は金品持ち出しや他児への暴力という問題行動を繰り返し、叱られる経験を積み重ねるうちに、大人に対して反発するようになっていた。自分は金品を持ち出したり暴力をふるったりする悪い子だというように問題を内在化させてしまい、自己肯定感が低く、否定的に物事を捉えがちになっていた。そこで、問題を外在化させ、対処への行動目標を立てて実行するという取り組みを行うことにした。具体的には、家から金品を持ち出すという行為を「盗りたい虫」と本児が名付け、その虫退治のための行動目標を立てるというワークである。これは、ホワイト. Mとエプストン. Dらが考案した「外在化技法」である。①問題を名付けることで本児から問題を切り離す、②問題が自身や家族にどのような影響を与えてきたのかを明らかにする、③外在化された問題（虫）が現れなかった時や影響を受けなかった出来事を思い出す（ユニークな結果）、④問題（虫）が現れないようにどのような努力をしてきたのかを尋ねる、という内容である。この技法を用いることで、先に述べた問題の例外に気づき、オルタナティブ・ストーリーが形成されるのと同時に、担任や支援Co、母親、本児が協働して問題に取り組む、解決に向けたチームが形成されていった。本児の自己否定的な感情も減少し、他者との関係性が良好なものに変容していった。

以上がナラティブ・アプローチを用いたSSWによる援助の事例である。SSWの場合は、このナラティブ・アプローチをクライエントとの二者関係に用いるのではなく、校内支援体制の中に取り込んでいくということが必要である。子どもを取り巻く環境に相互作用を生み出すためには、保護者を含めた校内支援チームを作ることが鍵となるからである。子どもや保護者、学校の教職員が一丸となり問題に立ち向かう、そうした協働関係を生み出す支援チームを構築する際、ナラティブの視点や技法は有効なものとなるだろう。

◉引用・参考文献

森岡正芳（2015）『臨床ナラティブ・アプローチ』ミネルヴァ書房

野口裕二（2002）『物語としてのケア：ナラティブ・アプローチの世界へ』医学書院

高橋規子・吉川悟（2001）『ナラティブ・セラピー入門』金剛出版

6節

愛着理論

I　理論の概要

1　1年目のサイクル

愛着理論は、数百万年の進化に根差した子どもと養育者の「愛着＝相互作用システム」、また成人後の対人関係や社会適応性等にもその影響が及ぶことを説明している。さらに今日急速に研究が進む脳科学がそれらを裏付けつつある。

この世に生を受けた乳児は、「お腹空いた」「何だか気持ち悪い」「安全を得たい」等といった本能的なニーズを、泣き声やぐずりで養育者に知らせる。養育者が、アイコンタクト・抱っこ・授乳・ロッキング等で応えることで、乳児は満足し、安心とリラックスを得る。この親子のコミュニケーションは何度も繰り返され、次第に養育者への信頼・安心が乳児の中に形作られていく。Terry M. levyら（2014）はこの循環を「1年目の愛着サイクル」として、図4-6-1のように示している。

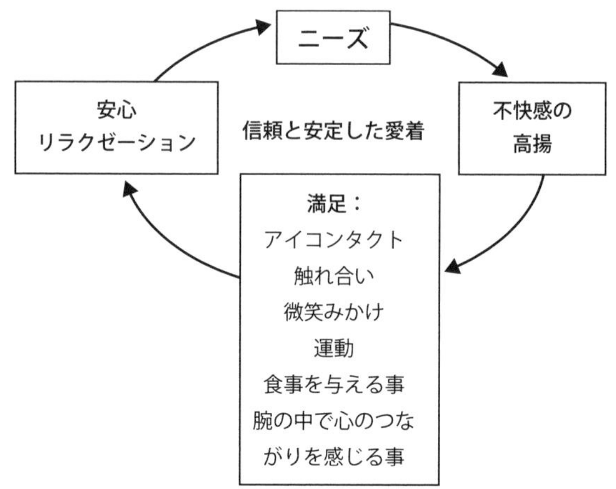

図 4-6-1　1 年目の愛着サイクル

出所：Leavy（2014: 62）を著者が和訳

2　２年目のサイクル

続けてTerry M. levyら（2014）は、ハイハイを経て歩き始めた幼児と養育者との相互コミュニケーションを、「2年目の愛着サイクル」（図4-6-2）として示している。これによると、より活動的になった幼児は、触る、手に取ってみる、ひっぱる、はなす、叩く、口にものを入れる等の、自身の欲求に基づいた探索行動をする。養育者は、それらの行動を承認したり、限界を設定したりして、家庭内でのルールを教えていく。幼児は、許容範囲と自己コントロールを学びながら、自律性を発達させていく。また、養育者の承認によって、幼児は「大切な人に認められている」感覚を何度も経験しながら、自尊心を抱き始める。

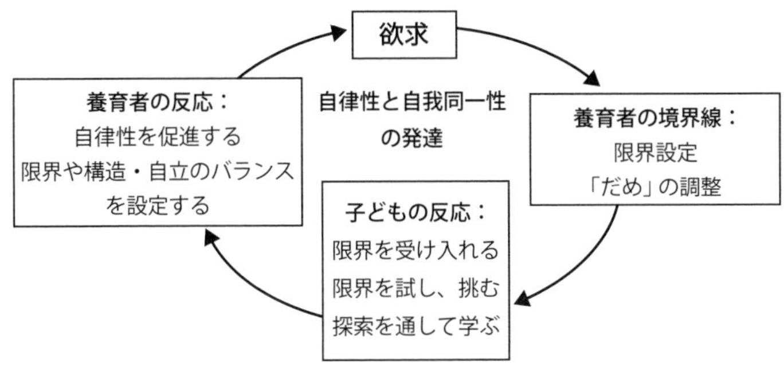

図 4-6-2　2 年目の愛着サイクル

出所：Leavy（2014: 71）を著者が和訳

3 内的ワーキングモデル

子どもは、養育者との相互コミュニケーションを繰り返す中で、「自己」「他者」「人生」への信念と期待＝内的ワーキングモデル（IWM）をもつようになる（Leavy, 2014)。親子のコミュニケーションが感性にあふれ、柔軟かつ一貫したものであれば、子どもは希望と肯定的な視点を持つようになる。しかし、支配的で場当たり的な養育や一方通行のコミュニケーションが続けば、子どもは不信と悲観的な視点を学び、それを信じるようになる（表4-6-1)。

表4-6-1　内的ワーキングモデル（IWM）の対照表

	1. 安定した愛着	2. 不安定な愛着
自　己	「私は良い子で、望まれていて、価値があって、力があって、愛されるべきだ。」	「私は悪い子で、望まれていなくて、価値がなく、無力で、愛されるべきではない。」
養育者	「彼らは、私のニーズに適切に応えてくれて、感性が豊かで、思いやりがって、信頼できる。」	「彼らは、私のニーズに応えてくれず、感性がなく、私を傷つけ、信頼できない。」
人　生	「世界は安全で、生きる価値がある。」	「世界は危険で、生きる価値がない。」

出所：Leavy（2014：77）を著者が和訳・一部編集

4 行動化する子どものサイクル

不安定な愛着が内在化するにつれて、人格形成に関する重要な2側面に障がいが生じる。1つ目は、衝動性の抑制、自分を癒す力、自主性、忍耐力、持続力、自制心といった「自制能力の欠如」である。2つ目は、共感能力、信頼感、情愛、相互性、表現能力、人に対する尊敬心といった「人間関係の構成能力の欠如」である（ヘネシー 2004）。

これらはやがて愛着障害となって子ども自身の様々な側面に影を落としていく。子どもは「自己」「他者」「人生」への否定的なワーキングモデル（NWM）に基づいて、攻撃的・挑戦的・不誠実な行動をとるようになる。養育者をはじめとした周囲の人々からは、怒りや苛立ち、無視、叱責等の否定的な反応が引き出され、結果として否定的なワーキングモデル・愛着障害を強化することになる（図4-6-3）。

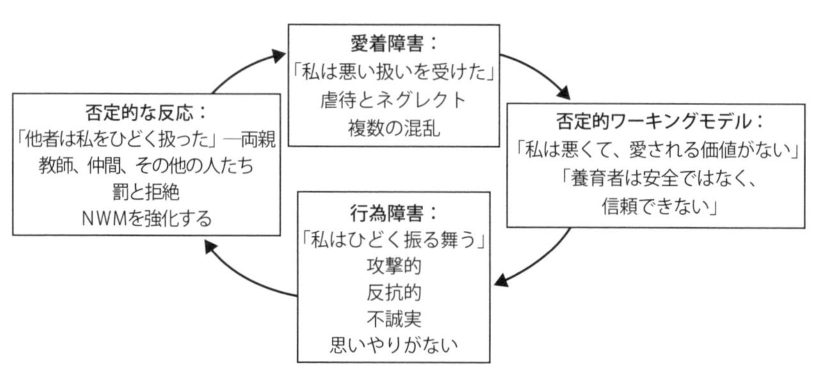

図 4-6-3　行動化する（「悪い」）子どもの悪循環

出所：Leavy（2014: 192）を著者が和訳

5 愛着障害の症状と影響

こうして生じた愛着障害は、様々な症状を引き起こす。DSM-5（精神疾患の分類と診断の手引）は「反応性アタッチメント障害／反応性愛着障害」「脱抑制型対人交流障害」の項目と診断基準を設けている（日本精神神経学会 2015）。また、多岐にわたる症状群を以下の6側面に分類する見方もある（Leavy 2014、ヘネシー 2004：41-51）。

①感情面：愛されない不安で、絶えずイライラ……
②行動面：自分を愛そうとする人に向ける絶え間ない攻撃性
③思考面：自己否定、他者否定のマイナス思考
④人間関係・支配－隷属の結びつきが特に強い
⑤身体面：身の回りの不潔さや、肉体の痛みには無頓着
⑥道徳面　倫理観：盗み、非行……、社会のダークサイドに目を向ける

さらに、愛着障害が核となり、PTSD、ADHD、反抗挑戦性障害、行為障害、双極性障害、うつ病といった他の精神疾患を引き起こす可能性も示唆されている（Olrans・Leavy 2006）。

（長田大嗣）

Ⅱ　事例：親子関係の悪循環から行動化を繰り返す男子へのチームアプローチ

1　相談内容

（1）事案の概要

B（小3・男子）は、X年3学期始めから、授業中の離席・エスケープ、些細なトラブルをきっかけとした癇癪、盗癖と溜め込み、教員・クラスメイトへの過度なスキンシップ・突き放し等を毎日のように繰り返すようになった。父はトラブルの度に学校の対応に不満・不信を抱き、数日欠席させることが増えていた。教員は事後対応に追われ、授業進行にも支障が出ていた。

（2）家族構成

父、Bの父子家庭である。母とは離婚調停中で3歳上の兄とともに別居中である。

（3）エコマップ（支援前）

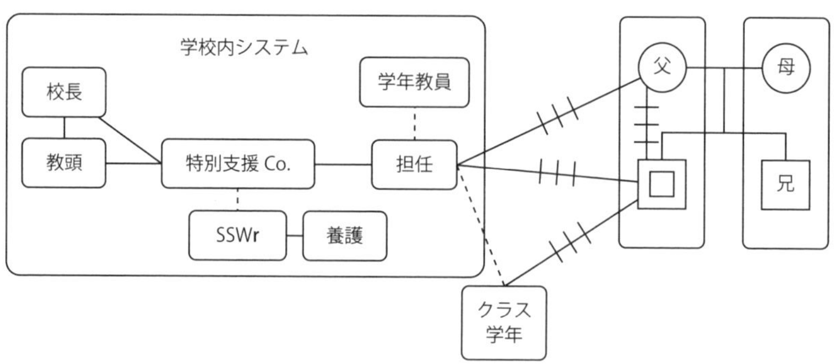

2 第１回ケース会議　X年２月

(1) **参加メンバー：** 校長、教頭、特別支援コーディネーター、養護教諭、担任、学年教員、SSWr

(2) **ねらい：**

・B、父の言動だけではなく、Bを取り巻く家庭、学校の間で悪循環が生じていることを客観視する。
・緊急対応、予防支援両方の校内体制を構造化する。
・対立構造になりつつある父との協力体制づくりのための計画を立てる。

(3) **アセスメント：**

・Bは自身の心情や思いを受け止めてもらうよりも、父親から日常的に叱責・制限・暴力を受けている様子がうかがえる。大人・周囲への不安・不信を強めており、学校での行動化は、教員やクラスメイトからの否定的な反応を引き出し、授業進行を遅らせる要因になっている。
・創作活動やバスケットボールには意欲的に取り組むことができる。
・父は、Bの行動がB自身の発達課題と学校の理解不足にあると感じ、不信感を抱いている。一方で、自身の関わり方や母親との不仲が影響していると漏らすこともある。父親の困り感を聞きながら、養育方法に介入する必要がある。

(4) **プランニング：**

①緊急時、担任は授業進行に専念し、個別対応は管理職と特別支援コーディネーターが担う。教室・授業に戻すよりも、Bの予防的なクールダウンと心情の言語化を優先する。また、クールダウンの場所を保健室・図書室に設定する。宿題点検・採点・行事準備等は学年教員で分担する。

②放課後には担任・特別支援コーディネーター・Bで振り返りを行う。不適応行動の指導よりも、ストレスへの対処方法・心情の変化に焦点を当てる。
③振り返りカードを作成し、B・父・担任で共有する。
④協力体制を作るための父参加ケース会議を提案する。

3 経　過

<table>
<tr><th>日時と事案の変化</th><th>学校の動きと校内体制の変化</th><th>SSWの動きと変化</th><th>関係機関の動きと変化</th></tr>
<tr><td>X年2～3月
Bへの個別支援、父との協力体制づくりを進める。</td><td colspan="2">・特別支援コーディネーターとSSWrが授業観察し、行動パターンを分析する。
・父参加ケース会議を提案、実施する。
(1) 父の被虐待歴やBの幼少期からの育てにくさがあったことがわかる。
(2) Bが見通しを持って動けないこと、宿題・明日の準備をしないこと、それらを嘘で誤魔化したり黙ったりすることが許せず、手が出てしまうパターンが判明する。
(3) 大人からの見通し・後押しの必要性を確認する。</td><td></td></tr>
<tr><td>X年4～6月
担任の変更で、欠席が増加する。父子ともに新担任への不信を訴える。</td><td colspan="2">・コア会議で、昨年度までの経過とともに、環境変化で親子の不安が増大すること、早期に家庭訪問をして関係づくりをする必要性を確認する。
・SSWrと担任で家庭訪問をする。SSWrが父の不安を聞く間に、担任がBと一緒に遊ぶ。また、休み時間・放課後に相談するパターンを決める。昨年度同様、個別支援、振り返りカードを継続することを確認する。</td><td></td></tr>
<tr><td>X年7～9月
Bの万引き、同級生とのトラブルが再発する。父は希死念慮が強くなる。</td><td>・校内ケース会議で以下の方針を決める。
(1) 要対協に通告する。
(2) 父の養育意欲低下を受けて、児相の協力を得る。
(3) 医療機関を紹介する。</td><td>・父との面談で医療機関を紹介し、受診・服薬に至る。
・児相と父の面談を設定し、同行する。</td><td>・児相より、父子間のクールダウンと問題行動の治療を目的にBの入院を勧め、実施に至る。</td></tr>
<tr><td>X年10～12月
入退院を経て、父子関係の改善をはかる。</td><td colspan="2">・校内ミニケース会議を実施する。
(1) 入院期間中に、諸機関と連携して父に心理教育が必要であることを確認する。
(2) 病院で有効だった支援を校内・家庭で引き継ぐ。
(3) 保護者参加の連携ケース会議を調整・依頼する。SSWrが諸機関と連携して準備を進める。</td><td>・保護者参加の連携ケース会議を開く。
・児相とSSWで、父への心理教育を行う。</td></tr>
</table>

X年1月以降 登校・バスケットボールへの挑戦を支える。 行事への参加、登校が可能になる。	・担任、特別支援コーディネーターを中心に、バスケットボールを起点として登校機会を作る。 ・SST等を通してB自身の言葉で話せる機会を作り、感情・両親や兄への思いの言語化が進む。	・SSWrが父支援を担い、Bの挑戦を後押しする事、失敗時こそ支える事をレクチャーし、父が実行し始める。	・医療機関への通院を継続する。

4 その後の変化

(1) 事例と学校体制の変化

Bをめぐって次々に起こる事象や目まぐるしく変わる状況を把握するために、特別支援コーディネーターが常に情報を集約し発信するシステムが作られていった。コア会議やSSWrとの打ち合わせを定期的に設定することで、予防的なケースマネジメントが可能になった。

その後もトラブルのたびに、親子への「苛立ち・失望・あきらめ」が何度も引き起こされたが、校内・保護者参加ケース会議を通して、Bにとって学校こそが「安心・信頼」の基地であり、モデルになる事を再確認していった。

(2) エコマップ（支援後）

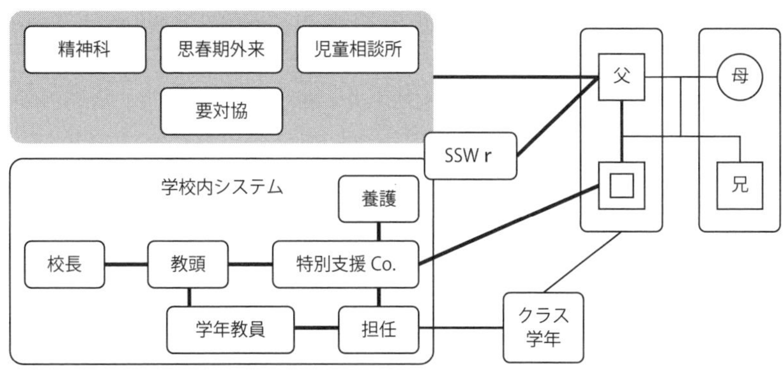

(3) 総合的アセスメント

愛着課題に介入する場合、支援者自身の愛着課題もまた余儀なく引き出される。本児例においても、本来親子の関係不和が中心の問題であるはずが、教員同士、教員とSSWr、学校と諸機関との間で葛藤が何度も引き起こされ、いつの間にか「不信・不安」のサイクルに巻き込まれていた。現状を打破したのは、Bの真のニーズの再発見と、「Bのための支援」を構造化・組織化したこと、関係機関の協力により父の変容をサポートする体制が整備できたことであった。

5 SSWによるメゾ・アプローチのポイント

- SSWrは、コンサルテーションから会議に至るまで、「子ども中心の視点」を一貫して提供することが期待される。
- 繰り返し起こる事象の専門的な分析と意味づけに加え、子どもを中心とした全体像を時系列的にも領域的(ミクロ・メゾ・マクロ)にも俯瞰する視点が不可欠である。
- 支援チーム内で生じる感情、特に怒りや苛立ちといった負の感情を恐れず、動機付けにリフレームする技術が必要である。

6 チームアプローチの成果と課題

- 担任のみがB親子に対応する状況から、校内・関係機関のチームメンバーがそれぞれの役割を担って構造的に支援する体制を整備することができた。また、校内で情報の集約・発信のシステムが組織化されたことで、予防的な介入・支援、タイムリーな機関連携が可能になった。
- 特別支援コーディネーターが個別対応に追われてる際に、SSWrとの打ち合わせやコア会議が延期されることがしばしばあった。補完するサブシステムの設置が必要であった。

Ⅲ　理論による解説

1　否定的ワーキングモデルによる悪循環

父とBの間で繰り返されてきた否定的ワーキングモデルの悪循環は、父自身の被虐待体験に根差しており、父自身もまた愛着に課題を抱えて生きてきた当事者であった。今度はBがそれを引継ぎ、学校生活の中で行動化を繰り返していた。学校もまた、否定的な反応をせざるを得ず、悪循環の中に巻き込まれていった、と解釈できる（図4-6-4)。

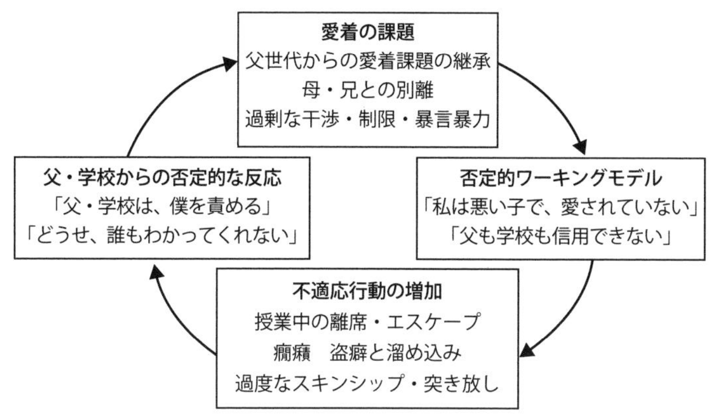

図4-6-4　Bの否定的ワーキングモデルの悪循環

出所：Leavy（2014：192）をもとに著者作成

2 安定した愛着関係への移行

振り返りカード等、父・学校が肯定的なフィードバックの機会を設定したことで、「認めてほしい」「大切にしてほしい」というBの存在に関わるニーズが少しずつ満たされ始める。また、学校内における支援体制の構造化は、Bに許容範囲と限界設定を与え、予測可能で自己をコントロールできる状況を生んだと言える。

しかし、X年7月の時点で、父の変容を支える環境は十分ではなく、Bの行動化の再燃を許してしまう。その後、関係機関が支援チームに加わることで、父が自身の愛着課題を認め、具体的な親子のコミュニケーションスキルを学ぶ機会が整う。Bもまた、SSTを通してコーピングスキルを学ぶことで、適応的な行動をとったり、心情を言語化したりできるように成長していった。B親子の愛着関係は「不安・不信」から「安心・信頼」のサイクルへと移行し始め、「バスケットボール＝新たな探求」に挑戦・応援できるまでに変容していった、と説明することができる（図4-6-5）。

また、ヘネシー（2004：71）は、安定した愛着の形成過程を以下のように説明している。すなわち（1）モデリング：両親（もしくは愛着の絆を結んだ大人）の態度や鼓動を手本として学ぶ、(2）インターナリゼーション：両親（もしくは愛着の絆を結んだ大人）の価値観念や行動を自分の中に取り入れる、(3）シンクロニシティー：早期の愛着形成時に、親と同時性や一体感を経験し、自分を癒すことを学ぶ、(4）レセプロシティー：早期の愛着形成時に、親と相互に関わり合うことを体験して、人との関係作りを学ぶ、(5）ポジティブ・センス・オブ・セルフ：肯定的な自己意識を育む、の5ステップである。本事例の場合、支援チームがこのプロセスを分担しながら支え、親子にとっての安全基地・モデルの機能を果たしたと言える。

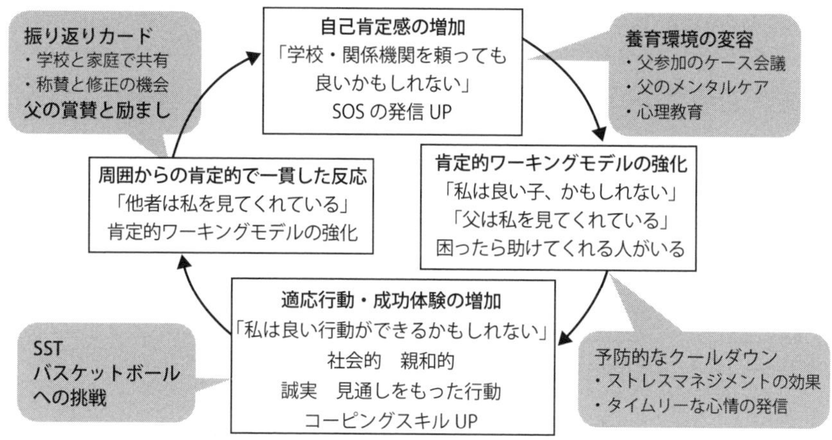

図 4-6-5　B の肯定的なワーキングモデルへの変容

出所：Leavy（2014：192）をもとに著者作成

3 別居した家族との愛着関係

両親の離婚に伴う争いや葛藤は、子どもの注意力、学業成績、免疫系などに多大な影響を及ぼす（パターソンら 2013、パトリシア 2015）。Bは父との関係を修復する中で、別居している母・兄への思いを吐露し始めていた。Bにとっては、離婚調停前も、その最中もその後も、母・兄は家族であり、愛着関係は続いているのである。今後、Bが「家族がバラバラになったのは、自分のせいではない」と実感できる機会が得られないならば、それは「不安・不信」のワーキングモデルを再燃する種となり得る。

◉引用・参考文献

JoEllen Patterson・Lee Williams・Todd M. Edwards・Larry Chamow・Claudia Grauf-Grounds（2009）*ESSENTIAL SKILLS IN FAMILY THERAPY From the First Interview to Termination Second Edition*（＝遊佐安一郎監修、鈴木美砂子監訳、鈴木美砂子・若林英樹・山田宇以・近藤強訳（2013）『家族面談・家族療法のエッセンシャルスキル：初回面談から終結まで』星和書店）

ヘネシー澄子（2004）『子を愛せない母　母を拒否する子』学習研究社

Michael Orlans・Terry M. Levy（2006）*Healing Parents Helping Wounded Children Learn to Trust & Love,* CWLA Press

日本精神神経学会監修、高橋三郎・大野裕監訳、染矢俊幸・神庭重信・尾崎紀夫・三村將・村井俊哉訳（2015）『DSM－5 精神疾患の分類と診断の手引き』医学書院

Patricia L. Papernow（2013）*Surviving and Thriving in Stepfamily Relationships：What Works and What Doesn't*（＝中村伸一・大西真美監訳、中村伸一・大西真美・吉川由香訳（2015）『ステップファミリーをいかに生き、育むか：うまくいくこと、いかないこと』金剛出版）

Terry M. Levy・Michael Orlans（2014）*Attachment Trauma, and Healing Understanding and Treating Attachment Disorder in Children, Families and Adults* [Second Edition], Jessica Kingsley Publishers London and Philadelphia

7節

トラウマ理論

I　理論の概要

ここでは「トラウマ理論」に着目し、SSWのアセスメントや支援計画立案の文脈において、SSWrが保持しておくべき視点を整理する。以下、トラウマの定義、アセスメントのポイント、そしてSSW実践におけるトラウマ理論の応用にあたって留意すべき側面について述べていく。

1 トラウマの定義

トラウマ（心的外傷）は、専門領域や対象によってこれまで多くの異なる定義が示されてきた。SSWの文脈においては、次のアメリカ連邦保険省の薬物依存精神保健サービス機構（SAMHSA）が示した定義を念頭に入れることを推奨したい。

> 「一つの出来事、連続して起きた出来事、あるいは生活状況そのものが個人の身体的、情緒的に有害となって命や生活を脅かし、その結果としてその個人の精神、身体、社会関係、情緒、そしてスピリチュアルなウェルビーイングを損なってしまうもの」（SAMHSA 2014）

この定義は欧米で浸透しつつある「トラウマ・インフォームド（トラウマの影響の理解にもとづく学校や施設の運営）」の基盤になっており、人と社会、環境とのインターフェースに着目するSSWにとって、全人的な視点から子どものトラウマをとらえる定義として受け入れ可能なものになると考えられる。

2 アセスメントのポイント

トラウマ理論に立脚すると、子どもの問題行動や不安定な情緒的反応は、その問題の発生を誘発していると思われる出来事（events）、その際の子どもの経験（experiences）、そして心理社会的な影響（effects）という3つの視点（3e）から捉えることが求められる（SAMHSA 2020）。子どもをめぐって何が起きているのか、子どもにとってそれはどんな経験として受けとめられたのか、結果として子どもの生活、学習、情緒、そして家族や友人関係などにどのような影響が出ているのか、という視点である。以下、3eにもとづくアセスメントの基本を述べる。

トラウマを誘発する出来事（events）は多岐にわたる。精神医療における診断基準DSM-Vでは、「外傷後ストレス障害（PTSD）」の診断において「実際にまたは危うく死ぬ、重症を負う、性的暴力を受ける」など具体的な出来事の有無の確認を求める。学校現場ではいじめ、虐待、親の離婚、貧困、教師との関係、クラブ活動における軋轢などはトラウマにつながる出来事としてアセスメントの対象になるであろう。

しかし、子どもにとってトラウマとなる出来事は個人差があり、明確に規定することはできない。友人のちょっとした一言が傷つき体験となって心身のトラウマ反応に結びつく子どももいるし、重大な事故を目撃した後でも特段変わりなく日常を維持できるレジリエンスをもった子どももいる。一つひとつの出来事は些細なものでも、それが長期にわたって繰り返されることで重大なトラウマとなることもある。SSWrとして、少なくとも「虐待や暴力、あるいは事故などが見当たらない」というだけでトラウマの視点を捨て去ることは避けるべきであろう。次に述べる経験や影響を読み解きながら、トラウマの視点が必要かどうかを総合的に判断する必要がある。

経験（experiences）とは、「トラウマの体験の仕方」のことである。経験を読み解く際、その出来事に対して無抵抗の状態で身体が凍結してしまうような経験だったのか、それとも何らかの対処策を講じることができたのかを見極めることは重要である。一般に心身が凍結してしまうような無力感に満ちた経験は、それが繰り返されるほどトラウマによる心身へのダメージを重篤なものにする。またここでいう経験は、直接的な体験に限定されるのではなく、トラウマを見聞きするなどの間接的な体験も含まれる。子どもにとってDVはその典型であり、親同士の暴力や被害の有様を見聞きするという経験の詳細やその受けとめ方などはアセスメントの重要課題となる。

影響（effects）として、トラウマは認知、感情、行動、身体といった幅広い領域に深刻なダメージを与える。特に子どもの場合、(1) ポストトラウマティック・プレイと呼ばれるトラウマの出来事を再演するような遊び、(2) 内容のはっきりしない悪夢、(3) 突然の脈絡のない静止（急に立ち止まってぼんやりするなど）、(4) 学習能力の急速な低下、(5) 食にかかわる問題（拒食、過食、肥満、嘔吐など）、(6) 衝動性や暴力、そして、(7) 自傷行為などはトラウマの視点からのアセスメントが必要となる。

大谷（2018）は、トラウマの影響を「自己の物体化（自由、遺志、価値観、尊厳などの剥奪）」と「基本的価値観の歪曲（自己概念、他者への信頼などを含む基本的価値の歪み）」という2つの要素に大別されると述べる。養育者や親しい友人などから存在そのものを否定されるような行為やメッセージが持続することで、本来備わっていたストレス対処能力が無力化され、常に心身を警戒状態に追いやり、わずかな脅威に対しても過敏に反応したり（hyper-reaction）、無感覚状態（hypo-reaction）に陥ったりしてしまう。自己概念そのものが危うくなり、生きている感覚そのものを奪いかねないトラウマの影響は、子どもの最大の利益を尊重するSSWにとって真っ先に直視すべき問題となる。

3 SSWにおけるトラウマ理論の応用と留意点

トラウマ理論にもとづくアセスメントの枠組みを一人ひとりのSSWrが保持することで、子どものトラウマの兆候に気づき、家族や学校関係者とその情報を共有することができる。子どものトラウマへの応答の仕方は個々のケースによって異なり、画一化することはできない。しかし、十分なアセスメントは、自ずと再被害化を回避するための環境作りや子どもへの接し方を共有する土台となるであろう。

トラウマ理論をSSW実践理論として活用する際、SSWrが心に留めるべきことを3点に集約して述べたい。

第1に、「子どものトラウマを正確に言い当てる診断名は存在しない」という現実を受け入れることである。PTSDはトラウマの影響の一端を表す診断基準ではあるが、虐待やいじめなど持続的な脅威によって引き起こされる複雑で広範なトラウマ反応すべてを包含してはいない。ADHDや行為障害、あるいは反応性愛着障害といった診断によってトラウマの存在が覆い隠されてしまう現実に、SSWrは危機感をもって向き合ってほしい。精神医療における診断名は子どもを理解するための一つの視点には成り得ても、子どものトラウマをすべて把握することはできない点を肝に銘じる必要がある。SSWrによるコーディネート機能は包括的な子どものトラウマ・アセスメントの遂行に重要な役割を果たす。医療モデルにもとづく「診断」を鵜呑みにせず、SSWrによる子どものトラウマ理解とアセスメント法を深化させていくことが望まれる。

第2に、診断名に関連して、発達障害とトラウマの関係についてSSWrはより繊細になってほしい。元来、発達障害は生来的な要因によって生じるため、虐待などのトラウマとは無関係のものと見なされてきた。しかし杉山（2019）は、虐待によるトラウマと発達障害の関係はニワトリとタマゴの重複した関係のように、明確にその原因を判定できない事例があることを明示する。SSWが果たす役割として、発達障害と見なされている子どもの背後に虐待やトラウマを導く環境が存在していないかどうか、もしあるとすればトラウマ理論の視点からその子どもの心理社会的状況をアセスメントすることを厭わず、支えていく方策を考えていく柔軟な態度が必要となる。

最後に、トラウマからの回復には「段階（フェーズ）」の視点が不可欠になることを強調しておきたい。一足飛びに1つや2つの介入方法で子どものトラウマが解消されることはない。これまで多くの段階的トラウマ支援モデルが報告されてきているが、どのモデルも第1フェーズには「安心・安全の確保」を据える。ここでいう安心と安全は、単に再被害化を生じさせないための物理的な環境設定だけを表しているのではない。Van der Kolk（2014）の言葉を借りれば、「身体の芯から感じる安心感」の醸成である。そのためには、きちんと聞いてもらえている、自分のためにここにいてくれる、という思いやりに満ちた関係の輪を学校に構築していくことが必須となる。学校における信頼と安心の輪の構築は、SSWのチームビルディングやコーディネーションといった機能の発揮が不可欠となる。第1フェーズに十分な時間をかけるだけで、多くの子どもは何らかの変化を示し、回復のための道程を模索する土台形成が可能となることが多くのトラウマ臨床からも明らかになっている（Rothschild, 2011）。その意味で、SSWrのトラウマ理論にもとづく実践は子どものトラウマ支援の中心的役割を担うことにもつながるのである。

SSWをはじめ、社会福祉士、精神保健福祉士養成課程において「トラウマ理論」は未だに実践理論として紹介されず、子どもの傷つきを理解する術を国内のソーシャルワーク領域は避けているかのようである。SSWrによるトラウマ理論の応用による事例の蓄積をもとに、子どものウェルビーイングを高めるSSW実践方法の発信を心から期待する。

（池埜聡）

Ⅱ　事例：トラウマ理論を用いた子どもの傷つきへのアセスメントとアプローチ

1　相談内容

(1) 事案の概要

小学2年生A子は、教室で暴れるなど落ち着かず、叱責すると教室から飛び出すことも多くなっており、給食の時間には毎回教室からいなくなることが続いていた。友人や担任に対しても暴言や暴力を振るうこともあり、担任を含め教職員らはA子への対応に苦慮していた。A子は、以前から要保護児童として配慮が必要な児童の一人としてあげられていた。SSWからA子について校内でケース会議を持ち、今後どのように対応していくか検討することを提案した。

(2) 家族構成

父、姉（小学6年生）、A子

(3) エコマップ（支援前）

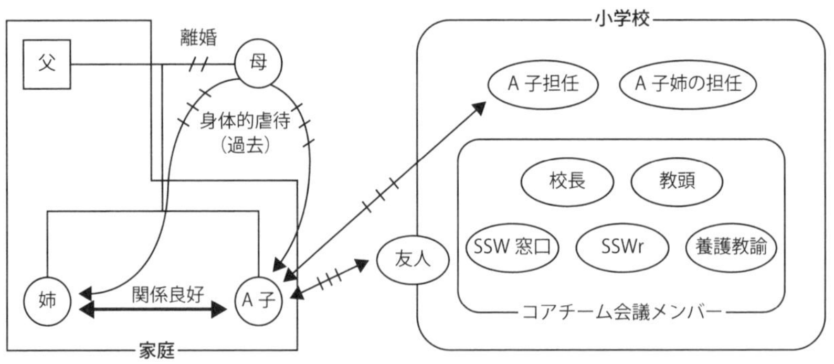

2 第１回ケース会議

(1) 参加メンバー：校長・教頭・SSW窓口生徒指導教員・A子担任・A子姉担任・養護教諭・SSWr

(2) ねらい：A子の状況の見立てと今後の対応について検討する

(3) アセスメント：

A子と姉は、幼少期から母より身体的な虐待を受けており、近隣から通告されたこともあった。A子姉妹にとって、安全という感覚が失われる経験をしている可能性が推測される。その後、A子の両親はA子の小学校入学直前に離婚し、姉妹は父が引き取った。父に引き取られてからは、父が仕事で多忙なため、姉妹2人だけの時間が1日の大半を占めており、朝・晩の食事の時も姉妹のみで過ごしている。それらに関係してか、「父と一緒にいれなくて、寂しい」というA子の発言を教頭が聞いている。その他、A子は友人へ暴言暴力をしたり、担任に執拗に抱き着くなど、他者との関係の築き方に不安定さが見られる。それらは、教室からの飛び出しにも関係していると考えられる。それゆえ、教室・学校がA子にとって落ち着ける環境になりきれていないと懸念される。

(4) プランニング：

A子がどんな出来事に直面し、どんな経験をしてきたのか、A子の思いも確認しながら整理をし、アセスメントをアップデートしていく。そして同時に、A子にとって学校が安心安全な場となるような手立てを行っていく。具体的には、①決まった時間に担任と関係構築する時間を持ち、情緒面等の支持をする。加えて、特に給食の時間に教頭・SSW窓口教員がA子と一緒に食べることで、担任以外の教職員もA子と関係構築を行う、②クールダウンの仕方をA子と相談する、③教職員は一貫した対応をとる。例えば、A子が暴力をふるった場合には、叱責するよりも諭すような対応を心がけ、何があったのかを一緒に整理する、等である。

3 経 過

日時と事案の変化	学校の動きと校内体制の変化	SSWの動きと変化	関係機関の動きと変化
X年〇月 A子が「新しいママが来た」と発言する。時折、「本当のママにも会いたい」と担任に話すこともあった。 A子状態は変わらず、落ち着かない。	ケース会議での内容をコアチーム会義（主要な教員が集まって配慮の必要な子どもへの対応の方針を決定する場）でも共有する。A子の発言を受けて、関係機関での会議が必要ではないかと方針が決まる。ケース会議でのプランは実施。	家庭児童相談課にA子の情報を共有。プラン実施を受けて、A子の様子を見る。担任らを労いつつも、A子が抱える辛さを伝え続ける。	家庭児童相談課が会議の設定を検討する。
X年〇月＋1か月 関係機関連携会議開催。父親は再婚しており、先月から再婚相手との同居が始まっていた。再婚相手は、現在父親との子どもを身ごもっている。	担任・教頭・SSW窓口教員で、A子姉妹の様子の変化等に注視する。 父にも連絡を取り、現状の共有と今後考えられるリスクに対する対応を話し合うことを検討。 担任・SSWr・A子で話し合う“作戦会議”を開催。	姉妹が継母や生まれてくる子どもに父親を奪われたという寂しさなどで、再度調子を崩した時にどのように対応していくべきか検討する必要があると助言。 A子との“作戦会議”でA子の思いを聞く。	義理の妹の保健師訪問に家庭児童相談課が同行し、家庭の状況を見る。
X年〇月＋2か月 長期休暇に入る。 父と面談を行う。	校庭開放等でA子の様子を見守る。時折、担任がA子宅へ電話をし、話をする。また担任が父に連絡し、面談を設定する。以降、面談継続。	面談に同席する。父と現在の状況確認、A子の思い・辛さの代弁を行う。	
X年〇月＋3か月 以前に比べ、A子は落ち着いている。クールダウンスペースもうまく活用している。	A子に対してケアをしながらも、A子自身の頑張りが視覚化できないだろうかと、コアチーム会議で、話し合われる。担任はA子にこまめに声をかけながら、担任のお手伝いという役割も与える。	“がんばりシート”を提案する。A子のみならず、父や継母に対してもA子の頑張りを伝えられるツールであると説明。	SSWrから、学校での取り組みを伝える。
X年〇月＋4か月 A子と作戦会議継続。	担任が、友人らとA子をつなげる方法をSSWrと企て	A子の頑張りや良い変化を父に伝えるた	継母が出産のために入院する期間の動き

A子は教員と関係を築けている。父と継母ががんばりシートにサインをしてくれている。	る。 担任も一緒に休み時間に遊ぶ。A子が上手に友人と遊べていることをほめる。	めに、校内支援委員会で親子ケース会議を提案する。A子にも提案する。A子が乗り気だったため設定。	を確認。
X年○月＋5か月 親子ケース会議開催。継母も来てくださる。A子のがんばりを賞賛する会とした。	これまで教職員とA子が取り組んできたことを父・継母に伝える。父・継母への労いも行う。 A子に対して、1年間のがんばりを賞した賞状を渡す。	これまでの取り組みのポイントを明示。今後のリスクも一緒に確認する。継母とA子の関係性を観察する。	定期的に、SSWrや校長と情報を共有する。

4 その後の変化

(1) 事例と学校体制の変化

教職員らは当初、A子を"困った子"としてみなしていた。ケース会議においてトラウマ理論に立脚しながらA子を見直すと、A子は"困っている子"、"辛さのサインを出している子"として教職員らが捉えなおすきっかけとなった。その後、既存のコアチーム会議を活用しながら、A子の様子を見極めながら、迅速に対応していく流れが生じていった。

(2) エコマップ（支援後）

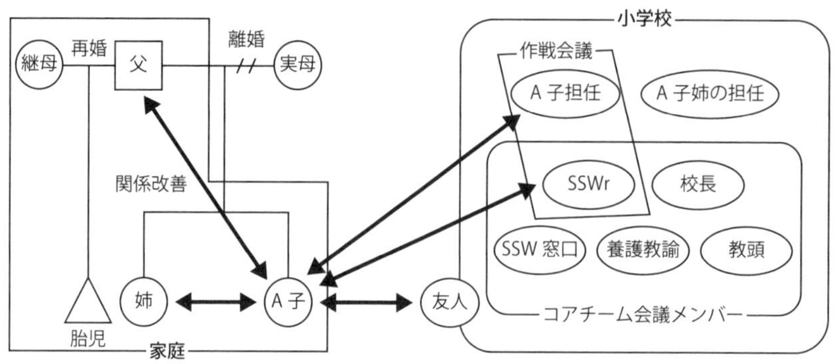

(3) 総合的アセスメント

実母からの虐待、両親の離婚、父との関係の希薄さ、父の再婚など、A子にとって不安定な情緒的反応が誘発される出来事は多くあり、自分ではどうしようもない経験をしてきたと考えられる。クラスや学校がA子にとって落ち着ける環境になっていない状況も相まって、教室からの飛び出し等の行動として現れていた。家庭内で安心・安全が感じにくい状況であるA子に対して、担任と信頼関係を構築することや自分の思いを吐き出せる場を設定するなど、学校においてA子の安心・安全を確保することは、再被害化を防ぐための体制作りにつながったとみなせる。

5 SSWによるメゾ・アプローチのポイント

・当初、A子がこれまでどんな出来事に直面し、そこでどんな経験を積み重ね、どんな影響を与えられてきたのか、等十分なアセスメントを行いきれていない状況であった。校内ケース会議において、A子に関わる教職員らと共にアセスメントを深めていくことで、A子のトラウマを紐解く一助となったと思われる。

・プランニングをする際、学校に既存する委員会や一貫的で予測可能な時間割（今回は給食）、担任以外の教職員も対応する機会がある、など学校の強みを活かすことも意識した。いちから何かをするのではなく、既存のものや強みの活用の仕方を工夫するだけで、子どものしんどさに十分応答できる、ということを伝え、教職員らの疲弊感に対してもサポートするよう心がけた。

6 チームアプローチの成果と課題

・教職員らがケース会議、コアチーム会議、作戦会議等を連動させ、A子の様子を見極めながら、適切に応答することで、結果的にA子が安心・安全と思える関係性と場を確保する一助となった。
・教職員らがA子との信頼関係を日々築き、A子の思いを丁寧に聞いていたため、今回父親に対してA子の思いを代弁することを円滑に行うことができた。加えて、A子のがんばりを父と継母にも明示し、A子がほめられる機会を作ることで、A子と父と継母との関係性を再構築する一助にもなったと思われる。しかし、親子ケース会議は、親子のつながりを強めるために有効な手段ではあるものの、子どもにとって緊張や不安を誘発する場にもなりえることに留意すべきである。そのため、子どもに事前に親子ケース会議で話す内容を伝え、子どもの意向を十分に確認することが求められる。

Ⅲ 理論による解説

第1回目のケース会議では、トラウマ理論を用いて教職員らが持っているA子の情報からA子のアセスメントを深めていくなど、教職員らがA子のトラウマを捉える第一歩となった。

まず、A子においてのトラウマを誘発する出来事（events）についてだが、家庭においては、実母からの長期にわたる虐待や両親の離婚、父との関係の希薄さ、姉妹だけの時間の多さ、などがあげられた。学校おいては、立ち歩きや友人へちょっかいを出した際に担任にたびたび叱責される、友人とのトラブルなどがあげられた。次に経験（experiences）については、担任やSSWrとA子との会話をヒントにしながら読み解いていった。家庭では、実母からの虐待に関して、A子が幼かったこともあり抵抗ができない状態で姉と耐え続け、どうすることもできなかったことがA子から話された。また、父との時間が少ないため、「父と一緒にいれなくて、寂しい」と感じていることも再確認した。学校においては、A子がクラスからいなくなった際に誰も探しに来るものはおらず、自分は“存在する必要がない”と感じていることがわかった。その他、友人とは、馴染めなさを日々感じているようだった。影響（effects）は、学校において、教室内での立ち歩き、教室からの飛び出し、学習に集中できない、突然叫び声をあげる、偏食、友人や担任への暴言暴力、担任への抱きつき、などが見られていた。

これら3つの視点（3e）の各々の関係性を見据えながら、場面ごとにA子のトラウマが誘発されるトリガー（引き金）は何か見極めを行った。例えば、給食は、周りの友人となじみにくさを感じているA子にとって不安と緊張を感じる時間だと考えられる。そして、教室内を立ち歩いたり、友人とのトラブルから教職員から叱責されることも多くなっていた。加えて、姉と2人っきりで過ごしてきた食事をする時間はA子にとって父を関わりがもてない寂しさを感じる安心できないものとなっていた。これらのことがあいまって、給食はA子にとって苦痛を誘発させる場面である可能性が浮き彫りとなった。

これらのアセスメントをしたうえで、A子に対応する目標として、学校において「安心・安全の確保」をすることとした。全体を通して行ったことは、①担任やSSWrと昼休みに作戦会議を設け、A子の日々の出来事や思いを聞く場の確保、②給食時間に教頭や他教員がA子のところへ来て一緒に食事をすることで、自分のために誰かがいてくれる感覚を保障する、③A子がいつでもクールダウンできる場を設け、対応する教員もA子が落ち着けるように接する。①に関しては、A子が困っていることを聞きながら、トラウマが誘発される場面やどんな経験をしたかについてA子と整理し、現在A子に生じていることの理解を深めた。②に関しては、ルーティンを作ることで日々の生活に一貫性と予測可能な感覚を持てるように意識した。③は、A子が苦痛を感じた際に暴れる・逃げる以外の方法で対処できるように企てた。これらに取り組んでいった後、A子と共に“がんばりシート”を用いて、A子が取り組みたいことを決めた。この時、A子から、「いつも教室を勝手に飛び出しちゃうけど、担任の○○先生に保健室で休んでもいいですか、と言ってから教室を出るようにする」という目標が話された。このことは、子どもがサポートを受ける側として存在するだけではなく、危機的な場面に自分の力で挑もうとする機会を与えることにもつながった。結果として、A子は徐々に落ち着いていった。

当初、教職員らは“困った子”としてA子をみなし、叱責等で対応する様子もみられた。また、“A子は発達障害ではないか”、“愛着障害ではないか”という声も多々あがっていた。それらの言葉によって、A子が抱える背景が覆い隠されるような感覚を覚えた。しかし、トラウマ理論を活用しながら教職員らと取り組むにつれ、子どもの背景を深くアセスメントする枠組みを得ただけではなく、子どもの行動の背後にあるメッセージに気づく視点と感覚が養われていった。そして、教職員らのA子への接し方や学校体制が、どんな状態のA子でも受けとめようとする思いやりに満ちたものへと次第に変わっていくプロセスを、肌で感じた。

◉引用・参考文献

Margaret E. Blaustein, Kristine M. Kinniburgh（2010）*Treating Traumatic Stress in Children and Adolescents*：*How to Foster Resilience through Attachment,* Self-Regulation, and Competency（＝伊東ゆたか監訳（2018）『実践 子どもと思春期のトラウマ治療：レジリエンスを育てるアタッチメント・調整・能力（ARC）の枠組み』岩崎学術出版社）

大谷彰（2017）『マインドフルネス実践講義：マインドフルネス段階的トラウマセラピー（MB-POTT）』金剛出版

Rothschild, B.（2011）*Trauma Essentials: The Go-To Guide.* W. W. Norton & Company（＝久保隆司訳（2015）『これだけは知っておきたいPTSDとトラウマの基礎知識』創元社）

SAMHSA（2020）https://www.samhsa.gov/(2020/3/4)

杉山登志郎（2019）『発達性トラウマ障害と複雑性PTSDの治療』誠信書房

van der Kolk, B. A.（2015）*The Body Keeps the Score: Brain, Mind, and Body in the Healing of Trauma.* Penguin Books（＝柴田裕之訳（2016）『身体はトラウマを記録する：脳・心・体のつながりと回復のための手法』紀伊國屋書店）

第5章
今後のスクールソーシャルワーク実践の展望

1 節

理論に基づくスクールソーシャルワーク実践の意義

1 理論に基づかない実践とは

SSWrは、現在の拠点小学校に勤務して3年目になる。当該小学校は、学級崩壊や不登校、問題行動など問題が多く、教員たちは日々の対応に追われて疲弊している状況にある。SSWrはコーディネーター教員との間で、問題を予防できる校内体制を整えようと相談しているものの、事案対応に追われている。当該小学校の校内支援委員会では、コーディネーター教員が配慮の必要な生徒について一覧表にまとめ、話し合いがされているが、毎回話題になる生徒の名前が入れ替わる状態である。SSWrの勤務日の活動は、コーディネーター教員が挙げる「今最も気になる児童」の行動観察、放課後に行う担任への報告、担任からのコンサルテーションが中心である。

上記の事例のSSWrは、荒れる学校の状況に対して、おそらくコーディネーター教員と共に日々奮闘し、問題解決の道筋を探っていただろうと推測できる。しかし、一方で、SSWrが理論に基づく実践ができているかどうかと問われると、できていないと言わざるを得ないだろう。理論に基づいた実践ができていないと思われる理由として、(1) 勤務3年目でケース会議が実施できていないこと、(2) コーディネーター教員がSSWrの専門性を理解できていないこと、(3) SSWrが校内体制の中に位置づいていないこと、(4) 学校が子どもの問題の緊急性などを把握していないこと、などをあげることができる。

もし理論を活用できるSSWrであるならば、1年目で子どもの問題が多発している背景や学校の状況を理論的にアセスメントすることができているだろう。例えば、優先順位の高い学級崩壊のクラスのケース会議を実施し、そこでシステム理論によるクラスの状況のアセスメントを行い、根拠に基づくプラン作りの重要性を教職員に伝えることができるだろう。または、問題行動のある発達障害の子どものケース会議を行い、発達障害の子どもの特性を共有したうえで、行動理論によるアプローチを計画し実行することもできる。また、虐待や家庭環境の問題を抱えた子どものケース会議では、愛着理論やトラウマ理論をもとにアセスメントすることで、教職員が子どもの状況や思いを深く理解する機会となる。理論に基づく説明は教職員の子どもに対する理解を浸透させ、その効果を実感した教職員はSSWrにケース会議を依頼するように変化するだろう。この経験によって、管理職やコーディネーター教員はケース会議の重要性を理解し、SSWrの来校日にケース会議やコアチーム会議を意識的に設定するように変化する。このように、理論に基づくケース会議の実践が、根拠のある実践を校内に広げる原動力となる。

図5-1-1は理論に基づかない実践、図5-1-2は理論に基づく実践を表している。理論に基づく実践を行う方が、より「チーム学校」の協働化を進め、学校の組織力を上げることができることが理解できる。

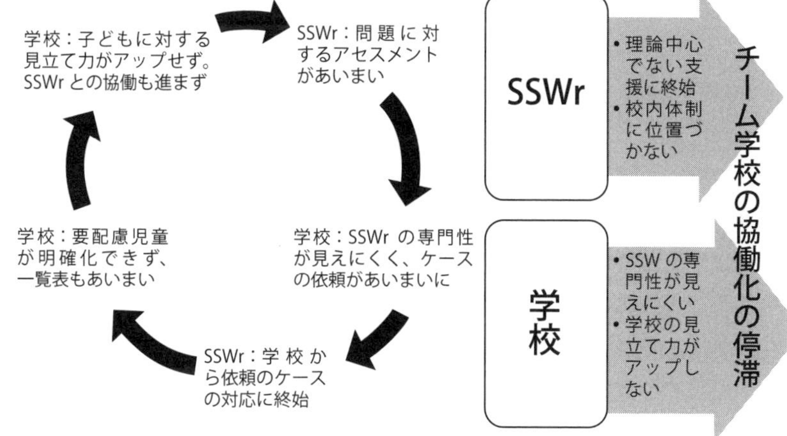

図 5-1-1　理論に基づかない実践

出所：著者作成

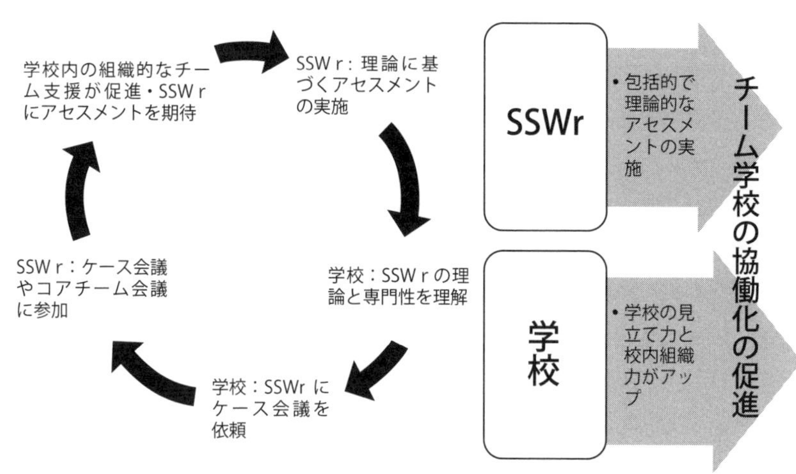

図 5-1-2　理論に基づいた実践

出所：著者作成

2 なぜSSWrの実践に理論が必要か

なぜSSWrの実践に理論が必要なのであろうか。以下、3点の理由を述べる。1つは、上記の例でもわかるように、ケース会議やコアチーム会議で的確にアセスメントを伝えることができるからである。多忙な学校は、問題の原因や背景をアセスメントせずに問題の対応に追われ、子どもの問題に対する理解が不十分なまま支援を継続していることも多く、そのことが教職員の疲弊をさらに生んでいくことになる。理論による根拠に基づくアセスメントには、教職員を納得させる説明力や説得力がある。また、理論によって子ども理解が深まることで、教職員の子どもへの支援方法も確実に変化し、子ども自身の問題も改善していくことが多い。

2つ目は、先ほど図示したように、理論に基づく実践の方が各事例も効果が出やすく、学校体制の変化にもつながりやすいということである。「子どもに寄り添った支援をしたい」という思いや「子どもの虐待問題を必ず解決しなければならない」というような使命感は大事であるが、思いや使命感だけでケースや組織を動かすことができない。SSWrの熱い思いがケースの抱え込みにつながり、学校側の「お任せ」の流れを作ることもあり得る話である。教職員との協働を進めるためにも理論に基づく戦略が必要である。

3つ目は、SSWr自身が自信をもって子どもの問題の本質を捉えた支援を組み立てるためである。SSWr自身、たとえ相談できるスーパーバイザーがいるとしても、日々困難な事例に対応し教職員にアドバイスするには、支援の核となる指針がほしいところである。長い歴史的経過の中で実証されてきた理論を指針として活用することで、SSWrの主観や経験だけでは導き出せないケース理解をもたらしてくれる。よく質問されることとして、「SSWrの仕事は経験が必要だから卒業したての若い人では務まらないのではないか」というものがある。しかし、逆に長年経験だけに頼る実践を行っているSSWrの場合、自分の実践に行きづまりを感じた時に自分が戻るべき原点を見失い、自身の実践を俯瞰的に振り返ることができずドロップアウトしてしまうこともある。システム理論の箇所でも述べたように、SSWrは学校システムの一部であると同時に、学校やケースを客観的俯瞰的に見る立ち位置にいなければ、学校システムに巻き込まれて効果的な支援を展開できなくなるのである。

3 理論に基づく実践を行うために

ソーシャルワークの理論には周辺諸科学の理論が応用され移植された経緯があるので、理論という概念、用語自体がソーシャルワークの領域では正確に把握されていない傾向にある。ソーシャルワーク実践において、「理論とは現象の説明や予測を目的とし、構成は抽象的な概念と変数まで落とし込んだものである」「理論とはソーシャルワーク実践を構成するための枠組みを提供するものである」と説明がされている（渡部 2009、Greene, R. 1999)。理論は、問題の予測を可能にし、問題を捉える枠組みを提供してくれるものである。SSWrは、理論をもとに仮説を立てて実践を展開し、そして、実践した支援の結果について理論をもとに検証する。この実践と理論の循環が専門性を高めることにつながる。

では、理論に基づく実践を身に着けるにはどうしたらいいのだろうか。1つ目は、自分にとってもっとも親和性のある理論に焦点を当て、ケース会議で板書する際に活用していくことで自分のものにすることである。例えば、問題の悪循環をアセスメントする際にシステム理論の円環図を活用してみる。ホワイトボードに円環図を記入しながら会議を進めることで、教職員と協働のアセスメントを深めることができる。また、保護者と子どものとのケース会議の際に、行動理論の説明を行い、学校と保護者が協力できるように行動分析シートを宿題として用意することも可能である。行動理論は介入の効果を検証しながら進めることができるため、より理論の有効性を実感することができる。2つ目は、校内研修会や年度末の総括研修会で理論を基にした事例分析を発表させてもらうことである。その年度に教職員と協働した事例を振り返る機会となると同時に、教職員にとってはソーシャルワークの理論に基づく新しい視点を吸収できる機会となる。3つ目は、SSWrの定例の連絡会や自主勉強会等でスーパービジョンを受ける際に、理論を用いて担当事例を説明する練習を繰り返すことである。このように、ケース会議や事例検討などを通じて実践と理論を行き来する機会を意識して作っていくことが重要である。

（大塚美和子）

2節

「チーム学校」における スクールソーシャルワーク実践の展望

1 「チーム学校」のためのマクロ的視点

(1) SSWrの常勤化をめざして

近年、国の後押しもあり、市町村単独予算でSSWrを配置しようとしている自治体は少なくない。しかし、SSWrを求める自治体に対してSSWrの数は不足しているといえる。ひとつには、社会福祉士等の資格を持ち、学校での相談援助等の経験が求められるが、それに見合う人材が不足していることもある。

しかし、筆者は、SSWrの勤務形態や勤務条件が大きな原因のひとつであると考える。現在、SSWrは派遣型や中学校区に週1～3日程度の配置が多く、週5日間ひとつの学校あるいはひとつの中学校区に配置されている市町村はごく少ない。また、少しずつ改善されてはいるものの、多くのSSWrは非常勤あるいは時間給で勤務している。元来ソーシャルワークは、週1日や2日で実践できるものではない。現実に、勤務日以外も担当校の教職員や関係諸機関の担当者とやり取りしているSSWrも少なくない。曜日が合わず、ケース会議に参加できない場合も、コーディネーター役の教職員や関係諸機関の担当者と事前に方向性を話し合う等の打ち合わせをしているのが実情である。

「チーム学校」を促進するためには、SSWrが正規の常勤職として位置づけられることが不可欠であると考える。現実に、SSWrを希望し、大学でSSWr養成された学生が、常勤職でないために、児童相談所の職員や学校の教職員になった例は、枚挙にいとまがない。文部科学省の「チーム学校」の答申(2015: 31) においても、「国は、将来的には学校教育法等において正規の職員として規定するとともに、義務標準法において教職員定数として算定し、国庫負担の対象とすることを検討する」としている。SSWr自身も意識を持ち、常勤化に向けて働きかける等のソーシャルアクションを起こす必要があると考える。

(2) 市町村教育委員会と協働で描くヴィジョン

SSWr等の専門職を含めたチーム学校を促進するには、「チーム学校」を市町村のシステムにする必要がある。そのためには、まずSSWrを統括するSSW・SVを市町村教育委員会に位置づけることが重要である。現実に、SV体制を敷いている自治体もあるが、SSW・SVは年数回〜月1回程度、SSW連絡会や研修等に参加したり、緊急事案発生時に要請されたりする場合が少なくない。

SSW・SVの最も重要な役割は、市町村教育委員会の担当指導主事と協働で、「チーム学校」のシステム作りのヴィジョンを描くことであると考える。理想的には、学校教育課等子どもの情報が集まる部署に所属する必要があると考える。

第一に、定期的なSV会議では、SSWr配置の目的や配置形態を共有する必要がある。例えば、中学校区にSSWrを配置する場合、中学校に配置するよりも、早いうちから子どもや保護者に関わり、未然防止可能な小学校に配置、あるいは中学校区全部の学校に配置する方が有効である。また、学校の中で関係機関と一緒に別室にいたのでは、教職員と協働できない。このようなことをSV会議で議論し、決定していく必要がある。SV会議は、他にも「チーム学校」を促進するための工夫、SSWrの質の維持や向上のためのSSW連絡会の持ち方等を議論する場として重要である。第二に、SSW・SVは、関与する市町村の学校で起こっている重大な事案を把握し、教育委員会内の会議に参加し、場合によっては緊急支援チーム等で動く必要がある。第三に、SSW・SVが市町村レベルのネットワーク会議に参画することは、SSWrが関係諸機関とスムーズに連携できる鍵となる。

2 SSWrへの提言

SSW事業は大阪府で制度的に取り組み始めて15年経ったが、全中学校区配置の自治体から、学校の要請によって派遣される自治体まで格差が拡がっている。また、同じ自治体でも学校によって、コーディネーターの質や校内体制の整備が異なり、SSWrとしては自治体や学校の不満や葛藤を抱えることも少なくない。しかし、ソーシャルワーク専門職であるSSWrは、現在の境遇を嘆くのではなく、自ら環境や関係性を変えていくために、できることを考え、提案していく必要がある。

第一に、今ある環境を少しでも良いものにするために、今ある人材でできることをすることである。学校には多種多様な人がいて、多様な人の集まりがチームを作る。例えば、コーディネーターと協働し難い場合や管理職の理解がない学校でも、SSWrができることをしていれば、SSWrの理解者や連携できる教職員が見つかることは少なくない。派遣型の自治体でも、担当指導主事と協働し、SSWrのモデル校を作るつもりで、ひとつの学校あるいは中学校区に定期的に関わることは可能である。

第二に、SSWrの仲間や専門職同士でチームを作ることである。SSWrはひとり職であり、ともすれば1人で悩んだり、自分だけで抱え込んだりする場合もある。SSWの仲間やSSW・SVに相談したり、SCr等の専門職の力を借りたりすることも必要である。

第三に、SSWrは自分自身に対してもエンパワメントの視点を持つことが大切である。つまり、子どもの力と学校の力および自分の力と仲間の力を信じて、子どもや家庭や学校のリソースはもちろんのこと、自分自身の強みや頑張っているところにも注目し、できないことではなく、できることを考えることである。あきらめなければ、状況は必ず変わることを信じて、取り組んでいきたい。

（西野緑）

◉引用・参考文献

Greene, R. R. (1999) *Human behavior theory and social work practice,* 2nd. Ed. Walter de Gruyter（＝三友雅夫・井上深幸監訳（2006）『ソーシャルワークの基礎理論：人間行動と社会システム』みらい）

文部科学省（2015）「チームとしての学校の在り方と今後の改善方策について」（答申）（中教審第185号）

西野緑（2019）「書評リプライ　子ども虐待とスクールソーシャルワーク：チーム学校を基盤とする『育む環境』の創造」『社会福祉学』60（3)、233～235頁

大塚美和子（2011）「ソーシャルワークの実践知を理論へ：SSWの実践と研究から」『医療社会福祉研究』Vol.19

渡部律子（2009）「ソーシャルワークの研究方法：ソーシャルワーク研究の発展に向けて」『ソーシャルワーク研究』35（2)、4～16頁

おわりに

本書は、2008年から2019年までの12年間、共同編者である大塚美和子さんと筆者の2人が主宰してきた「スクールソーシャルワーク事例研究会（以下、SSW事例研）」（事例検討を中心とするスクールソーシャルワーカー（以下、SSWr）のための勉強会）のまとめとして、「チーム学校」のための「メゾ・アプローチ」とアセスメントの根拠となる「理論」に焦点を当てた本を出したいという2人の思いが一致し、出版にこぎつけたものです。

筆者は、15年間の実践を通して、「チーム学校」で教職員と一緒に考え、一緒に動くことで、教職員の視点や意識が変化し、学校が子どもの安心できる居場所となり、さらに保護者を巻き込むことで、家庭や子どもたちが大きく変わることから「メゾ・アプローチ」の重要性を実感してきました。メゾ・アプローチというと、学校支援と捉えられがちですが、子どものアドボカシーのためのメゾ・アプローチであることは言うまでもありません。コーディネーターと協働しながら、コアチーム会議とケース会議で未然防止や早期発見できる校内体制を構築することで、SSWrがケースマネジメントしやすい学校環境が可能になります。

ある小学校で、子どもに発達課題があることや自身がうつであることを誰にも言えなかった母親が、子どもの不登校相談から担任とSSWrにつながり、チーム学校の介入と支援が始まりました。家庭には関係諸機関との連携で、家事支援や放課後等デイサービスの利用を開始しました。子どもには、担任による玄関までの朝の迎え（1年目）や学年の先生による駐車場までの迎え（2年目）をし、時にはコーディネーターが20分休憩に家まで迎えに行きました。また、本児が安心できる教職員を中心に保健室および別室で学習支援をし、徐々に信頼できる教職員を拡げていった結果、子どもは安定して学校へ来るようになったのです。母親も家庭のことを少しずつオープンにし、信頼できる教職員ができましたが、最も変化したのは担任をはじめとする教職員です。「家庭のことには関われないよね」という意識から「家庭の問題からスタート」という意識に変わり、「まずは担任が」「まずは学年が」という考えから、「誰が子どもや保護者とつながれるか」ということを考えるようになっていきました。SSWrがひとりでミクロ・アプローチに終始するのではなく、メゾ・アプローチを意識することで、学校に変化が起きます。

しかし、SSWrが配置されたからといって、コアチーム会議や校内ケース会議がすべての学校で実施できるわけではありません。ひとつには、SSWrの専門性が鍵を握っていると考えます。多忙な学校で、情報共有だけで終わるケース会議なら、継続しないと思われます。ケース会議やコアチーム会議でのアセスメントやプランニングこそ、SSWrの専門性が発揮されるところであり、根拠となるソーシャルワークの理論が不可欠です。ここ数年のSSW事例研においては、テキストを用いて理論の勉強をしつつ、理論を使って事例検討をしてきました。第4章を読んでいただけると、より理解が深まり、イメージしていただけるでしょう。

ふたつめに、メゾ・アプローチを市町村全体のすべての学校で実施するには、SSWrのメゾ・アプローチだけではなく、マクロ実践が重要です。マクロ・アプローチはSSWrだけでは限界があり、市町村教育委員会の担当指導主事との協働やSSW・SVの位置づけが不可欠です。筆者自身が15年間実践してきた市において、2011年にSSWrの中学校区全校配置が実現した際、筆者がSSW・SVとなり、この9年間は市内すべての小中学校において、SSWrがメゾ・アプローチを実践しやすい環境整備をすることに力を注いできました。詳細は、第2章5節を参照してください。

本書は、12年間の事例研のまとめとするだけではなく、今後は本書を活用して、SSWrと教職員とが「チーム学校」を実践するための講座を開催し、学びを継続していきたいと考えています。講師には、本書を執筆していただいた先生方にもおいでいただく予定です。また、SSWr導入の経緯や学校で起こる事象を網羅していますので、大学でのSSWr養成にもぜひご活用ください。

本書をまとめるにあたり、多くの方々にご指導とご協力をいただきました。

第3章と第4章の事例は、12年間のSSW事例研で事務局や応援スタッフとして協力いただいたSSWrや立ち上げ当初から熱心に通い、多くの事例を提供してくださったSSWrの皆さんにお願いしました。集まった事例を読んでみて、改めてSSWrの皆さんの実践力に脱帽しました。また、年1回の公開講座で講演をしていただいた先生方にも第3章の概論や第4章の理論の執筆をお願いしました。お忙しい中、また字数制限のある中、コンパクトにわかりやすくまとめていただき、心より感謝申し上げます。

共同編者の間では、本書の企画から執筆依頼、執筆、編集に至るまで、毎日のように話し合いました。丁々発止のやり取りの中で、原稿が推敲されていっただけではなく、改めてスクールソーシャルワークへの理解が深まったと同時に、難しさも実感し、本書を作っていくプロセスの中で、筆者自身が成長できたことを深く感謝しています。

最後に、出版に際し、タイトなスケジュールを承知で、企画の相談から本書が完成するまで、丁寧に話を聴いて、的確にご助言くださった明石書店の深澤孝之さんに御礼申し上げます。

2020年8月

西野 緑

◎**執筆者略歴**（執筆順、【　】は担当）

中野 澄（なかの・きよし）【第3章1節①】
大阪成蹊短期大学グローバルコミュニケーション学科教授。専門は生徒指導、主な著作に『よくわかるスクールソーシャルワーク』（共著、ミネルヴァ書房、2012年）、『スクールソーシャルワーカー実務テキスト』（共著、学事出版、2016年）など。

寺本智美（てらもと・ともみ）【第3章1節②・事例】
社会福祉士、公認心理師、一般社団法人代表理事。学生時代より子どもの権利条約にかかわるNGOで活動し、子どもの権利条約普及活動を行う。2008年よりSSWrとしての活動を始め、現在は松原市チーフSSWr、尼崎市SSWr。

神原文子（かんばら・ふみこ）【第3章2節①】
社会学者。博士（社会科学）。専門社会調査士。専門は家族社会学、教育社会学、人権問題。主な著作に『子づれシングルの社会学：貧困、被差別、生きづらさ』（晃洋書房、2020年）、『子づれシングルと子どもたち：ひとり親家族で育つ子どもたちの生活実態』（明石書店、2014年）、『部落差別解消への展望』（解放出版社、2023年）、『みんなで考えよう体罰のこと』（共編著、解放出版社、近刊）など。

高橋味央（たかはし・みお）【第3章2節②・事例、第4章5節①・事例】
大阪教育大学特任講師。大阪大学大学院人間科学研究科博士後期課程修了。博士（人間科学）。社会福祉士、公認心理師、臨床心理士。専門は子ども家庭福祉学、教育社会学、スクールソーシャルワーク。

山田隼大（やまだ・しゅんた）【第3章事例】
大阪府吹田市教育委員会所属吹田市SSWr。専門は教育福祉学。児童養護施設に勤務の後、吹田市のSSWr。現在、吹田市を拠点として府下の小・中学校で活動している。

大槻まどか（おおつき・まどか）【第3章4節①②】
Cocomado Catalyst株式会社 代表取締役。専門はスクールカウンセリング、メンタルコーチ、心理ブリッジコンサルタント、EAP等。学校教育学修士、公認心理師、臨床心理士、児童発達支援管理責任者。著作に『○○でつらい人へ』『超メンタル革命』（共に、Galaxy Books、2014年、2020年）。

宮脇幸美（みやわき・ゆきみ）【第3章・第4章事例】
社会福祉士。2011年より伊丹市・摂津市・箕面市・吹田市・宝塚市勤務を経て、現在、猪名川町でSSWrとして活動している。

大松美輪（おおまつ・みわ）**【第4章4節①、第3章事例】**
大阪府教育委員会、和歌山県教育委員会等、SSWr・スーパーバイザー。大阪府泉南地域を中心にSSWrとしても活動。精神保健福祉士、公認心理師、特別支援教育士。立命館大学大学院応用人間科学研究科応用人間科学専攻修士課程修了。著作に『不登校に向き合うアドラー心理学』（共著、アルテ、2019年）。

片岡陽子（かたおか・ようこ）**【第3章・第4章事例】**
元大阪府教育委員会SSWr・スーパーバイザー。社会福祉士。2007年からSSWrとして活動をはじめ、摂津市・宝塚市を経て、2024年3月まで能勢町と豊能町で活動した。

佐々木千里（ささき・ちさと）**【第3章7節①②】**
京都市、寝屋川市、静岡県等のSSWr・スーパーバイザー。立命館大学、愛知県立大学大学院の非常勤講師。社会福祉士。主な著作に『子どもが笑顔になるスクールソーシャルワーク』（2014年）、『子どもへの気づきが「つなぐ」チーム学校』（2016年）、『ジェネラリスト・ソーシャルワークを実践するために』（2022年、いずれも共著、かもがわ出版）など。

長田大嗣（ながた・ひろし）**【第4章6節①、第3章・第4章事例】**
吹田市教育委員会チーフ・SSWr。社会福祉士・精神保健福祉士。関西学院大学大学院人間福祉研究科博士前期課程修了。一般社団法人ATTI Japan理事。大阪府・摂津市・箕面市のSSWrを経て、現職に至る。

原田多美（はらだ・たみ）**【第4章事例】**
西宮市教育委員会SSWr。小学校・幼稚園教諭を経て現職。臨床教育学修士。社会福祉士・精神保健福祉士・公認心理師。

有本知可（ありもと・ちか）**【第4章事例】**
豊能町・豊中市・宝塚市・猪名川町SSWr。社会福祉士、精神保健福祉士、保育士。論文に「マインドフルネスによるスクールソーシャルワーカーの学校現場での実践における主観的変容：スクールソーシャルワーカーのエンパワメントを目指した探索的研究」（『日本学校ソーシャルワーク学会』第14号、2019年）など。

池埜 聡（いけの・さとし）**【第4章7節①】**
関西学院大学人間福祉学部教授。専門は臨床ソーシャルワーク、トラウマ学、マインドフルネス。主な著作に『福祉職・介護職のためのマインドフルネス』（中央法規出版、2017年）、『ケアマネジメントにおける援助関係の軌跡：クライアントとの間にあるもの』（共著、関西学院大学出版会、2017年）など。

◎編著者略歴（【　】は担当）

大塚美和子（おおつか・みわこ）**【はじめに、第1章1節、第2章1節・2節・4節、第3章6節①②、第4章2節①・3節①、第5章1節】**

神戸学院大学総合リハビリテーション学部教授、宝塚市教育委員会SSWr・スーパーバイザー、豊中市教育委員会SSWr・スーパーバイザー、猪名川町教育委員会SSWr・スーパーバイザー、西宮市教育委員会SSWr・スーパーバイザー、社会福祉学博士、社会福祉士。主な著作に『学級崩壊とスクールソーシャルワーク』（単著、相川書房、2008年）、『ソーシャルワーク研究におけるデザイン・アンド・ディベロップメントの軌跡』（共著、関西学院大学出版会、2018年）、『スクールソーシャルワーク論：歴史・理論・実践』（共著、学苑社、2008年）、『スクールソーシャルワークの可能性：学校と福祉の協働・大阪からの発信』（共著、ミネルヴァ書房、2007年）、『スクールソーシャルワークの展開：20人の活動報告』（共著、学苑社、2005年）、『事例を通して学ぶスーパービジョン』（共著、相川書房、2000年）など。

西野 緑（にしの・みどり）**【第1章2節・3節・4節、第2章3節・5節、第3章3節①②、第4章1節①、第5章2節、おわりに】**

関西学院大学人間福祉研究科博士後期課程修了。博士（人間福祉）、社会福祉士。現在、関西学院大学人間福祉学部非常勤講師、関西国際大学教育学部非常勤講師。大阪府教育委員会SSWr・スーパーバイザー、吹田市教育委員会SSWr・スーパーバイザー、箕面市教育委員会統括SSWr、宝塚市SSWr。主な著作に『子ども虐待とスクールソーシャルワーク：チーム学校を基盤とする「育む環境」の創造』（単著、明石書店、2018年）、『教師のためのスクールソーシャルワーカー入門』（共著、大修館書店、2019年）、『ソーシャルワーク研究におけるデザイン・アンド・ディベロップメントの軌跡』（共著、関西学院大学出版会、2018年）、『子どもに選ばれるためのスクールソーシャルワーク』（共著、学苑社、2016年）、『新スクールソーシャルワーク論』（共著、学苑社、2012年）など。

峯本耕治（みねもと・こうじ）**【第1章5節、第3章5節①②】**

弁護士（大阪弁護士会）、日弁連子どもの権利委員会幹事、大阪府教育庁スクールロイヤー事業スーパーバイザー、大阪府・滋賀県・和歌山県等SSWr・スーパーバイザー、吹田市・門真市・箕面市・大阪市・神戸市等要保護児童対策地域協議会スーパーバイザー、大阪府児童虐待事例等点検・検証専門部会委員、TPC教育サポートセンター代表。主な著作に『子どもを虐待から守る制度と介入手法』（単著、明石書店、2001年）、『子ども虐待と貧困：忘れられた子どもがいない社会をめざして』（共著、明石書店、2010年）、『スクールソーシャルワークの可能性：学校と福祉の協働・大阪からの発信』（共編著、ミネルヴァ書房、2007年）など。

「チーム学校」を実現するスクールソーシャルワーク
——理論と実践をつなぐメゾ・アプローチの展開

2020年 8 月25日　初版第 1 刷発行
2024年 6 月30日　初版第 2 刷発行

編著者　大塚美和子
西野緑
峯本耕治
発行者　大江道雅
発行所　株式会社 明石書店
〒101-0021 東京都千代田区外神田 6-9-5
電話　03（5818）1171
FAX　03（5818）1174
振替　00100-7-24505
https://www.akashi.co.jp

装丁　明石書店デザイン室
印刷・製本　モリモト印刷株式会社

（定価はカバーに表示してあります）　ISBN978-4-7503-5052-3

JCOPY 〈出版者著作権管理機構 委託出版物〉
本書の無断複製は著作権法上での例外を除き禁じられています。複製される場合は、そのつど事前に、出版者著作権管理機構（電話 03-5244-5088、FAX 03-5244-5089、e-mail: info@jcopy.or.jp）の許諾を得てください。

子ども虐待とスクールソーシャルワーク

チーム学校を基盤とする「育む環境」の創造

西野 緑 著

■A5判／上製／216頁 ◎3500円

子ども虐待に対して学校や教職員の果たす役割はますます高まっている。本書は、子どもの権利擁護を常に念頭に置きながら、現場での実践と調査の双方向から学校における子ども虐待対応の実態と課題を整理し、チーム・アプローチのあり方について考察する。

●内容構成●

第1部 子ども虐待に対応する学校とスクールソーシャルワーク
第1章 子ども虐待と学校
第2章 子ども虐待とスクールソーシャルワーク
第2部 子ども虐待における学校のチーム・アプローチ
第3章 コーディネーターとスクールソーシャルワーカーの援助プロセス
第4章 スクールソーシャルワーカーと教職員とのチーム・アプローチ
第3部 学校を基盤とする子ども虐待防止の取り組み
第5章 A市における子ども虐待防止の取り組み
第6章 被虐待児の事例分析によるスクールソーシャルワーク実践の検証
第7章 結論

スクールソーシャルワーク実践スタンダード
実践の質を保証するためのガイドライン
馬場幸子著 ◎2000円

学校現場で役立つ「問題解決型ケース会議」活用ハンドブック
チームで子どもの問題に取り組むために
馬場幸子編著 ◎2200円

子づれシングルと子どもたち
ひとり親家族で育つ子どもたちの生活実態
神原文子著 ◎2500円

子どもを虐待から守る制度と介入手法
イギリス児童虐待防止制度から見た日本の課題
峯本耕治著 ◎3300円

子どもの貧困対策と教育支援 より良い政策・連携・協働のために
末冨芳編著 ◎2600円

学校に居場所カフェをつくろう！
生きづらさを抱える高校生への寄り添い型支援
居場所カフェ立ち上げプロジェクト編著 ◎1800円

小児期の逆境的体験と保護的体験
子どもの脳・行動・発達に及ぼす影響とレジリエンス
J・ヘイズ＝グルードほか著 菅原ますみほか監訳 ◎4200円

発達とレジリエンス 暮らしに宿る魔法の力
アン・マステン著 上山眞知子、J・F・モリス訳 ◎3600円

〈価格は本体価格です〉

学校版スクリーニングYOSS実践ガイド
児童生徒理解とチーム学校の実現に向けて

山野則子 監修
三枝まり、木下昌美 著

■A5判／並製／120頁　◎1800円

虐待や子どもの貧困から不登校まで、すべての子どもの状況を少しでも改善するために、学校を舞台に必要な項目を定期的にチェックするスクリーニング・システムとして「YOSS」は生まれた。本書は、その具体的な実践プロセスを示した活用ガイドの決定版である。

●内容構成●

はじめに
第1章　今の学校にスクリーニングシステム
　　　　YOSSが必要とされる背景
第2章　YOSSの効果と特長
第3章　YOSS導入の手順
第4章　YOSSの実践プロセス
第5章　YOSSをさらにスムーズに
　　　　実践するために
第6章　よくある質問（Q＆A）
おわりに

スクールソーシャルワークハンドブック
実践・政策・研究

キャロル・リッペイ・マサット ほか 編著
山野則子 監修

■B5判／上製／640頁　◎20000円

米国で長くスクールソーシャルワークのための不朽の教科書と評価されてきた基本図書。エビデンスに基づく実践だけでなく、学校組織や政策との関連、マクロ実践まで豊富な事例と内容から論じ、これからのソーシャルワークの実践と教育には欠かせない必読書である。

●内容構成●

第1部　スクールソーシャルワークの歴史と全体像
第2部　スクールソーシャルワーク実践の政策的背景
第3部　スクールソーシャルワークにおける
　　　　アセスメントと実践に基づく研究
第4部　政策実践
第5部　ティア1（段階1）の介入
第6部　ティア2（段階2）の介入
第7部　ティア3（段階3）の介入

〈価格は本体価格です〉

子ども若者の権利と政策
【全5巻】

［シリーズ監修］
末冨 芳、秋田喜代美、宮本みち子

◎A5判／並製　◎各巻2,700円

子ども若者自身の権利を尊重した実践、子ども政策、若者政策をどのように進めるべきか。いま（現在）の状況を整理するとともに、これから（今後）の取り組みの充実を展望する。「子ども若者の権利」を根源から考え、それを着実に「政策」につなぐ、議論をはじめるためのシリーズ！

1 子ども若者の権利とこども基本法
末冨 芳［編著］

2 子ども若者の権利と子どもの育ち
秋田喜代美［編著］

3 子ども若者の権利と学び・学校
末冨 芳［編著］

4 若者の権利と若者政策
宮本みち子［編著］

5 子ども若者政策の構想と展望
末冨 芳［編著］

〈価格は本体価格です〉